Dagobert Höllein, Nils Lehnert, Felix Woitkowski (Hg.)
Rap – Text – Analyse

Studien zur Popularmusik

Dagobert Höllein, geb. 1985, ist wissenschaftlicher Mitarbeiter im DFG-Projekt »Syntaktische Grundstrukturen des Neuhochdeutschen« an der Universität Kassel und forscht zu sprach- und medienwissenschaftlichen Themen.
Nils Lehnert, geb. 1984, ist wissenschaftlicher Mitarbeiter am Institut für Germanistik der Universität Kassel und forscht zu literatur-, kultur- und medienwissenschaftlichen Themen.
Felix Woitkowski, geb. 1985, ist wissenschaftlicher Mitarbeiter am Institut für Germanistik der Universität Kassel und forscht zu linguistischen, sprachdidaktischen und medienwissenschaftlichen Themen.

Dagobert Höllein, Nils Lehnert, Felix Woitkowski (Hg.)
Rap – Text – Analyse
Deutschsprachiger Rap seit 2000.

20 Einzeltextanalysen

[transcript]

Gefördert von der Barbara und Alfred-Röver-Stiftung

und dem Geistes- und Kulturwissenschaftlichen Promotionskolleg des Fachbereichs 02 (GeKKo) der Universität Kassel

Bibliografische Information der Deutschen Nationalbibliothek
Die Deutsche Nationalbibliothek verzeichnet diese Publikation in der Deutschen Nationalbibliografie; detaillierte bibliografische Daten sind im Internet über http://dnb.d-nb.de abrufbar.

© 2020 transcript Verlag, Bielefeld

Alle Rechte vorbehalten. Die Verwertung der Texte und Bilder ist ohne Zustimmung des Verlages urheberrechtswidrig und strafbar. Das gilt auch für Vervielfältigungen, Übersetzungen, Mikroverfilmungen und für die Verarbeitung mit elektronischen Systemen.

Umschlaggestaltung: Maria Arndt, Bielefeld
Umschlagabbildung: André Koch, Kassel
Druck: Majuskel Medienproduktion GmbH, Wetzlar
Print-ISBN 978-3-8376-4628-3
PDF-ISBN 978-3-8394-4628-7
https://doi.org/10.14361/9783839446287

Gedruckt auf alterungsbeständigem Papier mit chlorfrei gebleichtem Zellstoff.
Besuchen Sie uns im Internet: *https://www.transcript-verlag.de*
Unsere aktuelle Vorschau finden Sie unter *www.transcript-verlag.de/vorschau-download*

Inhalt

Vorwort
Dagobert Höllein, Nils Lehnert, Felix Woitkowski | 9

FLOW | TECHNIK | PERFORMANZ

Sprachgrenzen überschreiten und unterwandern
Eine translinguale Lektüre von Haftbefehls
Chabos wissen wer der Babo ist (2012)
Jannis Androutsopoulos | 23

»Ich zersmacke jede, die kommt, wenn ich rappe«
Eine flowanalytische Untersuchung des Boasting-Tracks
Interessiert mich nicht (2006) von Lisi feat. She-Raw
Johannes Gruber | 35

Semiotische Erosion
Rede als Form in Kool Savas' *King of Rap* (2000)
Dagobert Höllein | 47

**»Alle deine Freunde hassen alle meine Freunde /
aber alle meine Freunde kennen deine Freunde nicht«**
Eine soziologische Annäherung an Yung Hurns *Ok, cool* (2017)
Gaetano Blando | 59

TEXT | VIDEO | INTERTEXT

Rap-Text als (inter-)mediale Spielwiese
Zum Textarrangement in *Boing!* (2007) von Maeckes und Plan B
Jonas Sowa | 73

»tIEf im WALD- (--) / HIER in der grOßstadt,«
Von der multimodalen Modellierung subkulturellen Wissens
in Romanos *Metalkutte* (2015)
Felix Woitkowski | 87

***C'mon das geht auch klüger* (2015)**
Ebenen der Intertextualität bei Fatoni
Tamara Bodden | 99

KULTUR | DISKURS | GESELLSCHAFT

Samy Deluxe' *Adriano* (2018)
Eine Analyse von Rassismus(kritik)konstruktionen
aus Perspektive der Grounded-Theory-Methodologie
Marc Dietrich | 113

»Ich trag' die Kette von Gabbana«, Missing Link, »REWE-Markt-Tüte, Trainingsanzüge«
Karate Andis Split-Video *Gott sieht alles / Eisen* (2016) als dissonanter Aushandlungsraum zwischen Polokappe und Proletenkult
Nils Lehnert | 125

***Vorurteile Pt. III* (2014) von Fettes Brot**
Auto- und Heterostereotype
Fernand Hörner | 137

SEX | GENDER | SOZIALE POSITION

»Das ist ein Hotel und alle Nutten müssen auschecken«
Eine framesemantische Analyse von Edgar Wassers *Bad Boy* (2014)
Sina Lautenschläger | 149

»Wie dieses scheiß Verhalten / nur dazu führt, dass wir uns noch weiter spalten«
Verschwimmende (Geschlechter-)Dichotomien
in Agent Olivia Oranges *Morpheus* (2013)
Sven Puschmann, Felix Woitkowski | 161

Von Pavianen, Hurensöhnen und einfachen Strukturen
Juse Jus *Männer* (2019) im Kontext aktueller Geschlechterdiskurse
Matthias Ott | 173

RELIGION | FANATISMUS | HASS

Judenfeindschaft in Kollegahs *Apokalypse* (2016)
Jakob Baier | 187

***Mein Gott hat den Längsten* (2008)**
Alligatoahs Kritik des religiösen Fanatismus
Raphael Döhn | 203

Zweifelnde Gottessehnsucht?
Tuas *Kyrie Eleison* (2009)
Manuel Raabe | 213

PHILOSOPHIE | ANTHROPOLOGIE

Rap-gewordene Philosophie
Ein Versuch, aus der uneigentlichen Schale zu schlüpfen,
am Beispiel von Pyranjas *So Oda So* (2004)
Jessica Bauer | 227

Vom Rap ›als‹ zum Rap ›über‹ Therapie
Patientenkollektiv (2017) von der Antilopen Gang
Caroline Frank | 239

KONTEXT | ÄSTHETIK | REFLEXION

Rapfieber trotz *Doppel X Chromosom* (2001)?
Über den (gescheiterten?) Versuch der medialen
Inszenierung von Weiblichkeit im Hamburger Fun-Rap
Fabian Wolbring | 253

Tape-Ästhetik, Retro-Utopie, Horizontverschiebung
Megalohs Remix *Esperanto* (2013)
Annika Mayer | 263

Rap-Register | 275

Dieser Sammelband behandelt Rap-Texte. Als Quelle dienen den Beiträgen in der Regel die Textfassungen der Online-Sammlung und kollaborativen Annotationsplattform www.genius.com. Ausnahmen sind in den Beiträgen als solche kenntlich gemacht.

Die behandelten Texte sind aus Gründen der Übersichtlichkeit nicht abgedruckt. Wir empfehlen, parallel zur Lektüre des Buches die Rap-Texte und ggf. die Musikvideos über einschlägige Internetportale aufzurufen und begleitend zu rezipieren.

Vorwort

Dagobert Höllein, Nils Lehnert, Felix Woitkowski[1]

1. DEUTSCHSPRACHIGER RAP ALS KULTURELLES PHÄNOMEN

Der Echo-Musikpreis wurde 2018 in der Kategorie »Hip-Hop/Urban national« – trotz massiven Protests – an Kollegah und Farid Bang verliehen. Das Medienecho war so kritisch und der Proteststurm so heftig, dass der Preis schließlich eingestellt wurde (vgl. Buß 2018; Hütt 2018; BBC 2018). Die Frage nach der Verbreitung antisemitischer Positionen im deutschsprachigen Rap rückte ins Zentrum einer gesellschaftlichen Debatte; wurde zum Thema in Artikeln (Staiger 2019) und TV-Beiträgen (Funk 2018).

Dass aus einer solchen Preisverleihung einer der größten Skandale im deutschen Musikbusiness erwachsen konnte, ist allerdings nicht allein auf die vielfach zitierte Zeile aus dem prämierten Album *JBG 3* zurückzuführen: »Mein Körper definierter als von Auschwitz-Insassen« (Kollegah/Farid Bang 2017). Die Grundlage bildet eine Entwicklung, die deutlich früher einsetzte: Deutschsprachiger Rap hat sich von einem subkulturellen Nischenprodukt zum »wichtigsten Musikstil« (Zwinzscher 2017) entwickelt. Nur vor dem Hintergrund dieses Erfolgs lässt sich verstehen, warum das Handeln zweier erfolgreicher Akteure des deutschsprachigen Raps derart weitreichende gesellschaftliche Resonanz erzeugt.

Was mit dem steigenden Erfolg des deutschsprachigen Raps allerdings nicht in gleichem Maß angewachsen ist, ist die gesamtgesellschaftliche Anerkennung als Kunstform. Während der Reclam-Verlag immerhin damit begonnen hat, Rap-

---

[1] Wir danken Henrike Krause und Jonas Sowa für ihre kritische Durchsicht und hilfreichen Kommentare. Für die großzügige finanzielle Unterstützung danken wir der Barbara und Alfred Röver-Stiftung, dem GeKKo sowie Vilmos Ágel, Olaf Gätje und Stefan Greif.

Texte mit Blick auf den Einsatz im Deutschunterricht zu kanonisieren (Verlan 2000, 2018), titeln nach wie vor überregionale Zeitungen wie der *Tagesspiegel*: »Deutscher Rap. Gut, dass niemand genau hinhört« (Bartels 2018), und *der Freitag* fragt unverhohlen: »Hasswichser. Weite Teile des deutschen Raps sind sexistisch, die Industrie schützt ihre Künstler. Wie lange noch?« (Gerhardt 2019) Schindler (2019) fordert sogar eine klarere Distanzierung des Journalismus und einen schärfen Umgang mit Rap-Akteuren: »Newsmedien über Deutschrap und die zugehörige Szene laufen gut. Leider sind viele den Künstlern gegenüber unkritisch.« Im deutschsprachigen Rap, so könnte man den Eindruck gewinnen, ist nicht nur alles erlaubt, es wird auch alles getan, was eigentlich nicht sein dürfte. Das ist alles richtig, aber: Rap ist Vielfalt, und die deutschsprachige Rap-Szene zeichnet sich längst durch eine große Diversität hinsichtlich der Formen, Stile und Haltungen aus. Die Eigenwahrnehmung der Rap-Akteur_innen ist dementsprechend eine gänzlich andere als die der zitierten Presseorgane: »Wie findest du Deutschrap?«, fragen Die Orsons in *Dear Mozart* (2019) den gleichnamigen Komponisten im Schulterschluss mit der musikalischen Hochkultur und sind sich sicher: »Du würdest feiern / Und wärst einer von uns«.

Die Echo-Preisverleihung bildet auch den Ausgangspunkt für ein Projekt an der Universität Kassel, dessen Ergebnis nun in dem vorliegenden Band gebündelt ist. Er wendet sich einem aktuellen popkulturellen Phänomen zu, das in der von den Beiträgen erfassten Zeitspanne eine massive Verbreitung erfahren hat, sich aber nach wie vor als Stimme einer Subkultur und nicht selten prekärer Minderheiten versteht. Einem Phänomen, das alle Register der Kunstsprache zieht und fest in der Tradition deutscher Dichter_innen steht, das zugleich aber mit dem Dissen die explizite Beleidigung und Erniedrigung zur bejubelnswerten Praktik stilisiert.

2. FORSCHUNGSSTAND

Gegenstand der Forschung wird deutschsprachiger Rap – von frühen Pionierarbeiten wie Domentat (1987) und Karrer/Kerkhoff (1996) abgesehen – erst zu Beginn dieses Jahrtausends. Die Forschungsaktivität lässt sich dabei in zwei Wellen gliedern: Die erste in den frühen 2000er Jahren ist geprägt von ganzheitlichen Annäherungen an den Phänomenbereich, wie Menrath (2001), Güngör/Loh (2002) und Androutsopoulos (2003a) illustrieren.

Nach einer Zwischenphase, in der nur mehr wenige Publikationen wie Käckenmeister[2] (2008), Hörner/Kautny (Hg.) (2009) und Schröer (2011) erscheinen, setzt Mitte der 2010er Jahre die zweite Welle intensiver Forschung ein, die die erste in Umfang und thematischer Breite deutlich übertrifft. Diese Wellen der Forschung verlaufen parallel zu Schwankungen im kommerziellen Erfolg deutschsprachigen Raps (vgl. Weiß 2018; Wolbring 2015: 24f.).

Die Schlüsselpublikation der zweiten Welle ist Wolbrings (2015) Dissertation, mit der das erste umfassende Standardwerk zum Thema vorliegt, das nicht zuletzt durch die umfängliche Bibliographie zum Bezugspunkt der aktuellen Forschung geworden ist. Weitere zentrale Monographien der zweiten Welle sind Güler Saied (2012), die erstmalig umfassend die gesellschaftlichen Problemkreise deutschsprachigen Raps diskutiert, und Gruber (2016), dessen Flowanalyse an reichem Korpusmaterial erprobt worden ist und deshalb als beispielhaft für zukünftige Untersuchungen auf diesem Gebiet gelten kann. In einer Reihe weiterer Studien rücken neben allgemeinen Untersuchungen wie Dietrichs (2016) Sammelband zu Rap im 21. Jahrhundert einerseits Subgenres des deutschsprachigen Raps in den Fokus, andererseits werden auch Spezialstudien vorgelegt. Exemplarisch für die Untersuchung von Subgenres seien die beiden Sammelbände zu deutschsprachigem Gangsta-Rap von Dietrich/Seeliger (Hg.) (2012) und Seeliger/Dietrich (Hg.) (2017) erwähnt. Ein Beispiel für Spezialstudien ist Marquardts (2015) Untersuchung zum Verhältnis von Rap und Aufklärung.

Der vorliegende Sammelband zeichnet sich gegenüber den genannten Publikationen insbesondere dadurch aus, dass die Beiträge strikt verstandene Einzeltextanalysen sind. Damit verfolgt der Band einen für die Rap-Forschung neuen Ansatz, der am ehesten noch mit Waechtler/Bunke (2011) vergleichbar ist, einer Essay-Anthologie zu 33 deutschsprachigen Popsongs.

3. RAP-TEXT-ANALYSE

Im vorliegenden Sammelband wird in 20 Einzeltextanalysen deutschsprachiger Rap der ersten beiden Dekaden des 21. Jahrhunderts untersucht. In dieser Zeitspanne hat sich das Genre von amerikanischen Vorbildern zunehmend emanzipiert,[3] ist zu einem der erfolgreichsten Genres populärer Musik geworden und hat

---

2 Käckenmeister ist als Pyranja selbst eine prägende Gestalt des deutschsprachigen Raps. Vgl. hierzu auch den Beitrag von Jessica Bauer im vorliegenden Band.

3 Diese These wird im Rap selbst thematisiert und kontrovers diskutiert, z.B. von Maeckes & Plan B feat. Kool Savas in *Outtakes* (2007): »Fast jeder verdammte deutsche

sich immens ausdifferenziert. Entsprechend wird in diesem Sammelband deutschsprachiger Rap als ein komplexes kulturelles und sprachliches Phänomen verstanden. Um diesem Phänomen gerecht zu werden, bedarf es zum einen einer intensiven Auseinandersetzung mit konkreten Artefakten des Raps, zum anderen einer Mehrzahl fachlicher Perspektiven und methodischer Zugänge. Deshalb ist das Konzept des Sammelbandes von drei zentralen, forschungsbezogenen Ideen getragen:

- **Einzeltextanalyse:** Wie auch in anderen populären Musikgenres sind die zentralen Artefakte des Raps Tracks und Musikvideos, also Primärtexte nach Androutsopoulos (vgl. 2003b: 113). Rap zeichnet sich gegenüber diesen anderen Genres durch eine auffallend große Bedeutung des sprachlichen Anteils an der Musik aus. Daher ist es produktiv, den Rap-Text zum Gegenstand der Analyse zu machen, wenngleich zahlreiche Beiträge auch das Video fokussieren. Um umfassende Text-Analysen zu ermöglichen, wird in jedem Beitrag des Sammelbandes jeweils nur ein einzelner Text ins Zentrum gestellt. Dieser Text bietet stets auch die Möglichkeit, zum Ausgangspunkt einer weitergehenden Betrachtung zu werden. Dabei gelangen z.b. Fragen der Konstitution von Subgenres, der Künstler_innen-Inszenierung, intertextueller Verweisstrukturen und der gesellschaftlichen Positionierung in den Blick.
- **Multidisziplinarität:** In der Wissenschaftsgeschichte haben sich verschiedene Disziplinen herausgebildet, um kulturelle Phänomene in ihrem gesellschaftlichen Zusammenhang zu erforschen. Dabei haben sie eigene Theorien und Methoden entwickelt. Auf diesen Reichtum greift der Sammelband zurück, um sich dem komplexen kulturellen Phänomen ›deutschsprachiger Rap‹ anzunähern. Multidisziplinarität wird dabei nicht als Konkurrenzkampf um die Deutungshoheit verstanden, sondern vielmehr als Voraussetzung und Chance, dem Forschungsgegenstand gerecht zu werden.
- **Multiperspektivität:** Durch die Sammlung der Beiträge in einem Band werden zwanzig Einzeltexte und ebenso viele Forschungsperspektiven vereint. Der Band selbst expliziert dabei keinen Überblick, leistet aber eine vielschichtige und vielstimmige Annäherung an das komplexe kulturelle Phänomen des deutschsprachigen Raps. Die einzelnen Beiträge sind als Beispielanalysen zu verstehen, deren Methodik auch auf andere deutschsprachige Rap-Texte angewendet werden kann. Der Band zieht deshalb auch kein Fazit und fällt kein

---

Rapper is fuckin Columbus / Fährt nur dumm rum bis er dann irgendwann in Amerika landet / Man könnte annehmen nur Kopien von Kopien von Kopien von / Kopien von Kopien ist ein deutsches Original«.

abschließendes Urteil, sondern begreift gerade die Gesamtheit der Perspektiven und verwendeten Methoden als das angemessene Rüstzeug, um ein sich wandelndes kulturelles Phänomen zu verstehen und fassbar zu machen.

4. BEITRAGSCLUSTER

Die 20 Einzeltextanalysen des Sammelbandes sollen und wollen keine Geschichte des deutschsprachigen Raps nachzeichnen. Deshalb sind sie nicht chronologisch gegliedert, sondern kategorial sortiert.[4]

Flow | Technik | Performanz

Korrespondierend mit neueren Publikationen von Kautny (2009) und Gruber (2016) gruppieren sich die ersten vier Beiträge um das Zentrum Flow, Performanz und Rap-Technik.

Den Band eröffnet JANNIS ANDROUTSOPOULOS mit einer translingualen Lektüre von Haftbefehls *Chabos wissen wer der Babo ist* (2012). Der Beitrag hinterfragt das Konzept vermeintlich trennscharfer Einzelsprachen und zeigt, dass es lohnenswert ist, Haftbefehls virtuose Wortkunst ›sozialetymologisch‹ zu deuten.

JOHANNES GRUBER nimmt eine Flowanalyse des Tracks *Interessiert mich nicht* (2006) von Lisi feat. She Raw vor und erarbeitet dabei anhand der Kategorien von Authentifizierung, Profilierung, Synchronisierung und Kontextualisierung, wie komplex und kunstfertig Textkomposition sowie Performanz sind.

Aus linguistischer Perspektive untersucht DAGOBERT HÖLLEIN unter dem Stichwort ›Semiotische Erosion‹ anhand von *King of Rap* (2000), wie der seinerzeit szeneprägend innovative Flow von Kool Savas die inhaltliche Dimension des Rap-Texts zugunsten der Formwahrnehmung in den Hintergrund rückt, sodass die Stimme einem Instrument gleich rezipierbar wird.

GAETANO BLANDO verhandelt in seinem Beitrag zu Yung Hurns Mumblerap-Track *Ok cool* (2017) das Rap-Genre des Cloud-/Trap-Raps und veranschaulicht, dass die ostentativ ausgestellte Unfertigkeit des sprachlich unmotiviert realisierten Textes nicht darüber hinwegtäuschen darf, dass dem Track eine aufwändige Blaupause zugrunde liegt. Hurns Stil deutet er als konsequent gesteigerte Form raptypischer Coolness.

---

4 Ein Register aller Einzeltracks und Alben, die in den Beiträgen genannt und behandelt werden, findet sich ab Seite 275 im vorliegenden Band.

Text | Video | Intertext

Es schließt sich ein Cluster aus drei Beiträgen an, das einerseits das Video, andererseits auch die Rezeptionsperspektive in die Analyse einbezieht.

In seiner Einzeltextanalyse zu Maeckes und Plan Bs *Boing!* (2007) zeigt JONAS SOWA, wie Geräusche als sinnkonstitutive Elemente eingesetzt werden, dabei in ein multimodales wie -kodales und auch transtextuelles (Verweis-)Spiel eingebettet sind und deshalb eine spezifische und herausfordernde Rezeption des Tracks erfordern.

Mehrere semiotische Systeme berücksichtigt auch FELIX WOITKOWSKI und zeigt, wie Romano im Raptext von *Metalkutte* (2015) subkulturelles Wissen des Metals nur unvollständig modelliert und erst durch die visuelle Modalität des Videos vervollständigt. Der Track ist daher ein Beispiel dafür, dass Musikvideos nicht nur eine die Musik illustrierende Funktion einnehmen.

TAMARA BODDEN arbeitet nicht nur die intertextuelle Verweisstruktur in Fatonis *C'mon, das geht auch klüger* (2015) heraus, die sie als prägnantes Stilmittel deutet, sie weist auch dezidiert nach, dass der deutschsprachige Rap nicht frei von Selbstreflexion und -ironie ist. Dies setzt allerdings mündige Rezipierende voraus.

Kultur | Diskurs | Gesellschaft

Die drei Beiträge des folgenden Clusters fokussieren gesellschaftsbezogene Perspektiven.

MARC DIETRICH stellt in seinem Beitrag zur 2018er Neuauflage von *Adriano* (2001) dezidiert eine Methode in den Mittelpunkt. Mithilfe der Grounded Theory zeichnet er den (nach wie vor aktuellen) Diskurs um Ausländerfeindlichkeit und Rassismus(kritik)konstruktionen nach.

Ebenfalls mit gesellschaftsbezogenem Blick zeigt NILS LEHNERT, wie Karate Andi im Aushandlungsraum inszenierter Lebensstilentwürfe zwischen Prekariat und Elite das Split-Video *Gott sieht alles / Eisen* (2016) dazu nutzt, sich scheinbar ausschließende Positionen (»REWE-Markt-Tüte, Trainingsanzüge« vs. »Kette von Gabbana«) auch visuell zu verknüpfen.

An die zugrundeliegenden Klischees von Lebensstilen und Schichtzugehörigkeiten schließt sich FERNAND HÖRNERS Auseinandersetzung mit *Vorurteile Pt. III* (2014) von Fettes Brot an. In seiner Analyse der titelgebenden Vorurteile nähert er sich dabei über das Konzept erwarteter und erwartbarer Fremdmeinungen höherer Ordnung sowohl der Verquickung des Songs mit seinen Prätexten als auch in Bezug auf (Selbst-)Ironie und Hip-Hop-Reflexion an.

Sex | Gender | Soziale Position

Nicht frei von Vorurteilen sind auch die Rap-Tracks, die von den nächsten drei Beiträgen behandelt werden. In ihnen geht es im Besonderen um die Inszenierung von Geschlechterrollen und -stereotypen.

Von linguistischer Warte aus zeichnet SINA LAUTENSCHLÄGER unter Zuhilfenahme der Toposanalyse nach, wie Edgar Wassers Track *Bad Boy* (2014) mit festgefahrenen Genderkonstruktionen abrechnet. Dabei arbeitet sie heraus, wie die vorherrschenden Paradigmen Misogynie, Heteronormativität und Homophobie in der selbstreflexiven Trackarchitektur dekonstruiert werden.

SVEN PUSCHMANN und FELIX WOITKOWSKI analysieren mit Agent Olivia Oranges *Morpheus* (2013) einen Track, der abseits der großen Publikationswege liegt. Sie stellen heraus, dass sich die Künstlerin selbstbewusst einem szenetypischen Schubladendenken entzieht, emanzipiert positioniert und deshalb für Irritationen sorgt.

MATTHIAS OTT ergänzt diese Perspektive, indem er sich am Beispiel von Juse Jus Track *Männer* (2019) und dessen Prätext von Herbert Grönemeyer der (De-)Konstruktion hypermaskuliner Männlichkeit im Rap widmet. Dabei stellt er z.B. heraus, wie Juse Ju sowohl textlich als auch im Video männlich konnotierte Praktiken wie das Mansplaining mit Nachdruck kritisiert.

Religion | Fanatismus | Hass

Bekanntermaßen sind (überkommene und bipolare) Geschlechterbilder aber nicht das einzige thematische Minenfeld im Rap und so nimmt sich das mit fünf Beiträgen größte Cluster weiterer gesellschaftlicher Problemfelder an.

JAKOB BAIERS Beitrag zu Kollegahs *Apokalypse* (2016) kommt insofern eine zentrale Bedeutung zu, als die gesellschaftliche Akzeptanz deutschsprachigen Raps, wie eingangs gezeigt, in starker Abhängigkeit von der Debatte um antisemitische Texte steht. Entgegen der verkürzenden Reduktion von Tracks auf einzelne Textzeilen, bezieht Baier neben dem Rap-Text auch das Video und weitere Paratexte in seine detaillierte Analyse ein – und folgert daraus, dass der Track und seine mediale Begleitumgebung eindeutig die Signatur antijüdischer Vorurteile tragen.

RAPHAEL DÖHN befragt die Deutungshoheit sowohl monotheistischer Religionen als auch neureligiöser Strömungen. Alligatoahs *Mein Gott hat den Längsten* (2008) wird im Beitrag anhand der Kategorien von Personeneinheit vs. -vielfalt,

Glaubensbattle sowie Hypermaskulinität analysiert. Döhn schlüsselt das subversive Potenzial des Alligatoah-Tracks auf: Nicht der Affront gegen religiöse Menschen ist Ziel, sondern die Kritik an fanatischen Ausformungen von Glauben.

Ebenfalls aus theologischer Perspektive, nun aber unter den Vorzeichen einer im weiten Wortsinn diskursanalytischen Betrachtung perspektiviert MANUEL RAABE die Theodizee-Frage in Tuas *Kyrie Eleison* (2009). Mit einer fruchtbaren Kombination aus theologischer Textexegese und gedichtanalytischen Werkzeugen zeigt Raabe dabei die vielschichtige Verhandlung des Schuld- und Rechenschaftsdiskurses in Tuas Song auf.

Philosophie | Anthropologie

JESSICA BAUER weitet das Feld gesellschaftsbezogener Perspektiven auf die Betrachtung von Eigentlichkeit am Beispiel von Pyranjas *So Oda So* (2004) aus. Dabei versteht sie den Rap-Text als Rap-gewordene Philosophie und stellt sein gesellschaftskritisches Potenzial ebenso wie das in ihm liegende Engagement dar.

Mit *Patientenkollektiv* (2017) von der Antilopen Gang untersucht CAROLINE FRANK einen in ähnlicher Weise diskursiven Gegenstand mit Fokus auf psychische Erkrankungen. Neben Panikattacken und Depression, die das Primat gesunder und hypermaskuliner Selbstbilder von Rappern in Frage stellen, analysiert Frank die Bezüge des Tracks zum ›Sozialistischen Patientenkollektiv Heidelberg‹.

Kontext | Ästhetik | Reflexion

Das abschließende, aus zwei Beiträgen bestehende Cluster analysiert selbstreflexive Rap-Tracks.

FABIAN WOLBRING legt dar, warum Nina MC mit ihrem Track *Doppel X Chromosom* (2001) keinen nachhaltigen Impact auf den Hamburger Fun-Rap der 2000er-Jahre nehmen konnte. Neben dem Gegenwind von ›Male‹-MC-Seite stellt Wolbring dabei einerseits die Labelbetreiber_innen als verantwortliche Akteure heraus, andererseits unterfüttert er seine Untersuchung durch ein exklusives Interview mit der Künstlerin. Weiterhin benennt er als Hindernis den aggressiven, hypermaskulinen Duktus damaliger Entwicklungen.

ANNIKA MAYERS Aufsatz diskutiert, inwiefern die Neuinterpretation des *Esperanto*-Songs (1999) durch Megaloh (2013) die Verwirklichung von Völkerverständigung durch Rap einlösen kann, und inwieweit Megalohs Aktualisierung die damalige Track-Intention zeitgemäß für die Gegenwart adaptiert. Zudem reflektiert Mayer die medienspezifische Distribution von Rap als Musik-Kassette und fundiert dabei ihre Untersuchung durch interkulturalitätstheoretische Ansätze.

LITERATUR

Androutsopoulos, Jannis (Hg.) (2003a): HipHop. Globale Kultur – lokale Praktiken, Bielefeld: transcript.

Androutsopoulos, Jannis (2003b): »HipHop und Sprache: Vertikale Intertextualität und die drei Sphären der Popkultur«, in: Jannis Androutsopoulos (Hg.), HipHop. Globale Kultur – lokale Praktiken, Bielefeld: transcript, S. 111-136.

Bartels, Gerrit (2018): Deutscher Rap. Gut, dass niemand genau hinhört. https://www.tagesspiegel.de/kultur/deutscher-rap-gut-dass-niemand-genau-hinhoert/23618156.html vom 30.09.2019.

BBC (2018): Auschwitz rap: German Echo music prize scrapped in anti-Semitism row. https://www.bbc.com/news/world-europe-43897484 vom 30.09.2019.

Buß, Christian (2018): Irrwega, Kollegah. http://www.spiegel.de/kultur/tv/kollegah-und-farid-bang-wie-antisemitisch-ist-der-deutsche-rap-a-1203607.html vom 30.09.2019.

Die Orsons (2019): Dear Mozart. https://genius.com/Die-orsons-dear-mozart-lyrics vom 30.09.2019.

Dietrich, Marc/Seeliger, Martin (Hg.) (2012): Deutscher Gangsta-Rap. Sozial- und kulturwissenschaftliche Beiträge zu einem Pop-Phänomen, Bielefeld: transcript.

Dietrich, Marc (Hg.) (2016): Rap im 21. Jahrhundert. Eine (Sub-)Kultur im Wandel, Bielefeld: transcript.

Domentat, Tamara (1987): RAP. Black experience und afroamerikanische Kulturtradition, Magisterarbeit, Berlin.

Funk, Viola (2018): Gibt es Antisemitismus im deutschen Rap? WDR Doku. https://www.youtube.com/watch?v=HXZCmXK9wWc vom 30.09.2019.

Gerhardt, Daniel (2019): Hasswichser. Weite Teile des deutschen Raps sind sexistisch, die Industrie schützt ihre Künstler. Wie lange noch? https://www.freitag.de/autoren/der-freitag/hasswichser vom 30.09.2019.

Gruber, Johannes (2016): Performative Lyrik und lyrische Performance. Profilbildung im deutschen Rap, Bielefeld: transcript.

Güler Saied, Ayla (2012): Rap in Deutschland. Musik als Interaktionsmedium zwischen Partykultur und urbanen Anerkennungskämpfen, Bielefeld: transcript.

Güngör, Murat/Loh, Hannes (2002): Fear of a Kanak Planet. HipHop zwischen Weltmusik und Nazi-Rap, Höfen: Hannibal.

Hörner, Fernand/Kautny, Oliver (Hg.) (2009): Die Stimme im HipHop. Untersuchungen eines intermedialen Phänomens, Bielefeld: transcript.

Hütt, Hans (2018): Reim dich, oder ich fress dich. https://www.faz.net/aktuell/feuilleton/debatten/ard-tv-doku-die-dunkle-seite-des-deutschen-rap-15551359.html vom 30.09.2019.

Käckenmeister, Anja (2008): Warum so wenig Frauen rappen. Ursachen, Hintergründe, Antworten, Saarbrücken: VDM.

Kautny, Oliver (2009): »Ridin' the Beat. Annäherungen an das Phänomen Flow«, in: Fernand Hörner/Oliver Kautny, Die Stimme im HipHop, S. 141-171.

Karrer, Wolfgang/Kerkhoff, Ingrid (Hg.) (1996): Rap, Berlin: Argument.

Maeckes/Plan B/Kool Savas (2007): Outtakes. https://genius.com/Maeckes-und-plan-b-outtakes-lyrics vom 30.09.2019.

Marquardt, Philipp H. (2015): Raplightenment. Aufklärung und HipHop im Dialog, Bielefeld: transcript.

Menrath, Stefanie (2001): Represent what ... Performativität von Identitäten im HipHop, Hamburg: Argument.

Schindler, Frederik (2019): Vorwürfe gegen Hip-Hop-Medien. Im Rap ist alles erlaubt. https://taz.de/Vorwuerfe-gegen-Hip-Hop-Medien/!5603374/ vom 30.09.2019.

Schröer, Sebastian (2011): HipHop als Jugendkultur? Eine ethnographische Studie, Dresden: RabenStück.

Seeliger, Martin/Dietrich, Marc (Hg.) (2017): Deutscher Gangsta-Rap II. Popkultur als Kampf um Anerkennung und Integration, Bielefeld: transcript.

Staiger, Marcus (2019): Neuer Antisemitismus (5/6) Rap – ein Zerrbild der Gesellschaft? https://www.deutschlandfunk.de/neuer-antisemitismus-5-6-rap-ein-zerrbild-der-gesellschaft.1184.de.html?dram:article_id=450425 vom 30.09.2019.

Verlan, Sascha (2000): Arbeitstexte für den Unterricht. Rap-Texte, Stuttgart: Reclam.

Verlan, Sascha (2018): Texte und Materialien für den Unterricht. Rap-Texte. Erw. Neuausgabe, Stuttgart: Reclam.

Waechtler, Erik/Bunke, Simon (2011): LYRIX – Lies mein Lied. 33 1/3 Wahrheiten über deutschsprachige Songtexte, Freiburg i.Br.: Orange.

Weiß, René-Pascal (2018): Das sind doch alles Assis: Warum wir in Deutschland so Hip-Hop-feindlich sind. https://www.stern.de/neon/feierabend/deutschland--warum-wir-hierzulande-so-hip-hop-feindlich-sind-7843768.html vom 30.09.2019.

Wolbring, Fabian (2015): Die Poetik des deutschsprachigen Rap, Göttingen: V&R.

Zwinzscher, Felix (2017): Die neuen Leiden der jungen Rapper. https://www.welt.de/print/welt_kompakt/kultur/article171836791/Die-neuen-Leiden-der-jungen-Rapper.html vom 30.09.2019.

Flow | Technik | Performanz

Sprachgrenzen überschreiten und unterwandern

Eine translinguale Lektüre von Haftbefehls *Chabos wissen wer der Babo ist* (2012)

Jannis Androutsopoulos

1. EINLEITUNG: UM DIE LYRICS HERUM

Die Berichterstattung, die 2013 der Veröffentlichung von Haftbefehls *Blockplatin* folgte,[1] markiert eine Wende im Diskurs über Deutsch mit Migrationshintergrund, der in den 1990ern unter »Kanaksprak«, später unter »Kiezdeutsch« geführt wird (Androutsopoulos 2019). Haftbefehls Lyrics sind einer der seltenen Momente, in denen »das neue Deutsch der Einwandererkinder« (Biermann 2013) nicht nur mit Bildungsmangel und Kriminalität in Verbindung gebracht wird, sondern auch mit versiertem Umgang mit Sprache. Selbst konservative Blätter kommen da zum Schluss: »Haftbefehl ist nun vielleicht der erste Rapper, der es erfolgreich geschafft hat, diese Einwanderer-Mischsprache in eine Kunstform zu verwandeln.« (Ebd.) Dieser Anerkennungsdiskurs erreicht seinen Höhepunkt mit der Ernennung von *Babo* zum Jugendwort des Jahres 2013, was wiederum mustergültig zeigt, wie schnell in einer Mediengesellschaft der Wechsel der diskursiven Größenordnung vom Straßenslang zum Gassenhauer verlaufen kann.

Auf seiner Schattenseite schreibt dieser Anerkennungsdiskurs zwei althergebrachte Leitvorstellungen von Sprache und Gesellschaft fort. Zum einen werden Haftbefehls Lyrics als Schauplatz der Begegnung von Sprachen und des Einflusses fremder Sprachen auf das Deutsche beschrieben. So schreibt der *Spiegel*, dass

---

1 *Chabos wissen wer der Babo ist* erschien Anfang 2013 auf *Blockplatin*, wurde aber bereits Ende 2012 als Musikvideo vorabveröffentlicht.

Haftbefehls »neue Sprache« mit »Wörtern aus dem Arabischen, Türkischen, Kurdischen und Serbokroatischen« arbeitet (Rapp 2013), und in der Pressemitteilung zum »Jugendwort des Jahres 2013« heißt es: »[D]er Ausdruck aus der türkischen Sprache für ›Chef‹ oder ›Boss‹ macht das Rennen.« Einzelne Wörter erscheinen als fest einer bestimmten Sprache zugeordnet, und in dieser Zuordnung scheint sich das sprachreflexive Interesse der Öffentlichkeit an Haftbefehl größtenteils zu erschöpfen. Zum anderen bewährt sich die Trope der ›Vermischung‹, der die Vorstellung von klar abgegrenzten Sprachen zugrunde liegt. Wenig schmeichelhafte Bezeichnungen wie *Einwanderer-Mischsprache, kreolisches Deutsch, Deutschtürkisches Kauderwelsch* und sogar *Deutsch-Pidgin* schieben dem scheinbaren Lob einen Riegel vor und bringen in die Berichterstattung ein nach wie vor prägendes Stigma des Mehrsprachigen zum Ausdruck. Von *Mischung* zum *Mischling* ist es assoziativ nicht mehr so weit, auch wenn das sicherlich nicht so gemeint war. Und wenn laut *Welt* die Identität dieser jungen Generation in der Vermischung der »Mundart ihrer Eltern oder Großeltern mit der Sprache ihrer neuen Heimat« (Biermann 2013) entsteht, ist die Sprache der Anderen, im Gegensatz zu ›unserer‹ *Sprache*, eben nur eine *Mundart*.

Die hier entworfene *translinguale Lektüre* setzt mit einer Kritik an diesen sprachreflexiven Diskurs an. Der Diskurs macht voneinander abgegrenzte Einzelsprachen zum Referenzmaß, um dann an den Songtexten und der Sprache von Jugendlichen insgesamt eine ›Vermischung‹ oder ›Kreolisierung‹ zu konstatieren, und schenkt den historischen und sozialen Entwicklungen, die zu einem bestimmten Wortgebrauch in den Lyrics führen, keine Beachtung. Stattdessen wirft meine translinguale Lektüre drei alternative Schlaglichter: Anstelle der philologischen Betrachtung ›von außen‹ stellt sie die Sprachreflexion des Künstlers in den Vordergrund; anstelle von Sprachkontakten fokussiert sie sprachliche Praktiken der Reimbildung; und anstelle der etymologischen Rückführung von Wörtern auf einzelne Sprachen schärft sie das, was ich ›Sozialetymologie‹ von Wörtern nennen möchte, also die Rekonstruktion ihrer Bedeutung im Licht ihrer Wanderung durch soziale Netzwerke.

2. TRANSLINGUALITÄT

Der Ausdruck *translingual* verweist auf den Begriff des *Translanguaging* – eine soziolinguistische Theorie, die in den letzten Jahren das Feld der Mehrsprachigkeitsforschung gründlich aufgemischt hat. Ursprünglich bezeichnet der Begriff eine didaktische Strategie beim Erlernen von Minderheitensprachen, bei der im Unterricht zwischen den Sprachen gewechselt werden darf und soll. Später wurde er als ethnographisch-soziolinguistischer Zugang zur Erforschung mehrsprachiger Praktiken ausgeweitet (vgl. García/Wei 2014; zur Übersicht vgl. Androutsopoulos 2017).

Als Fachbegriff markiert Translanguaging eine klare Sprecherorientierung. Sein Referent sind nicht strukturelle Muster des Sprachkontakts, sondern kommunikative Praktiken unter mehrsprachigen Sprecher/innen, die in der Verfolgung ihrer kommunikativen Ziele heterogene Ressourcen aus ihren Sprachrepertoires mobilisieren. Der relevante Gegenstandsbereich ist breit abgesteckt: Translanguaging praktiziert man nicht nur im informellen Gespräch, sondern z.B. auch in der Projektberatung, im Unterricht, beim Übersetzen und Dolmetschen, beim Notieren und beim Bloggen. Translinguale Praktiken sind also nicht zwingend an gesprochene Sprache gebunden, sondern überwinden Grenzen zwischen Modalitäten von Sprache bzw. Medialitäten von Kommunikation. Zudem setzen sie keine vollständige Kompetenz in zwei oder mehreren Sprachen voraus, vielmehr können die Ressourcen für translinguales Handeln verschiedenartig ausgebaut sein, unterschiedlichen Communities entstammen und auf unterschiedlichem Wege zum Sprecher/Schreiber gelangen. Aus Sicht der Translanguaging-Theorie sind Sprachgebrauch und Sprachreflexion nicht voneinander abgegrenzt, sondern als Bestandteile kommunikativer Praxis integriert. Dies kann etwa im Unterricht beobachtet werden, wenn bilinguale Schüler/innen Fachbegriffe aus der dominanten Sprache in ihre Herkunftssprache übersetzen und einander erklären, aber genauso bei der Bedienung von *Google Translate*, um sich in einem fremden Land zurechtzufinden. Translanguaging ist also kein Modewort für Code-Switching oder Sprachmischung, sondern ein weit umfassender Dachbegriff für Verfahren und Strategien der semiotischen Sinnerzeugung in einem (sprachlich, semiotisch, medial) heterogenen Umfeld. Man merkt vielleicht jetzt schon, dass eine solche Perspektive auf Sprachlichkeit zu den diskursiven Praktiken eines Künstlers, der Reime vor sich hin improvisiert, dann niederschreibt, probeweise rappt, kompiliert usw., doch besser passt als ein struktureller Blick auf Sprachsysteme und -einflüsse.

Translanguaging und andere Konzepte im poststrukturalistisch argumentierenden *Languaging*-Diskurs (vgl. Androutsopoulos 2017; Pennycook 2016) werden manchmal auf die Aussage reduziert, es gebe keine Sprachen. Das ist vereinfacht und in dieser pauschalen Form nicht richtig. Zutreffend ist vielmehr, dass die Vorstellung von einer geschlossenen, abgegrenzten Sprache als sprachideologisches Konstrukt verstanden wird. Aus dieser Warte entstehen ›Sprachen‹ erst in einem bzw. durch einen metasprachlichen Diskurs, der in der Entstehung des europäischen Nationalismus im 18. und 19. Jh. Nationalsprachen und Nationalstaaten eng aneinandergebunden hat. Dieser verleiht einzelnen Sprachen Autonomie und Geltung, steckt ihre Grenzen gegenüber anderen Sprachen ab und verbindet sie aufs Engste mit sozialen Kollektiven. Daher sind auch Begriffe wie ›Sprachmischung‹ nicht deskriptiv, sondern sprachideologisch geprägt und performativ, indem sie die diskursive Voraussetzung für die Stigmatisierung ihres Gegenstandes herstellen. Wie dies gegenwärtig funktioniert, erkennt man in Extremform im sprachpuristischen Diskurs des Vereins Deutsche Sprache (vgl. Pfalzgraf 2019), und in abgemilderter Form eben auch im Diskurs um Haftbefehl. Denn das Gros dieser medialen Berichterstattung arbeitet mit der selbstverständlich erscheinenden Vorstellung von sprachlichen Grenzen und versucht, die Verletzung dieser Grenzen zu definieren und gleichzeitig einzelne Wörter einzelnen Sprachen eindeutig zuzuordnen, während die Lyrics selbst diese Grenzen beständig überschreiten und unterlaufen. In diesem Sinne stellt Haftbefehl ein Art Gegenmodell zum Ideal (und noch schärfer: zur Ideologie) des Muttersprachlers dar (vgl. Werthschulte 2013).

3. »SAGT MAN BEI UNS IN FRANKFURT SO«

In dem YouTube-Video *Haftbefehls Rapanalyse*, das auf Genius.com mit den Lyrics verlinkt ist, erklärt Haftbefehl im Gespräch mit dem Netzjournalisten Christoph Krachten die Lyrics von *Chabos*.... Zu Beginn wird er mit der Aussage konfrontiert, seine Lyrics seien unverständlich, daraufhin bietet der Künstler an, diese für den Interviewer zu »übersetzen«. Welcher Logik folgt er dabei? Worauf führt er die Wörter in seinen Lyrics zurück?

Auch in Haftbefehls Wahrnehmung gibt es erst einmal »Sprachen«, und zwar unabhängig davon, ob Linguist/innen sie auch so nennen würden. So beginnt er mit »chabo, ist auf zigeunisch« (1:13) und später mit »attention, französisches wort für gefahr« (1:49), was der Journalist überlappend mit »achtung« übersetzt. Gleich darauf führt Haftbefehl das Wort »harekets auf türkisch« zurück (1:52). Damit wären gleich drei »Sprachen« im Sinne der üblichen Sprachreflexion über diese Lyrics identifiziert. Es lassen sich jedoch zwei weitere Strategien erkennen. Eine ist die Zuordnung von Wörtern – gleich welcher sprachlichen Herkunft – zu Sprechergruppen. So heißt es, »babo sagt man bei uns kurden, auch bei den türken« (1:15) und die Phrase »am bahnhof nasen snifft«, so Haftbefehl weiter, die »sagt man bei uns in frankfurt so«. Gemäß dieser zweiten Strategie ist das diskursive Zentrum von Wörtern und Wendungen nicht eine abstrakte Sprache, sondern ihre Zirkulation in bestimmten sozialen Räumen. Ein drittes Zuordnungsmotiv ist die popkulturelle bzw. intertextuelle Etymologie: »mortal combat, ist ein playstationspiel« (2:53), »ombak is'n film« (3:03), »sagat is'n thaiboxer in dem spiel«

(3:39) usw. So werden in Haftbefehls Sprachreflexion vor allem Eigennamen »übersetzt«. Sie ziehen ihre Bedeutung aus ihrem Gebrauch in bestimmten Filmen oder Videospielen, nicht aus ihrer sprachlichen Herkunft.

Kann man darin eine Art translinguale Sprachbewusstheit erkennen? Das ist schwer zu sagen. Man sieht aber, dass (a) quasi jedes zweite Wort in diesen Lyrics auf eine andere Textquelle, Sprache, Region usw. verweist, und (b) das Verweisziel nicht immer die Zuordnung zu einer Sprache ist. Hin und wieder sieht man auch, dass Haftbefehl die Sprachherkunft seiner Ausdrucksformen einfach überspringt. Relevanter ist ihm ihre chiffrierte Bedeutung. Bei der Zeile »Altmış iki kurdî« z.b. erklärt er ausführlich, wie die Ziffer ›62‹ als Chiffre für seine türkische Heimatstadt genutzt wird und welche äquivalenten Chiffrierverfahren es im Deutschen gibt. Er »übersetzt« dem Interviewer diese Chiffren, nicht kontextfreie Denotate. Erst Krachten holt ihn auf die Sprachherkunft zurück, indem er fragt, ob die Wörter »türkisch« seien.

Als Haftbefehl zur Zeile »muck bloß nich uff hier du rudi« (4:09) kommt, fragt ein sichtlich amüsierter Krachten: »das ist jetzt mehr so hessisch« – wobei die Dialektbezeichnung mit einem Lenis [z] regionalsprachlich ausgesprochen wird. Folgt man den Annotationen auf Genius, liegt der Witz der Zeile eigentlich bei der Anrede »du Rudi«, die als Referenz auf verschiedene Persönlichkeiten erklärt wird. Dort heißt es: »Die Line hat im Internet für eine Menge Heiterkeit gesorgt, vermutlich weil niemand außer Hafti das Wort ›Rudi‹ je zuvor als Beleidigung verwendet hat.«

Am Ende des Interviews sagt Krachten, das Problem »liegt wahrscheinlich an meinen mangelnden türkischkenntnissen«, woraufhin Haftbefehl kontert: »ja, es sind paar türkische wörter drin, alter« (6:15). Hat man die Bedeutungsschichten des Songs wirklich ›erklärt‹ oder ›analysiert‹, indem man seine Wörter einzelnen Sprachen zuordnet? Aus meiner Sicht geht dies an der Sprachbefindlichkeit des Urhebers wie auch an der intertextuellen Komplexität der Lyrics vorbei.

4. TRANSLINGUALE TRICKS

Anstelle eines auf Einzelsprachen fixierten Blicks auf den Sprachgebrauch geht eine translinguale Analyse der Frage nach, wie Sprecher/innen aus ihren sprachlichen Ressourcen selegieren und sie in ihren Diskurspraktiken kombinieren, um ihre kommunikativen Ziele zu erreichen. Schlüsselwort hier ist ›Diskurspraktiken‹ – die Beachtung dessen, was man vollzieht und an wen dies gerichtet ist. Warum ist dies hier wichtig? Deshalb, weil Lyrics nicht bloß gesprochene Sprache sind und auch kein Abbild spontan gesprochener Sprache in Cliquen und Milieus. Dies ist vielmehr das Rohmaterial für diskursive Praktiken des Reimemachens, der Strukturierung, Verfeinerung und publikumsorientierten Darbietung von gereimter Rede. Gerade die Bedeutung der Publikumsorientierung wird in einem Augenblick des untersuchten Videos transparent. Gegen Ende erklärt Haftbefehl die Zeile »Biji biji Kurdistan« mit: »das heißt, eh, Kurdistan Freiheit« (5:51). Dabei spricht er den Landesnamen zuerst mit gerolltem [r], dann mit uvularem [ʁ] aus und wechselt dadurch schlagartig zwischen zwei Sprachregistern: Zuerst artikuliert er im Performance-, danach im Interview-Modus. Auch dies gehört selbstverständlich zur translingualen Kompetenz des Sprechers.

Wenn also eine translinguale Analyse auf Praktiken fokussiert und nicht auf Sprachen, dann hat man zu fragen, wie der Künstler semiotische Ressourcen über einzelne Sprachen hinweg für sein kommunikatives Ziel mobilisiert. Das Ziel ist hier: Reimen, Flowen, und sofern wir im Gangsta- oder Straßenrap sind, immer auch Boasten und Dissen, die symbolische Selbstüberhöhung und Erniedrigung des lyrischen Gegners (vgl. Androutsopoulos/Scholz 2003).

Dass Rapper/innen in mehrsprachigen Kontexten Reimstrukturen mit Material aus unterschiedlichen Sprachen bilden, ist längst bekannt und beschrieben (vgl. Sarkar/Winer 2006; Androutsopoulos 2010). Haftbefehl unterscheidet sich hierbei von seinen Genre-Vorfahren und seiner Konkurrenz nicht kategorial, sondern allenfalls qualitativ und quantitativ. Quer durch seine Lyrics – hier wäre eine Analyse des gesamten *Blockplatin*-Albums bzw. aller seiner Lyrics angebracht – zeigen sich translinguale Praktiken in der Reimbildung, in der paradigmatischen Strukturbildung eines eigenen Reim-Reservoirs, und in der syntaktischen Gestaltung seiner Verszeilen.

Ein Beispiel für das erstgenannte Verfahren sind die ersten vier Zeilen seines ersten Parts in *Chabos...*, hier in der Genius.com-Transkription:

»Tokat, Kopf ab, Mortal Kombat
Vollkontakt à la Ong-Bak, kommt ran
Opfer, du bist Honda, ich Sagat
Nicht link von hinten, ich hau' dich frontal, sakat«

Hier schöpft der End- und Binnenreim vor allem aus dem Lautparadigma der stimmlosen Plosive – /p/, /t/, /k/. Einige der lauttragenden Wörter lassen sich dem Deutschen, andere dem Türkischen und vielleicht auch dem Englischen zuordnen. Hinzu kommen Eigennamen wie *Ong-Bak* und *Sagat*, deren Rückführung auf Einzelsprachen, wie gesagt, müßig erscheint. Ungeachtet ihrer Herkunft werden die einzelnen Wortformen in konsonante Silbenstrukturen aneinander gekettet, die

Haftbefehl extra dadurch verfremdet, dass er jede einzelne Silbe gleich stark betont und dadurch einen für das Deutsche ungewöhnlichen, silbenzählenden Rhythmus erzeugt. Ähnliches geschieht später im Song mit aneinander gereihten Wörtern unterschiedlicher Provenienz, etwa:

- Pussy – Rudi – Brudi – Bruce Lee – Kurdi
- Oglum – tot rum – Tagesordnung – kodum

Ein zweites translinguales Verfahren, an dem Haftbefehl Vorliebe zu finden scheint, ist die Bildung eines mehrsprachigen Repertoires aus Wörtern mit Auslaut auf –i. Eine Konkordanzanalyse seiner Lyrics aus mehreren CD-Releases (*Azzlack Stereotyp, Blockplatin, Kanackiş, Russisch Roulette*) zeigt nicht weniger als 41 zwei-, drei- und seltener auch viersilbige Wörter auf –i. Einige davon kommen auch in *Chabos...* vor:

- Abi
- Baby ['babi]
- Arabi
- Sahbi
- Abdi
- Hafti
- Gaddafi
- Habibi
- Jibbi
- Habibi
- Diddi
- Raki
- Maserati
- Spasti

- Esti
- Iki
- Ki, Ki
- Micki
- Nicki
- Ficki-ficki
- Schickimicki
- Ricki
- Nowitzki
- Biji
- Kombi
- Money
- Audi
- Saudi

- Kombi
- Cudi
- Rudi
- Brudi
- Kurdi
- Dodi
- Nordi
- Konsti
- Gotti
- Gucci
- Suzuki
- Pussy
- Cerruti

Interessanter als die Frage, welche dieser Wörter ›deutsch‹ sind und welche nicht, scheint eine Untersuchung ihrer morphologischen Bildungsverfahren. Bei einigen ist der Auslaut Teil eines Eigen- oder Markennamens (*Gaddafi, Audi, Gucci*), teils liegen Wortformen vor, deren morphologische Struktur ohne Kenntnis der relevanten Sprache opak ist (*Habibi*), teils geht es um interlinguale Bimorphe (*Abi* bedeutet auf Deutsch und Türkisch jeweils etwas Anderes), und zu einem guten Teil sind es Produkte der im Deutschen sehr produktiven Kürzung und i-Suffigierung (*Hafti, Brudi, Spasti, Kombi* usw.).

Ein drittes translinguales Verfahren, das auf die ersten beiden aufbaut und bei Haftbefehl tatsächlich als ungewöhnlich auffällt, ist die asyndetische Verszeile, wie in diesen Beispielen aus *Chabos*...:

- »Saudi Arabi Money Rich«
- »Kampfstil Tunceli, Altmış iki kurdî«
- »Vollgas, Monte Carlo, Touren à la Formula Uno«
- »Hafti Abi, Baby, Straßenstar international Biji, biji Kurdistan«

Solche Verse nähren vermutlich die verbreitete Vorstellung, man könne nicht sagen, welche Sprache Haftbefehl eigentlich spreche. Dies ist aus meiner Sicht nicht nur darin begründet, dass Haftbefehl (wie andere Rapper/innen) mit vielen Internationalismen bzw. Eigennamen arbeitet, sondern auch darin, dass er gekonnt zwischen stilisierten Aussprachen in der jeweils angenommenen Herkunftssprache wechselt (wie bei *Formula Uno*), und eben auch, weil solchen Zeilen ein Prädikat fehlt, an dem in linguistischer Tradition die Basis- bzw. Matrixsprache festzumachen ist.

Die in der Translanguaging-Theorie postulierte Integration von Sprachressourcen im individuellen Sprachwissen könnte man insgesamt daran erkennen, dass Haftbefehl viele Wörter unterschiedlicher Herkunft so scheinbar mühelos aneinanderreiht. Allerdings ist diese Mühelosigkeit wohl eine Illusion der fertigen Performance, denn Lyrics sind weder spontan noch intim Gesprochenes, sondern geplante, ausgefeilte und auf ein Publikum gerichtete Wortkunst.

5. *CHABO*: WORTWANDERUNG UND SOZIALE ETYMOLOGIE

Statt der Zuordnung eines Wortes zu einer Sprache geht eine translinguale Lektüre auch der Frage nach, wie das Wort zum Sprecher kommt. Eine zentrale theoretische Metapher ist hier die des *trajectory*, des Verlaufs sprachlicher Elemente durch diverse gesellschaftliche Kontexte, womit auch Sinnveränderungen oder -verdrehungen einhergehen können. Erzählenswert ist ein solcher Verlauf nicht für das vermeintliche Jugendwort *Babo*, sondern für *Chabo*, das weniger beachtete, aber weitaus interessantere Wort im Songtitel.

Fragt man Google, was *Chabo* bedeutet, bekommt man mitgeteilt: »Das Wort ›Chabo‹ entspringt dem Soziolekt Rotwelsch (tšabo) und bedeutet ›Junge‹ oder ›Bauer auf dem Schachbrett des Lebens‹« (Wikipedia o.J.). Da ist sie einmal wieder, die Reduktion von Bedeutung auf Denotation und Etymologie. Aus soziolinguistischer Sicht schöpft ein Wort seine Bedeutung jedoch nicht nur aus seiner kontextfreien semantischen Struktur, sondern genauso aus seinem variablen und wandernden Gebrauch. Die Wanderungen von *Chabo* auf seinem Weg zur Popkultur rekonstruiert Killmann (2019), der an zahlreichen Belegen und Quellen aufzeigt, dass das Wort bereits in den 1990ern im deutschsprachigen Rap aus dem Frankfurter Raum, aber auch aus Minden und Münster im Umlauf ist. So schreibt Killmann zu Beginn seines Essays:

»Tone von Konkret Finn war der ›*Chab*‹ mit der ›*Farb' im Gesicht*‹, der mit Iz über ›*tschuckane Chaien*‹ und ›*Minsch gebabb*‹ rappte. Etwas später war Moses P. vom Rödelheim Hartreim Projekt der ›*Chabo*‹, der böse kuckt. Curse war der ›*Chabo im Schneesturm*‹, der ›*tschucka*‹ mit den Ladys redete und seine ›*Kosengs*‹ fragte, ob alles ›*latscho*‹ ist. Dann ›*kam ein Chabo namens Azad*‹ und ›*bombte Samy weg*‹.«

Chabo, die weibliche Form *Chaya* (oder *Chaia*) und andere hier genannte Wörter entstammen dem Sinti und sind auch im Rotwelsch nachweisbar. Doch wie kommen sie zum Rap? Killmann führt dies auf die 1980er Jahre zurück, als die Frankfurter Hauptwache zum Treffpunkt für Fans der damals noch sehr jungen Hip-Hop-Kultur wurde. An Zeitzeugen-Erzählungen rekonstruiert er, wie einzelne Fans, die an ihren Wohnorten im Großraum Frankfurt Kontakte mit Jenischen, Sinti und Roma hatten, die sog. »›Chabo‹-Sprache« an die Hauptwache brachten – wobei »›Chabo‹-Sprache« als Ansammlung von Wörtern, Wendungen und kommunikativen Formeln zu verstehen ist. An der Hauptwache bildeten sich Jugendcliquen, die ihren Weg in die Frankfurter Szenen suchten und diese Wörter mitnahmen, und dazu gehörte Killmann zufolge auch Moses Pelham, in dessen Lyrics das Wort *Chabo* zum ersten Mal Mitte der 1990er Jahre bundesweit mediatisiert wird.

In der Tat ist *Chabo* nicht nur bei Pelhams Rödelheim Hartreim Projekt (RHP) nachweisbar, sondern auch bei anderen Frankfurter Formationen der späten 1990ern und frühen 2000ern. Eine Konkordanz mit einschlägigen Rap-Lyrics erbringt u.a. folgende Befunde:

RHP: *Zurück nach Rödelheim* (1996)
- »R.H.P. sind die Chabos die du gerne haben kannst und hasst«
- »der chabo ohne skrupel ist gewinner wie auch immer«
- »Und platt bist dass 'n Chabo der für Sicherheit sorgt, ans Mikro geht«

Azad: *Leben* (2001)
- »Zerstückelt von nem chabo aus dem nordwestlichen viertel«
- »mit mein'n Chabs auf Live-Acts«
- »Wir sind wie Drogen, erst turnen wir Chabos«

Roey Marquis II.: *Herzessenz* (2002)
- »Der Master am Set zerfickt jeden Chabo wie FaFo auf Tracks.«
- »Ihr seid so harmlos wie Chabos, die zwar schreiben, aber nur Lines!«
- »Tschain, Tussen, Groupies, Hoes, Chabos, Players, Rookies, Pro's.«

Bei allen genannten Künstlern taucht *Chabo* mehrmals auf, auch in einem Track, und verweist im Kontext mal auf die Grundbedeutung ›Typ‹ und mal auf den Sprecher selbst bzw. auf das lyrische Ich. Dieser Gebrauch unterscheidet sich kaum von dem Haftbefehls gut 15 Jahre später:

»Wissen, wer der Babo ist
Immer noch derselbe Chabo, Bitch
Den du am Bahnhof triffst, wie er grade Nasen snifft«

Dass Haftbefehl von der Vorgeschichte des Wortes nicht wusste, ist nicht denkbar, schließlich tritt Azad auf einer seiner früheren Releases als Gast auf. Killmann belegt auch, dass *Chabo* und *Chaia* auch aus der Fremdperspektive als typisch für die Frankfurter Hip-Hop-Szene wahrgenommen werden. Wenn etwa Kool Savas bereits 2000 rappt: »Ich geh' nach Frankfurt und rufe, ›Deine Çay ist konkret hässlich!‹«,[2] ist nicht etwa das Heißgetränk gemeint, wie uns die im Netz kursierende Transkription glauben lässt, sondern Savas meint eben eine *Chaia*, eine Frankfurter Göre sozusagen. Savas stilisiert also den Rap-Slang der Stadt, die er gerade im Battle-Rap bekämpft.

Daran sieht man, welch unterschiedliche Schlüsse zustande kommen, je nachdem, ob man sich für die Sprach- oder die Sozialetymologie eines Ausdrucks interessiert. Erst letztere kann aufzeigen, dass ein Wort wie *Chabo* nicht irgendwie auf mysteriösem Wege ins Deutsche gelangt, ja dass es gar nicht um »das Deutsche« als fiktive Einheit geht. Es geht um ein Weiterleiten und -gleiten über soziale Netzwerke und *communities of practice* hinweg. Erst auf dieser Basis wird ein Wort wie *Chabo* in einem bestimmten Genre mediatisiert und findet, zumindest vorübergehend, bundesweite Aufmerksamkeit.

---

2 Vgl. zu Kool Savas den Beitrag von Dagobert Höllein in diesem Band.

6. FAZIT

Meine These in diesem Beitrag lautet: Eine linguistische Analyse, die sich darauf beschränkte, Wörter aus dem Track nach ihrer sprachlichen Herkunft zu sortieren, würde die Lyrics an der sprachideologischen Prämisse der voneinander abgegrenzten Einzelsprachen zurechtdeuten und damit an der Sache vorbeilaufen. Eine translinguale Lektüre ist vielmehr eine Kontextlektüre der Lyrics in ihren diskursiven und sozialen Zusammenhängen sowie eine Gegenlektüre, die die Prämisse der Einzelsprachen als Analysegrundlage hinterfragt und in ihre Grenzen weist. Sie löst den strukturalistischen Blick auf Sprachgrenzen und Sprachmischungen durch ein Interesse an Sprachreflexion, an sprachlichen Praktiken und an der Sozialgeschichte von Wörtern ab. Sie begreift die Kunst, sich nicht auf eine Sprache festlegen zu lassen, nicht zuletzt auch als implizite Rebellion gegen den *nativespeakerism*, der Idealisierung der ›Muttersprache‹ und der ›perfekten‹ Sprachbeherrschung. Und nebenbei versucht eine translinguale Lektüre schließlich auch, die Mär von Haftbefehls »neuer Sprache« ein Stück weit zu dekonstruieren.

LITERATUR

Androutsopoulos, Jannis (2010): »Multilingualism, Ethnicity, and Genre: The Case of German Hip-Hop«, in: Marina Terkourafi (Hg.), Languages of Global Hip Hop, London: Continuum, S. 19-44.

Androutsopoulos, Jannis (2017): »Gesellschaftliche Mehrsprachigkeit«, in: Eva Neuland/Peter Schlobinski (Hg.), Handbuch Sprache in sozialen Gruppen, Berlin/Boston: de Gruyter, S. 193-217.

Androutsopoulos, Jannis (2019): »Ethnolekt im Diskurs: Geschichte und Verfahren der Registrierung ethnisch geprägter Sprechweisen in Deutschland«, in: Gerd Antos/Thomas Niehr/Jürgen Spitzmüller (Hg.), Sprache im Urteil der Öffentlichkeit, Berlin/Boston: de Gruyter, S. 353-382.

Androutsopoulos, Jannis/Scholz, Arno (2003): »›Spaghetti funk‹: Appropriations of hip-hop culture and rap music in Europe«, in: Popular Music and Society 26:4, S. 489-505.

Biermann, Til (2013): Deutscher Rap und das Spiel mit dem Hass auf Juden. https://www.welt.de/kultur/pop/article115793684/Deutscher-Rap-und-das-Spiel-mit-dem-Hass-auf-Juden.html vom 30.09.2019.

Clixoom (2013): Haftbefehls Rapanalyse: Chabos wissen wer der Babo ist. https://www.youtube.com/watch?v=h9Q_gE2MhKk vom 30.09.2019.

García, Ofelia/Wei, Li (2014): Translanguaging: Language, Bilingualism and Education, Basingstoke: Palgrave Pivot.

Haftbefehl (2012): Chabos wissen wer der Babo ist. https://genius.com/Haftbefehl-chabos-wissen-wer-der-babo-ist-remix-lyrics vom 30.09.2019.

Killmann, Philipp (2019): Sinti im Rap: Die Entdeckung der Chabo-Sprache. http://allgood.de/features/reportagen/sinti-im-rap-die-entdeckung-der-chabo-sprache-12 vom 30.09.2019.

Pennycook, Alastair (2016): »Mobile times, mobile terms: The trans-super-poly-metro movement«, in: Nikolas Coupland (Hg.), Sociolinguistics. Theoretical Debates, Cambridge: CUP, S. 201-216.

Pfalzgraf, Falco (2019): »›Anglisierung‹ und ›Globalisierung‹: Aktuelle Diskurse zu Entlehnungen und moderner Sprachpurismus«, in: Gerd Antos/Thomas Niehr/Jürgen Spitzmüller (Hg.), Sprache im Urteil der Öffentlichkeit, Berlin/Boston: de Gruyter, S. 291-308.

Rapp, Tobias (2013): Der Babo von Frankfurt. https://www.spiegel.de/spiegel/print/d-90931340.html vom 30.09.2019.

Sarkar, Mela/Winer, Lise (2006): »Multilingual code-switching in Quebec rap: Poetry, pragmatics and performativity«, in: International Journal of Multilingualism 3:3, S. 173-192.

Werthschulte, Christian (2013): Babos wissen wie der Hafti spricht. Das hybride Deutsch von Haftbefehl. https://web.archive.org/web/20130424152154/http://www.funkhauseuropa.de/musik/specials/2013/haftbefehl_sprache_130221.phtml vom 30.09.2019.

Wikipedia (o.J.): Chabos wissen wer der Babo ist. https://de.wikipedia.org/wiki/Chabos_wissen_wer_der_Babo_ist vom 30.09.2019.

»Ich zersmacke jede, die kommt, wenn ich rappe«

Eine flowanalytische Untersuchung des Boasting-Tracks
Interessiert mich nicht (2006) von Lisi feat. She-Raw

Johannes Gruber

Der Track *Interessiert mich nicht* wurde 2006 auf Lisis Album *Eine Wie Keine* (Four Music) veröffentlicht und entstand in Zusammenarbeit mit der Rapperin She-Raw. Aufgrund der monothematischen inhaltlichen Gestaltung und der dominanten Kulturpraxis des Prahlens, dem Boasting, kann er zu den Boasting-Tracks gezählt werden, die wiederum eines der interessantesten Untersuchungsfelder in der Rap-Forschung bilden. Sie gehören zu den genrehistorisch etablierten Kulturprodukten und existieren als »Weiterentwicklungen aus der MC Rolle« (Karrer 1996: 32) bereits seit den Anfängen der Hip-Hop-Kultur. Über die Jahrzehnte bildete sich so ein enormer Fundus an Produktionen der unterschiedlichsten Profile und Stilrichtungen, bieten doch Boasting-Lyrics als Textsorte aus Sicht von Rapper_innen einen entscheidenden Vorteil: Man muss weder eine ›Story‹ noch eine ›Message‹ bereithalten, um einen Text zu verfassen. Die einzigen Themen eines Boasting-Tracks sind in der Regel der_die Sprecher_in selbst und seine_ihre – wie auch immer gearteten – Vorzüge. Beim Boasting ist von entscheidender Bedeutung, dass die eigenen Vorzüge in flowtechnisch interessanten und/oder pointenreichen Beschreibungen präsentiert werden. Diese Minimaldefinition inkludiert entsprechend sowohl Beispiele des sogenannten ›Battle-Rap‹ (vgl. etwa Wiegel 2010: 18) als auch des aktuell medial dominanten ›Gangsta-Rap‹ (vgl. Dietrich/Seeliger 2012: 27), bei dem das Boasting jedoch maßgeblich für die authentische Inszenierung als ›Gangsta‹ von Relevanz ist. Der Boasting-Track *Interessiert mich nicht* von Lisi feat. She-Raw ist dem Battle-Rap zuzuordnen und damit jener Subkategorie, die sich dadurch auszeichnet, dass die Behauptung flowtechnischer Exzellenz unmittelbar performativ bestätigt werden muss, um die Authentizität der Künstlerinszenierung nicht zu gefährden.[1] Auf diese Weise wird gleichzeitig auch das spezifische Profil als Rapper_in performativ aktualisiert und ausgeschärft.

Lisi und She-Raw stehen als Rapperinnen im permanenten Spannungsfeld zwischen Tradition und Innovation: Zum einen müssen sie sich als »legitime Sprecher« (Friedrich 2010: 146) authentifizieren und als Szene-Insider inszenieren, indem sie tradierte Techniken anwenden und typische Merkmale integrieren. Zum anderen müssen sie jedoch auch ihr kreatives und innovatives Potenzial unter Beweis stellen und einen individuellen Stil etablieren.

Mit Hilfe der ›Flowanalyse‹ (vgl. Gruber 2017: 97ff.) werde ich im vorliegenden Beitrag untersuchen, wie sich Lisi und She-Raw in diesem Boasting-Track über ihre individuelle technische Versiertheit, ihren Flow, als Rapperinnen profilieren. Dazu werde ich in einem ersten Schritt zunächst eruieren, inwiefern sich die beiden Rapperinnen hier mit Genrestandards synchronisieren bzw. welche charakteristischen Elemente sie neu kontextualisieren.

1. AUTHENTIFIZIEREN

Lisi (bzw. ihr Produktionsteam, das u.a. vom Szene-Urgestein Afrob unterstützt wurde; vgl. Simon 2006) integriert einige charakteristische Szenemarker, die den Track und die Rapperin klar im zeitgenössischen Rap (und Hip-Hop) verorten. Abgesehen von soundtechnischen Szene-Charakteristika, wie dem Sampling (Streicher-, Percussion- und Melodie-Sample) und der charakteristische Hip-Hop-Groove, erscheinen bereits im Intro rapspezifische Elemente wie das rhythmische »Eingrooven« (Forman 2009: 27) mit Interjektionen (»Yeah!«, »Ey!«) sowie das Nennen des Albumtitels, der teilweise buchstabierten Künstlernamen der Rapperinnen (vgl. Ismaiel-Wendt 2011: 155) und des Veröffentlichungsjahrs.

Das Einflechten von Anglizismen kann nicht nur als jugendsprachliches Phänomen, sondern auch als genrespezifische Technik gewertet werden, insbesondere an jenen Stellen, an denen dadurch Assonanzen generiert werden wie etwa in »Ich bin ihr Hero« oder »shocked for days«. Außerdem qualifizieren sich die Rapperinnen auf der sprachlichen Ebene als Szene-Insider, indem sie zahlreiche genrespezifische Wörter (z.B. »Biter«, »Skills«) und Wortgruppen (z.B. »Uns're Styles

---

1 Vgl. hierzu den Beitrag von Dagobert Höllein in diesem Band.

sind zu dope!«) integrieren. Ebenfalls genretypisch ist überdies die lokale Verortung (»Südberlin«), die von eingeflochtenen Anleihen aus dem Berliner Dialekt unterstützt wird (»ich rip dit Business«, »ich drop dis hard«).[2]

Die beiden Rapperinnen bedienen sich einer ganzen Reihe rapspezifischer literarischer Produktionsverfahren. So verwenden sie aus flowrelevanten Gründen Inversionen wie in »mach', dass du weinst voller Neid«, durch Präfigierung veränderte Verben wie »zermetzeln« oder »zerbomben« sowie Neologismen wie »zersmacken« (von engl. to smack – Klaps geben, schlagen). Die Verwendung von Jugendsprache (z.b. »weil ich nich' mit dir chill'«, »zeig' euch Punzen wie's geht«) kann im Rap als unmarkierter Standardfall aufgefasst werden. Von dieser Norm abweichende Formulierungen, die an klanglich exponierten Stellen erscheinen, weisen daher auf das ›Primat des Klangs‹ (vgl. Gruber 2017: 34, 131) hin und lassen sich mit klangrelevanten Erwägungen begründen wie etwa bei der Verwendung der Begriffe »häuten« und »Steelo«[3] oder bei auffälligen Anleihen aus der Standardsprache wie »bring es zum Ausdruck«.

Am deutlichsten wird das Synchronisieren mit Genrestandards in diesem Track in der spezifischen Kulturpraxis des Boastings. Die Boasting-Lines thematisieren in den unterschiedlichsten Metaphern, Vergleichen und illustrierenden Beispielen die eigenen Vorzüge und lassen sich inhaltlich grob klassifizieren: Gegenstand der Boasting-Lines sind zuvorderst die technischen Fähigkeiten und Fertigkeiten wie z.B. in »wir sind tighter« oder »Mein Magazin ist voll, [ich] drück ab«. Die diesbezügliche Überlegenheit äußert sich auch in der Position als Vorbild (»Wir sind das, was du gern wärst«) und unangefochtene Szene-Größe (»Dir bleibt kein letzter Schuss, weil ich jetzt auf dem Markt erscheine«). Entsprechend fokussieren einige Boastings die Qualität des resultierenden Tracks, die an Popularität und wirtschaftlichem Erfolg gemessen wird: »[Ich] mach' Hits«, »L.I.S.I. und She-Raw bring'n die Hits, von den' Bitches träumen.« Das letzte Beispiel demonstriert darüber hinaus zwei weitere Boasting-Techniken: Zum einen sprechen die Rapperinnen von sich in der dritten Person, zum anderen lassen sie hier und an zahlreichen weiteren Stellen – teilweise kontextfrei und unvermittelt – die eigenen Künstlernamen verlauten (inklusive der Pseudonyme »Haze« und »Purple Haze«). Außerdem inszenieren sie sich als Teil einer größeren Gruppe, etwa indem sie behaupten: »Meine Crew steht hinter mir, wenn einer von euch aufmuckt« oder »Bitches kuschen vor mir und mein' Bräuten.«

---

2   Originalschreibung aus dem Booklet der CD.
3   »Steelo« ist ein aus dem Amerikanischen übernommener, ursprünglich spanischstämmiger Neologismus mit der Bedeutung Stil (vgl. etwa den Songtitel *Steelo* der Gruppe 702 – Motown, 1996).

Generell fällt vor allem in She-Raws Part der offensive, aggressiv anmutende Sprachgestus auf, der von zahlreichen, überwiegend diffamierenden Bezeichnungen (Biter, Neider, Hoe, Opfer, Olle usw.) und der typischen Battle-Metaphorik – v.a. aus dem semantischen Feld ›Kampf‹ – geprägt ist. Mit Punchlines wie »zerfetze Bitches im Battle, zermetzel' sie bis ins Letzte«, »Ich komm', um Rapper zu häuten« oder »Am Mic wird jede zerbombt« lassen die Rapperinnen keinen Zweifel daran, dass die Adressaten andere Rapper_innen sind und es sich hier also zwar um gewalthaltige, jedoch klar im Battle- bzw. Boasting-Rap kontextualisierte, kompetitive Verbalangriffe handelt.

2. PROFILIEREN

In der ersten Strophe, die von Lisi gerappt wird, fällt aus flowanalytischer Sicht zunächst auf, dass der 16-taktige Part klanglich in vier gleich lange Abschnitte gegliedert ist, die sich jeweils durch einen dominanten Laut auszeichnen (vgl. Abb. 1): Die ersten vier Takte kreisen um den Diphthong »ei« ([aɪ], s. weiß auf dunklem Hintergrund), die Takte 5 bis 8 um Assonanzen mit »i« und »o« (s. dunkle Markierung), die folgenden vier Takte um zweisilbige Assonanzen mit dem Doppelvokal »e« (s. helle Markierung) und die Takte 13 bis 16 greifen den kurzen »e«-Vokal auf, kombinieren ihn mit einem langen »i«-Vokal (s. Rahmenmarkierung) und kehren schließlich zurück zum Diphthong »ei« (s. weiß auf dunklem Hintergrund).

Abbildung 1: Part I _ Positionierung der Kernassonanzen

```
   Du bist heiß drauf, wir heißer. Deine scheiß Braut - 'n Biter! [Ich] klinge
   immer gut, auch heiser, wie'n Meister. Ihr kommt nicht weiter, übt Skills,
   doch wir sind tighter. [Ich] mach Hits für alle Fighter. Wir sind
   das, was du gern wärst, denn du bist nix als 'n Neider. Sie
   ---
 5 spielen meine Platte im Club, spielen mein Video.
   Frauen hör'n mich schrei'n »oh my God!« Ich bin ihr Hero. Wie
   Leute von mir reden! Sie steh'n auf mich, Chico!
   L.I.S.I. mit She-Raw - wie 'n Jackpot im Casino!
   ---
   [Ich] behalte mein' Steelo, kein Kampflesben-Rappen! »Purple
10 Haze« wie die Droge. [Ich] weiß, mein Stoff würde dir schmecken. [Du] kannst oft
   bitten und betteln und doch niemals dran lecken. Die di-
   cken Titten rausstrecken, könn' Typen, während wir rappen. [Du] kannst tan-
   ---
   zen wie Marionetten. Du wirst nie Respekt verdien', musst dich ver-
   stecken, weil die Hunde renn' direkt aus Südberlin. Mein Maga-
15 zin ist voll, [ich] drück ab. Mach Platz für »Eine Wie Keine«! Dir
   bleibt kein letzter Schuss, weil ich jetzt auf dem Markt erscheine.
```

Quelle: eigene Darstellung

Auch wenn vor allem die ersten drei Abschnitte nach diesen Gestaltungsprinzipien relativ homogen konstruiert sind, finden sich an den Übergängen häufig rückverweisende Klänge, die die klangliche Kohärenz des gesamten Parts unterstützen (s. Pfeile). Man könnte sie als ›akustische Zeilensprünge‹ bezeichnen. So wird etwa im zweiten Abschnitt auch der »ei«-Diphthong aus dem ersten Abschnitt wiederholt (»meine«, »mein«, »schrei'n«). Der dritte Abschnitt wiederum erinnert mit »Steelo« an die »i«/»o«-Assonanzen aus dem vorhergehenden Teil und der letzte Abschnitt schließlich knüpft mit »Marionetten« und »verstecken« an die zuvor verwendeten »e«-Assonanzen an.

Für den spezifischen Flow ist neben der relativen Häufigkeit und Anordnung der Reimsilben bzw. Assonanzen auch die konkrete Stellung im metrischen musikalischen Gefüge von Bedeutung. So fällt gleich zu Beginn von Lisis Part auf, dass sie zunächst mit einem sehr regelmäßigen Betonungsmuster beginnt (vgl. Abb. 2): Alle Assonanzen (»heiß«, »heißer«, »scheiß«, »Biter«) stimmen mit den metrisch betonten Zählzeiten des Standardtakts überein (s. Schatten).

Abbildung 2: Part I, Takte 1-4 – Positionierung der Kernassonanzen

Quelle: eigene Darstellung

Diese Kongruenz von musikalisch-metrischer Betonung (s. Schatten) und klanglicher Betonung durch Reime und Assonanzen (s. Markierung »>«) wird beim Hören als regelmäßig, stimmig, harmonisch wahrgenommen. Da diese Regelmäßigkeit allerdings auch die Gefahr birgt, von Rezipient_innen als zu gleichförmig gewertet zu werden, liegt die Kunst eines technisch ausgefeilten Flows entsprechend darin, die klanglichen Akzente zu den musikalischen Betonungen in Bezug zu setzen und in einem ausgewogenen Verhältnis von Konvergenz und Divergenz zu positionieren. Dabei kann Letzteres tendenziell nur dann als technisch elaboriert rezipiert werden, wenn eine soundstrategische Absicht erkennbar wird. Dies ist etwa dann der Fall, wenn ein vom Standardraster abweichendes Betonungsmuster mehrmals innerhalb kürzerer Zeit verwendet wird oder durch eine derartige »Displatzierung« (Gruber 2017: 110) ein bedeutungsvolles Wort (z.b. eine inhaltliche Pointe) betont wird.

Im zweiten Vers generiert Lisi eine Engführung der zuvor beschriebenen, regelmäßigen Betonungsstruktur, indem sie die Assonanz »Meister« um eine Sechzehntelnote nach vorne zieht. Dass sie damit eine soundstrategische Absicht verfolgt, belegen die nachfolgenden Takte, in denen sie an drei weiteren Stellen eine betonte Silbe um jeweils eine Sechzehntel nach vorne zieht und diese – um diesen Effekt noch zu verstärken – durch eine nachfolgende Pause flankiert, nämlich auf »Skills«, »Hits« und »bist«. Da alle drei Wörter einen kurzen »i«-Vokal aufweisen, handelt es sich hier um eine parallellaufende zweite Assonanzstruktur, die den Flow der Rapperin abwechslungsreicher wirken lässt.

Eine eingehende Flowanalyse fördert noch weitere Assonanzstrukturen zutage, die den spezifischen Flow Lisis auszeichnen: Zieht man die konkrete performative Realisierung des Textes mit in Betracht, so zeigt sich in den Versen 5 bis 8, dass sich nicht nur die bereits benannten Assonanzen auf »i« und »o« wiederholen, sondern dass die sechssilbigen Phrasen »Club, spielen mein Video« und »›God!‹ Ich bin ihr Hero« identisch rhythmisiert sowie im Taktmetrum an derselben Stelle positioniert werden und gleichzeitig der Vokal in »Club« klanglich so verändert wird, dass er jenem in »God« ähnelt. Lisi generiert hier also eine immerhin sechssilbige und damit relativ weit gespannte Assonanz, die ihre um eine Silbe gestauchte Entsprechung in Vers 8 in der Pointe »Jackpot im Casino« findet.[4]

Eine ähnliche Binnenassonanz findet sich im dritten Abschnitt (Z. 9-12): Mit dem Wort »Droge« wird der lange »o«-Vokal aus den vorhergehenden »i«/»o«-Assonanzen aufgegriffen und isoliert, um anschließend prägnanter Bestandteil einer ebenfalls sechssilbigen Assonanz zu werden. So beginnen alle drei aufeinanderfolgenden Phrasen »Stoff würde dir schmecken«, »oft bitten und betteln« und »doch niemals dran lecken« mit diesem Vokal und enden mit einem doppelten Vokal »e«. Darüber hinaus sind die letzten beiden Phrasen durch den identischen Rhythmus aufeinander bezogen, der sich durch die charakteristische Pause nach dem markanten »o«-Klang auszeichnet. Neben dieser zweiten Assonanzstruktur integriert die Rapperin außerdem eine Kette von klangästhetisch interessanten Alliterationen bzw. Anlautwiederholungen in »bitten und betteln«, »Die dicken Titten« und »während wir«.

---

4   Die Phrase »steh'n auf mich, Chico« ist im Übrigen ebenfalls rhythmisch identisch gestaltet, unterscheidet sich jedoch durch die Veränderung des Anfangsvokals.

Wie häufig bei Rap-Tracks zu beobachten, in denen die Hooks mitunter auch von Sänger_innen oder den Rapper_innen selbst gesungen werden, erscheint auch hier im Refrain, der an den Part von Lisi anschließt, das Stilmittel melodiöser Anreicherung.[5] Ein charakteristisches Element dieses Formteils ist entsprechend zunächst die fast auf Tonhöhen gesungene Intonation der jeweils beiden ersten Silben der Verse 1, 3 und 5 (s. dunkle Markierung mit Rand). Die Stimme springt dabei von einem tiefen Ton um etwa das Intervall einer Sexte nach oben. Wie Abbildung 3 zeigt, bleibt dabei der Rhythmus identisch (s. dunkle Markierung mit Rand in Abb. 3 bzw. Abb. 4).

Abbildung 3: Refrain – Rhythmische Struktur mit wiederkehrenden Elementen

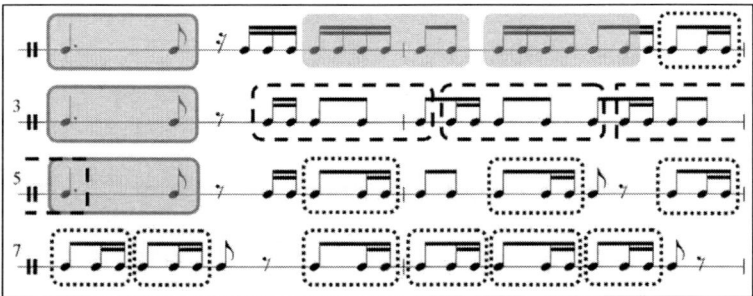

Quelle: eigene Darstellung

Die dunkle Markierung ohne Rand (Takte 1 und 2) veranschaulicht ein zweites sich wiederholendes Element. Es handelt sich bei diesem identischen Rhythmus um den Parallelismus »Bitches wollen reden, Bitches wollen haten« (vgl. Abb. 4), der bereits durch die wörtliche Wiederholung korrespondierendes Klangmaterial bietet.

Abbildung 4: Refrain – Raptext

| Ganz still! Zu viele Bitches wollen / reden, Bitches wollen haten. Egal, was du |
| Punk willst, interessiert mich / nich', geb 'n Fick auf dich, weil ich nich' mit |
| dir chill. [Ich] bin nicht down mit euch / Opfern, down mich euch Hoes. [Ich] kill' deinen |
| Hype schon allein, wenn ich pose, mach', dass du weinst voller Neid. Uns're Styles sind zu dope! |

Quelle: eigene Darstellung

---

5 Der Refrain ist so abgemischt, dass Lisis Stimme am deutlichsten zu hören ist. Gleichzeitig kann synchron dazu aber noch mindestens eine weitere Stimme wahrgenommen werden, die aufgrund des höheren Timbres She-Raw zugeordnet werden kann. Durch den Höhenunterschied der Stimmen entsteht ein insgesamt deutlich vollerer Klang als in den Solo-Parts.

Ein Blick auf die gestrichelte Markierung in den Takten 3 bis 5 (vgl. Abb. 3) offenbart überdies ein wiederkehrendes rhythmisches Motiv, das sich jeweils aus zwei kürzeren (Sechzehntel) und drei längeren Noten (Achtel) zusammensetzt. Die rhythmische Wiederholung geht mit den klanglichen Korrespondenzen um den wiederkehrenden Vokal »i« und die geräuschhafteren »ch«-Klänge (»mich / nich'«, »dich«, »ich nich'«) einher (vgl. Abb. 4).

Das letzte dieser konstituierenden Elemente, mit denen der Refrain abwechslungsreicher gestaltet wird, die gleichzeitig die planvolle Konstruiertheit dieses Formteils unterstreichen und die so insgesamt zur Profilierung der Musikerinnen beitragen, ist schließlich das mit einer punktierten Linie markierte Motiv aus einer längeren (Achtel) und zwei kürzeren Noten (Sechzehntel). Wie man in der grafischen Reduktion schnell erkennen kann, wird dieses Motiv in immer enger werdenden Abständen wiederholt, bis es schließlich – korrespondierend mit der musikalischen Zuspitzung gegen Ende des Refrains – zuerst dreimal, anschließend viermal in Folge erscheint und so fließend und gleichzeitig intensivierend in den textlichen und musikalischen Höhepunkt leitet (vgl. Abb. 3).

Die zweite Strophe, nach dem Refrain, wird als Gastbeitrag von She-Raw beigesteuert. Auch sie präsentiert in den ersten beiden Versen ein komplexes Betonungsmuster. In Abbildung 5 ist zu erkennen, dass von den vier (grau unterlegten) Taktschwerpunkten insgesamt drei mit einer betonten Textsilbe (s. Markierung »>«) korrespondieren.

Abbildung 5: Part II, Takte 1_2 _ Rhythmische Struktur

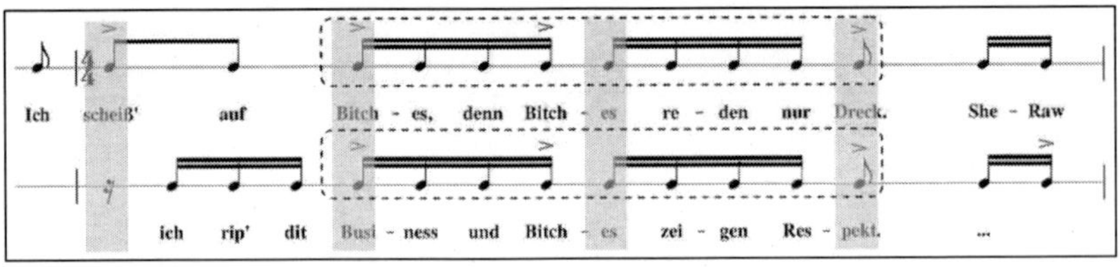

Quelle: eigene Darstellung

Dadurch wirkt She-Raws Flow insgesamt durchaus stabil, was – wie oben beschrieben – die Voraussetzung dafür ist, dass irreguläre Muster überhaupt als Ergebnis technischer Raffinesse rezipiert werden können. Umso deutlicher setzt sich entsprechend das konträre Betonungsmuster ab, das die Rapperin mit den korrespondierenden Satzfragmenten »Bitches, denn Bitches reden nur Dreck« und »Business und Bitches zeigen Respekt« realisiert (s. gestrichelte Markierung). Durch die identische Abfolge von Daktylus, Trochäus, Daktylus und einer abschließenden Hebung über der gewissermaßen trochäischen musikalischen Begleitung entsteht eine klangästhetisch komplexe Polyrhythmik (s. graue Markierung vs. »>«-

Markierung). Dazu werden zum einen insgesamt vier Silben mit Anlautwiederholungen (»Business« und dreimaliges »Bitches«) und zum anderen die jeweiligen Endsilben mit einem kurzen Vokal »e« (»Dreck«, »Respekt«) besonders hervorgehoben. Auf diese Weise werden insgesamt neun Silben flowtechnisch aneinander gekoppelt, sodass man trotz der identischen Reime (»Bitches«) und des klanglich wenig kongruenten Wortpaares »reden«/»zeigen« von einer neunsilbigen Assonanz sprechen könnte, die selbst unter versierten Rapper_innen eine Seltenheit darstellt.

Der gesamte Part von She-Raw ist durchsetzt von einem dichten Netz an Assonanzen, das hier lediglich angedeutet werden kann. Ähnlich wie in Lisis Part stabilisiert es die konstituierende zwei- bzw. viertaktige Struktur gleichermaßen, wie es sie durch Binnenassonanzen gleichzeitig klanglich transferiert, etwa indem ›akustische Zeilensprünge‹ verwendet werden.[6] Dass der Komplexität des individuellen Flows von She-Raw eine flowstrategische Konzeption zugrunde zu liegen scheint, zeigt sich besonders in den Versen 9 bis 12 des zweiten Parts, die im Folgenden exemplarisch untersucht werden.

Die Markierungen in Abbildung 6 beziehen sich ausschließlich auf die Rhythmisierungs- und Betonungsmuster. Die tatsächliche Assonanzstruktur wird dabei zunächst bewusst ausgeklammert. In dieser Darstellung wird auf den ersten Blick deutlich, dass der gesamte viertaktige bzw. vierzeilige Abschnitt von zwei konstituierenden Elementen dominiert ist. Das dunkel schattierte Motiv A bestätigt mit der ersten Betonung (s. »>«-Markierung) jeweils die Hauptzählzeiten des musikalischen Metrums (vgl. schattierte Balken in Abbildung 2 und 5) und sorgt damit für die flowtechnische Rückbindung an die musikalische Begleitung. Auf diese Weise kann die zweite Betonung des Motivs, die sozusagen eine Silbe bzw. eine (Sechzehntel-)Note ›zu früh‹ gesetzt ist, als ›vorgezogene‹ Hauptzählzeit (vgl. schattierte Balken in Abbildung 2 und 5) wahrgenommen werden. Dieses Phänomen wird musikwissenschaftlich als ›Synkope‹ (vgl. Pfleiderer 2006: 111f., 162) bezeichnet und gilt als klangästhetisches reizvolles Stilmittel, das einige Versiertheit im Umgang mit Akzentuierungen voraussetzt. Ähnliches gilt für das dunkel umrandete Motiv B, das ebenfalls durch eine markante Verschiebung des Akzents auf die zweite Silbe bzw. Note charakterisiert ist. Der spezifische Flow, mit dem She-Raw ihr Profil als Rapperin ausschärft, entsteht nun im Spannungsfeld zwischen der regelmäßigen Anordnung der beiden rhythmischen Motive und der Assonanzstruktur, wie im Folgenden zu sehen sein wird.

Mit der einleitenden Aufzählung »Ich kick' eine Zeile, schick' Kids in die Ecke« wird zum einen mit der Kumulation des »i«-Vokals eine Assonanz aus den vorhergehenden Versen wieder aufgegriffen und fortgeführt.

---

6 Vgl. etwa »Hunden, wie's um sie steht« oder »Braut schluckt«.

Abbildung 6: Part II, Takte 9-12 – Rhythmische Struktur

Quelle: eigene Darstellung

Zum anderen wird mit der Binnenassonanz »eine Zeile« eine klanglich interessante Reminiszenz an den in diesem Part bereits achtfach eingebauten Diphthong »ei« integriert. Die beiden Elemente sind außerdem durch die Rhythmisierung (Achtel- vs. Sechzehntelnoten) und die performative Ausgestaltung (silbenweise Akzentuierungen vs. ›fließende‹ Sechzehntel) kontrastierend einander gegenübergestellt. Die nun folgende Assonanzstruktur bildet einen komplexen Kontrapunkt zu der bereits beschriebenen markanten rhythmisch-metrischen Konstruktion aus Motiv A und B:

Zunächst etabliert die Rapperin eine Kette von Assonanzen mit kurzen »e«-Vokalen, die sich fast durch den gesamten Abschnitt zieht: »Ecke, zerfetze [...] Battle, zermetzel' [...] Letzte. [...] hetz' [...] Action, zersmacke [...] Wenn [...] rappe«. In diese Kette integriert sind Anlautwiederholungen wie »Bitches im Battle« und »zerfetze [...] zermetzel' [...] zersmacke [...] zerbombt« sowie sich wiederholende Silben wie »-etz-« in »zerfetzte«, »zermetzel'«, »Letzte«, »hetz'«. Darüber hinaus forciert She-Raw durch die konkrete performative Realisierung die textliche Pointe und den musikalischen Höhepunkt dieses Abschnitts durch die – rhythmisch und in Bezug auf die Betonung identische – viersilbige Assonanz »jede, die kommt« und »jede zerbombt«. Dass all diese Elemente Ergebnis eines flowtechnischen Kalküls sind, beweist nicht zuletzt der am unteren Ende von Abbildung 6 notierte musikalische Auftakt (»Ich [...]«), der analog zum Auftakt von Vers 9 gestaltet ist und die anschließende Betonung auf der Hauptzählzeit des folgenden Taktes vorbereitet. Nach dem komplexen, flowtechnisch elaborierten Umgang mit Wortakzenten, musikalisch-metrischen Betonungen, Klangkorrespondenzen und einem klangästhetischen Kontrapunkt sorgt She-Raw damit wieder für Orientierung und Stabilität, indem sie einen akustischen Ankerpunkt setzt.

3. FAZIT

Lisi und She-Raw authentifizieren sich in diesem Track als Szene-Insider, indem sie sich mit zahlreichen Genre-Standards synchronisieren: Sie kontextualisieren typische Szenemarker wie soundtechnische Charakteristika, rapspezifische Gestaltungselemente und Produktionsverfahren sowie den charakteristischen Sprachstil. Am deutlichsten wird diese Tendenz bei der Adaption konventionalisierter Boasting-Techniken, etwa in Bezug auf die technischen Fähigkeiten und Fertigkeiten, die Darstellung als Szene-Größe und der typischen Battle-Metaphorik.

Bezüglich der performativen Profilbildung der beiden Rapperinnen lässt sich zusammenfassen, dass sich beide Musikerinnen durch einen elaborierten Flow auszeichnen. Sie etablieren wiederkehrende klangliche Motive, die ihre Parts strukturieren, und nutzen komplexe Assonanzstrukturen, um eine strophenübergreifende Kohärenz herzustellen. Dabei setzen sie mit Alliterationen, Anaphern und bis zu neunsilbigen Assonanzen, die vielfach polyrhythmische Sequenzen genieren, akustische Akzente, die stets mit den inhaltlich-semantischen Pointen korrespondieren.

LITERATUR

Dietrich, Marc/Seeliger, Martin (2012): »G-Rap auf Deutsch – Eine Einleitung«, in: Marc Dietrich/Martin Seeliger (Hg.), Deutscher Gangsta-Rap – Sozial- und kulturwissenschaftliche Beiträge zu einem Pop-Phänomen, Bielefeld: transcript, S. 21-40.

Forman, Murray (2009): »Machtvolle Konstruktionen: Stimme und Autorität im HipHop«, in: Fernand Hörner/Oliver Kautny (Hg.), Die Stimme im HipHop. Untersuchungen eines intermedialen Phänomens, Bielefeld: transcript, S. 23-50.

Friedrich, Malte (2010): Urbane Klänge – Popmusik und Imagination der Stadt, Bielefeld: transcript.

Gruber, Johannes (2017): Performative Lyrik und lyrische Performance – Profilbildung im deutschen Rap, Bielefeld: transcript.

Ismaiel-Wendt, Johannes (2011): Tracks'n'treks. Populäre Musik und postkoloniale Analyse, Münster: Unrast.

Karrer, Wolfgang (1996): »Rap als Jugendkultur zwischen Widerstand und Kommerzialisierung«, in: Wolfgang Karrer/Ingrid Kerkhoff (Hg.), Rap, Hamburg: Argument, S. 21-44.

Lisi feat. She-Raw (2006): »Interessiert mich nicht«, in: Eine wie keine. Booklet der CD, Berlin: Four Music.

Pfleiderer, Martin (2006): Rhythmus – Psychologische, theoretische und stilanalytische Aspekte populärer Musik, Bielefeld: transcript.

Simon, Jan (2006): Interview Lisi. Eine wie keine. http://rap.de/c37-interview/5960-lisi/ vom 30.09.2019.

Wiegel, Martin (2010): Deutscher Rap. Eine Kunstform als Manifestation von Gewalt?, Marburg: Tectum.

Semiotische Erosion

Rede als Form in Kool Savas' *King of Rap* (2000)

Dagobert Höllein

1. EINLEITUNG

Gegenstand der Textanalyse dieses Beitrags ist Kool Savas' Track *King of Rap*, der Savas zum Durchbruch verhalf und der – obwohl bereits aus dem Jahr 2000 – von Kritikern noch immer als einer der »wohl besten« (Schieferdecker 2017) deutschen Rap-Tracks bezeichnet wird.[1] Inhaltlich sichert Savas in diesem prototypischen Battle-Rap-Track die Titelthese ab, nach der er Rap als König regiert.

Ausgangspunkt der Analyse ist jedoch nicht der Inhalt des Tracks, sondern folgende Alltagsbeobachtung: Immer dann, wenn Vokalmusik in einer unbekannten Fremdsprache rezipiert wird, nehmen Rezipierende die (Gesangs-)Stimme wie ein Instrument wahr. Im Unterschied zur Rezeption eines Instruments sind über Tonlänge und -höhe, Pausen und Dynamik jedoch bei der Stimmrezeption alle in der Rhetorik als Figuren bezeichneten Verbindungen von Elementen erfahrbar.

Das bei dieser Beobachtung wirksame Phänomen bezeichne ich als semiotische Erosion. Die Idee ist, dass Battle-Rap-Tracks auf zwei Arten rezipierbar sind. Der Text – und hierunter verstehe ich immer die Textperformanz – kann entweder in seiner semiotischen Gestalt wahrgenommen werden oder nicht. Wird der Text im Sinne der ersten Art ausdrucksseitig und inhaltsseitig rezipiert, unterscheidet sich dessen Rezeption nicht wesentlich von der in anderen Musikrichtungen. Daneben existiert jedoch eine für Rap einschlägige zweite Rezeptionsart, bei der der Text vorwiegend in seiner ausdrucksseitigen Gestalt rezipiert wird. In diesem Fall wird die inhaltsseitige Rezeption im Extremfall überlagert und als Folge – so die

---

1 *King of Rap* ist der neunte Track auf dem Album *Full House* von Plattenpapzt und wurde von Roe Beardie produziert.

These – erodiert die semiotische Gestalt des Texts. Diese These wird bei der folgenden Textanalyse überprüft, bei der die Ausdrucksseite des Texts und deren Strukturierung im Fokus stehen.

Gerade weil im Folgenden durch die Konzentration auf die Ausdrucksseite der Inhalt des Tracks keine Berücksichtigung findet, seien einige Bemerkungen vorangestellt: Savas verwendet frauenfeindliches (»*Bitch*«), homophobes (pejorative Nennung von »*schwul*«) und rassistisches (»*Nigga*«) Vokabular. Der Track *King of Rap* ist in dieser Hinsicht weder für Rap generell (vgl. *Me so horny* [1989]) von 2 Live Crew) noch für Savas (vgl. beispielhaft *LMS* [1999]) auffällig, sondern nutzt eine genretypische Sprache. Das macht in der Sache nichts besser. Deshalb sei darauf verwiesen, dass die Überlegungen zur semiotischen Erosion dezidiert nicht dazu dienen, inhaltliche Entgleisungen zu verharmlosen oder gar zu rechtfertigen. Die Verwendung von pejorativer Sprache im Rap ist ein eigenständiges, komplexes Themenfeld, das nicht en passant verhandelbar ist, weshalb hier auf Jeffries (2008: 151ff.) und zum Thema Excitable Speech auf Butler (1997) verwiesen sei.

Ziel dieser Untersuchung ist nachzuvollziehen, wie Ausdrucksseite, lyrische Verfasstheit und phonologische Konfiguration organisiert sind. Anders formuliert wird der Flow sprachwissenschaftlich in den Blick genommen und damit versucht, Antworten auf die Frage zu finden, welche Phänomene semiotische Erosion unterstützen oder hervorrufen.

2. SEMIOTISCHE EROSION UND FLOW

Grundlage für den Begriff der semiotischen Erosion sind Saussures (2013: 247) zweiseitiger Zeichenbegriff im Allgemeinen, der durch die Konstruktionsgrammatik aktuell (Goldberg 2019, 1995; Schneider 2014) wirkmächtiger denn je ist, und Saussures Blatt-Metapher im Besonderen, nach der die Vorderseite (der Inhalt des Zeichens) des Blatts nicht ohne deren Rückseite (die Form) existiert. Als semiotische Erosion bezeichne ich – wie eingangs erwähnt – ein Phänomen, bei dem die Ausdrucksseite stark strukturiert wird und für dieses Phänomen sprechen drei Beobachtungen in der Literatur:[2]

---

2   Der Sammelband von Hiekel/Mende (2018) widmet sich einem verwandten und parallel zur semiotischen Erosion wirkenden Phänomen, nämlich der Semantizität des Klangs selbst. In gleiche Richtung weist auch Grubers Formulierung vom »Primat des Klangs« (Gruber 2017: 34). Solche Wechselwirkungen im Rap müssen aber gesondert untersucht werden.

So argumentiert erstens Köbele im Bereich der Minnelyrik, dass gewisse Wörter »von Semantik entlastet [seien], ohne asemantisch [...] zu sein« (Köbele 2013: 319). Genau dieses Zurücktreten der Inhaltsseite – allerdings auf Textebene – hinter die Ausdrucksseite ist mit semiotischer Erosion gemeint, ohne dass dieses Phänomen (in einer den Rezipierenden bekannten Sprache) jemals seine maximale Extension erreichen könnte, da – um in Saussures Metapher zu bleiben – das Blatt notwendig zwei Seiten hat.

Zweitens weiß die Rhetorik implizit um das Phänomen der semiotischen Erosion: Hier wird der übermäßige Einsatz von Figuren seit der Antike kritisch gesehen, da dieser ihre Abnutzung und damit die Sinnentleerung des Texts zur Folge hat (vgl. Winter-Froemel 2009: 782). Aus Sicht der semiotischen Erosion führt die überzogene Formung des Texts präziser nicht zur Abnutzung der Figuren, sondern im Gegenteil zu deren Überbetonung. Rezipierende werden vom Inhalt auf die Form gewiesen – genau das ist aber nicht Ziel der klassischen Rhetorik, die mit Figuren den Inhalt unterstützen und nicht von ihm ablenken will.

Drittens ist das folgende Phänomen ein intuitives Indiz für semiotische Erosion: Zeilen[3] lassen sich inhaltlich besser erschließen, wenn sie als Cuts – Text-Samples im Sinne Hörners (2010: 1) – tonal hervorgehoben werden – indem sie also in anderen Tracks zitiert werden. Erst die Lösung der Zeile aus ihrem ausdrucksseitigen Kontext reaktiviert den Inhalt. Anders formuliert: Die Isolation re-erodiert den Inhalt.

Für die These, dass es in erster Linie der ausdrucksseitige Kontext ist – also die Reimstruktur oder die phonologischen Figuren – mit dem die Zeile in Verbindung steht, und nicht die Lösung aus dem inhaltlichen Kontext, spricht zusätzlich Folgendes: Die prototypisch größte inhaltliche Einheit in Battle-Rap-Tracks ist die Punchline, weshalb Narrative selten über mehr als einige Zeilen entfaltet werden.[4] Diese These abzusichern, ist Ziel der Textanalyse und dazu werden – nach einer Arbeitsdefinition des Flow-Begriffs – exemplarisch die Reimstruktur, das Spiel mit Phonemen und zuletzt der Rhythmus untersucht.

Flow ist zentral für Rap bzw. die Rap-Analyse (vgl. Kautny 2009: 140), da die Stimme im Battle-Rap anders gewertet wird als in anderen vokalen Musikrichtungen, in denen die Ausbildung der Gesangsstimme Qualitätsmerkmal ist. Gleicht die Stimme in anderen Musikrichtungen z.B. einem Klavier, imitiert sie im Rap das Schlagzeug. Nicht Tonales steht im Vordergrund, sondern der Rhythmus –

---

3 Zeile ist eine genuin schriftsprachliche Kategorie, die in der vorliegenden Analyse jedoch auch auf die Performanz angewendet wird.

4 Auch der Track *King of Rap* entfaltet kein strophenumfassendes oder -übergreifendes Narrativ, weshalb die Detail-Betrachtung von Passagen gerechtfertigt erscheint.

und dieses Phänomen hat sein spiegelbildliches Äquivalent in den stark reduzierten Beats prototypischer Battle-Rap-Tracks. Die Reduktion der Tonalität bis hin zur reinen Metrik zeigt sich also nicht nur im Bereich der Stimme, sondern auch im Bereich der Musik, in den Beats. Diese doppelte Reduktion schafft Raum für das im Rap Wesentliche: den vokalen Rhythmus, den Flow.

Das Phänomen ›Flow‹ hat Kautny mit folgender Definition auf das Wesentliche reduziert gefasst: »Flow [ist] die rhythmische Verschränkung von Sprechgesang und Begleitpattern[, also] das Zusammenspiel von Rap und Beat« (Kautny 2009: 141). Grubers Flowdefinition erweitert diese entscheidend: »Flow [wird] als klangliche Dimension des individuellen Rapstils verstanden, die im Umgang mit Reimakzenten, Rhythmus, Spracharktikulation, Phrasierung und Intonation performativ hergestellt wird« (Gruber 2017: 37). Für den vorliegenden Aufsatz ist daneben zentral, dass Tracks, denen von Rezipierenden Flow zugeschrieben wird, das zukommt, was u.a. Hübner in anderem Zusammenhang als »phonologische Überstrukturierung« (Hübner 1994: 78) beschrieben hat. Ein notwendiges Hilfsmittel, um diese Überstrukturierung und damit Flow zu untersuchen, bietet die klassische Rhetorik: Während Tropen als Analyseinstrument der Inhaltsseiten entfallen, sind Figuren ein adäquates Analyseinstrument, da sie die Lautgestalt untersuchen, also die Ausdrucksseite. Rap ist jedoch ein mündliches Phänomen, weshalb Phonologie und Phonetik das Instrumentarium anbieten, mit dessen Hilfe zusätzliche figurale Effekte der Rhetorik fassbar gemacht werden können.

3. TEXTANALYSE

Ich beginne die Analyse mit Bemerkungen zu Textstruktur und Beat, da der Track *King of Rap* von Kool Savas in beiderlei Hinsicht untypisch, wenn nicht singulär ist. Der Track weicht massiv vom klassischen ›16er und Hook‹-Schema ab, nach dem Strophe und Refrain einander gleichförmig folgen. Er hat eine Struktur, die – von Megalohs Cover des Tracks abgesehen – bis heute einmalig im deutschen Rap ist. Auf Cuts zu Beginn folgen der erste Part mit 24 Zeilen, der einfach wiederholte Refrain sowie der zweite, aus ungewöhnlichen 18 Zeilen bestehende Part.[5] Atypisch für einen Rap-Track – zumal dieser Zeit – ist außerdem das Vorkommen jeweils einer Bridge unterschiedlichen Inhalts zum Ende beider Stro-

---

5 Prototypisch werden im deutschen Rap durch vier teilbare Strophenlängen gewählt, z.B. 16 Zeilen.

phen, die auf Text- wie auch auf Beatebene von Strophe und Refrain deutlich abgegrenzt ist. Nur das Ende ist mit vierfach wiederholtem Refrain und einem gescratchten Outro konventionell.

Grundlage des Tracks ist der Roe Beardie-Beat, dessen Einfluss auf den Flow deutlich im Kontrast zu inoffiziellen Remixen und selbst zum offiziellen *Endstress-Remix*[6] deutlich wird, auf denen der exakt zur Struktur des Original-Beats passende Text massiv an Tempo und Flow verliert.[7] Beat und Text harmonieren in für deutschen Rap bis dahin nicht gekannter Weise, wie exemplarisch die ungewöhnlich lang gezogenen Drum/Snare-Breaks illustrieren, die die Bridges untermalen. Generell besteht das Außergewöhnliche des Beats darin, der Stimme viel Platz zur Entfaltung zu lassen. So sind nur wenige Elemente des Beats tonal im Frequenzbereich von ca. 200 Hz bis 6000 Hz prägnant, in dem Kool Savas' Stimme ihren Wirkungsbereich hat.[8] Allerdings ist der Track nicht nur aus textstruktureller und beattechnischer Perspektive exzeptionell, wie die folgende Textanalyse zeigt.

Zentral für den Flow sind – nach der These des Beitrags – die Reimstruktur sowie die lautliche Gestaltung; und letztere verdeutlicht, weshalb die semiotische Erosion hier ausgeprägt wirkt und möglicherweise auch, weshalb dieser Track als Klassiker von außergewöhnlicher raptechnischer Qualität betrachtet wird. Der Flow kommt dadurch zustande, dass Kool Savas lautliche Effekte exzessiv und zur Kohärenzbildung einsetzt. Zunächst werden die Reimstruktur, dann das Spiel mit Phonemen und zuletzt der Rhythmus detaillierter analysiert und deren Wirkung auf die semiotische Erosion diskutiert. Dazu ist zu bemerken, dass im Aufsatz keine Vollanalyse vorgenommen werden kann, sondern einerseits exemplarische Stellen, andererseits exemplarische Phänomene betrachtet werden. An anderen Stellen können einerseits andere Phänomene wirksam sein, andererseits die im Folgenden diskutierten weniger stark ausgeprägt sein. Entscheidend ist, dass der Text auch an den hier nicht fokussierten Stellen ausdrucksseitig in einer Weise überstrukturiert ist, dass die Inhaltsseite von der Ausdrucksseite überlagert wird.

---

6   Der Endstress-Remix findet sich auf der B-Seite der *King of Rap*-Single.
7   Das vermeintliche Original könnte uneindeutigen Aussagen Roe Beardies (2014) zufolge ein Remix sein. In diesem Fall hätte Roe Beardie den Beat auf den Text maßgeschneidert, dessen Stärken durch kompositorische Finessen unterstrichen und somit deutlich stärkeren Anteil am Produkt als allgemein bekannt.
8   Neben dem Ton-Sample reichen Snare und Hi-Hat in diesen Hertz-Bereich. Verglichen mit anderen Instrumentals – z.B. dem Endstress Remix –, sind die Beat-Elemente jedoch genau in diesem Frequenzbereich reduziert.

3.1 Reimstruktur

Für die Komplexität der Reimstruktur stehen die Zeilen neun bis zwölf des ersten Parts (00:54) pars pro toto:

9. S-A-V ist fresh mit Flows für Berlin-West
10. Es komme, wie es will, doch ich bin und bleib am Boden wie Estrich
11. Und bediene Crews per Esstisch, M.O.R. ist mehr als echt
12. Ich geh nach Frankfurt und rufe, »Deine Çay ist konkret hässlich!«

Vordergründig bedient Kool Savas hier – unrein – das klassische ABAB-Reimschema: *West* (A), *Estrich* (B), *echt* (A), *hässlich* (B). Die Reimstruktur ist allerdings deutlich komplexer: Allein die [ɛs]-Folge kommt siebenmal (*S, West, es, es, Estrich, Esstisch, hässlich*) vor. Damit reimt Savas auch die letzte Silbe von Zeile neun (*West*) und elf (*echt*) auf die vorletzte Silbe von Zeile zehn (*Est*) und zwölf (*häss*), sodass die Reimstruktur am Zeilen-Ende silbisch betrachtet AB (*lin-West*), BC (*Estrich*), DB (*als echt*) und BC (*hässlich*) lautet.

Das im damaligen Deutsch-Rap Einzigartige ist jedoch, dass Savas zu *Estrich* und *hässlich* den gespaltenen Reim *echt Ich* realisiert und diesen über die Zeilen-Grenze von elf hinaus auf die erste Silbe der zwölften Zeile zieht. Savas etabliert hier eine Art Reim-Enjambement. Dieser erhält damit eine Zweitfunktion, über die die Zeilen zehn bis zwölf verbunden werden, und erzeugt durch den Zeilensprung gleichzeitig Tempo. Diese innovative Prozedur sichert Savas durch das konventionelle Reimpaar *be* in *bediene* (Zeile elf) und *geh* (Zeile zwölf) ab, das zeileninitial für Verbindung sorgt. Aus phonologischer Perspektive, die unter 2. im Zentrum steht, sind be ([bə]) und geh ([ge:]) nicht endungshomophon. Allerdings kommt Savas' Aussprache einerseits der Homophonie nah, andererseits ist die Reinheit eines Reims im Rap ohnehin kein Qualitätsmerkmal. Für Reime reicht hier die Lautähnlichkeit aus.

Insbesondere die im Enjambement gebundenen Elemente bestätigen die These der semiotischen Erosion. Sie werden über den Klang des Reims eng kohäsiert, obwohl sie syntaktisch und semantisch unverbunden sind, da sie nicht nur in zwei Sätzen, sondern sogar in zwei unterschiedlichen Zeilen stehen. Eine sinnvolle inhaltliche Interpretation des Prädikativs *echt* und des Subjekts *Ich* im Folgesatz wird durch deren lautliche Verbindung zu einem Reim erschwert. Die Inhaltsseite beider Zeichen erodiert und beide werden über die Formseite zu einem komplexen Zeichen amalgamiert.

3.2 Spiel mit Phonemen

An derselben Stelle lässt sich über das Spiel mit den Phonemen /f/, /v/ und /b/ bzw. /p/ eine zweite Dimension der Form demonstrieren, die lautliche Kohärenz erzeugt. Mit der intensiven Realisierung von Stabreimen/Alliterationen bzw. komplexer Lautwiederholung – nicht nur am Wortanfang – bedient sich Kool Savas eines Mittels, das die althochdeutsche Stabreimdichtung aufgreift, wie sie beispielhaft im althochdeutschen *Hildebrandslied* zu finden ist:

9. ɛs a faʊ ɪs tiɛʃ mɪt flɔʊs fyːɐ bɛʁˈliːn -ˌɛst
10. ɛs ˈkɔmə, viː ɛs vɪl, dɔx ɪç bɪn ʊn blaɪb am ˈboːdn̩ viː ˈɛstʁɪʃ⁹
11. ʊnt bəˈdiːnə kʁuːs pɛʁ ˈɛsˌtɪʃ, ɛm o ɛə ɪs meːɐ als ɛʃt
12. ɪç ɡeː naːx ˈfʁaŋkfʊʁt und ˈʁuːfə ˈda̰nə tʃaɪ̯ ɪs kɔŋˈkʁeːt ˈhɛslɪʃ

Der vierfach realisierte, stimmlose labiodentale Frikativ [f] strukturiert Zeile neun und geht dann in den ebenfalls dreifach realisierten stimmhaften labiodentalen Frikativ [v] in Zeile neun und zehn über. Der durch die Frikative entstehende Klang erinnert an den raptypischen Einsatz einer Hi-Hat und auch rhythmisch sind die Frikative exakt an jenen Stellen realisiert, an denen prototypisch in Rapbeats die Hi-Hat gesetzt wird. Durch die lautliche und rhythmische Imitation entfaltet die sprachliche Form gleich dem Perkussionsinstrument gliedernde und beschleunigende Wirkung.

Eine weitere Reihe bildet die Wiederholung des stimmhaften bilabialen Plosivs [b], der viermal im zweiten Teil von Zeile zehn und noch einmal zu Beginn von Zeile elf realisiert wird. Die Reihe wird durch die stimmlose Variante des Plosivs [p] beendet. Der Plosiv-Klang erinnert an eine Bass-Drum und erzeugt durch den Drum-Klang Polyrhythmik. In Zeile zwölf nutzt Savas wie schon in Zeile neun den Frikativ [f] mit identischer Wirkung.

Diese fortgesetzte an Perkussions- und Schlagzeugelemente angelehnte Nutzung der Phoneme lenkt den Hörer von der inhaltlichen Rezeption der Wörter ab, in denen sie enthalten sind. Sie schafft eine weitere Ebene, mit der die inhaltliche konkurrieren muss, wenn nicht gar eine, hinter welche die inhaltliche zurücktritt.

---

9   Die abweichende Aussprache im sog. »Türkendeutsch« (Tekin/Colliander 2010: 53) des standardsprachlichen ›ç‹ wird in der Fachliteratur als [ʃ] wiedergegeben (vgl. ebd.). Diese Konvention wird hier übernommen, auch wenn diese Savas' Aussprache m.E. nicht exakt wiedergibt, dessen Artikulation gewissermaßen zwischen beiden Lauten liegt.

Anders formuliert unterstützt das Spiel mit den Phonemen die semiotische Erosion. Beispielhaft ist hier die mehrfache Realisierung des im Silbenonset stehenden stimmhaften bilabialen Plosivs [b] – aus rhetorisch figuraler Perspektive eine Alliteration, die das Inhaltliche unterstützen und nicht davon ablenken soll. Durch den massiven Einsatz dieses Stilmittels wird in *King of Rap* jedoch das Gegenteil erreicht. Es findet eine Lenkung weg vom Inhalt hin zur Form der Zeichen statt, sodass die Alliterationen die semiotische Erosion verstärken.[10]

3.3 Rhythmus

Die dritte Dimension ist Rhythmus. Es ist trivial, dass Rap als rhythmischer Sprechgesang begriffen wird. Kool Savas setzt allerdings die Idee, dass die Stimme selbst zum Rhythmusinstrument wird, in *King of Rap* in ungewöhnlicher Stringenz nicht realisierten Stringenz um. Zum ersten Mal wendet er diese Art des Flows in Zeile drei der ersten Strophe (0:37) wie folgt an:

Abbildung 1: rhythmische Gliederung Zeile drei, Strophe eins

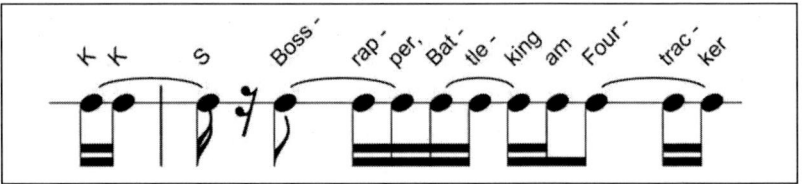

Quelle: eigene Darstellung

Den drei als Sechzehntel gerappten Einsilbern *K K S* folgt eine Sechzehntelpause und die als Achtel gerappte Silbe *Boss*, die mit den beiden wiederum als sechzehntel gerappten Einsilbern *rap* und *per* verbunden ist. Diese markante Struktur wird wiederholt, wobei die Sechzehntelpause durch eine weitere als Sechzehntel gerappte Silbe (*am*) ersetzt wird. Während Kool Savas diesen Flow – diese ›Vertak-

---

10 Eine umfassende lautliche Analyse – wie sie Schneider (2009) durchführt – müsste schon am ausgewählten Ausschnitt auf andere Phoneme ausgeweitet werden, die in semiotische Erosion nahelegender Intensität realisiert sind, wie das elfmal realisierte Phonem /ɛ/. Davon wird hier zugunsten einer größeren Übersichtlichkeit abgesehen. Die von Gruber (vgl. seinen Beitrag in diesem Band) analysierten Assonanzen wären auch hier ein gewinnbringender Analysegegenstand.

tung‹ der Stimme – bereits in Zeile vier der ersten Strophe wieder aufgibt, performt er sie zum Ende des Tracks in der Bridge nach der zweiten Strophe konsequent (2:47).[11]

Abbildung 2: rhythmische Gliederung Bridge, Strophe zwei

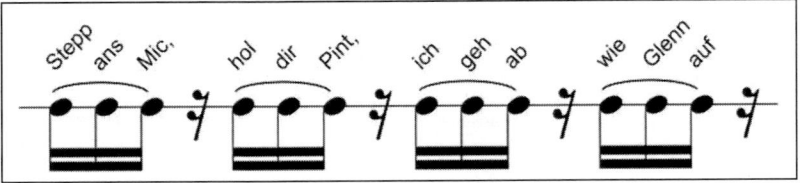

Quelle: eigene Darstellung

In der ersten Zeile der Bridge realisiert Kool Savas zwölf Einsilber, die er in vier identische Einheiten zerlegt. Dabei werden immer drei Silben als Sechzehntelnoten – gefolgt von einer Sechzehntelpause – phasiert. Der Beatbreak, der die gesamte Bridge überspannt, unterstützt mit der Bass Drum/Open Hi-Hat-Kombination auf jedem Beat die ›Vertaktung‹ der Stimme. Während Zeile drei der Bridge – außer dass statt zwölf Einsilbern vier Einsilber und vier Zweisilber vorkommen – analog aufgebaut ist, haben die Zeilen zwei und vier eine leicht modifizierte Struktur. Sie enthalten jeweils 14 Silben (aufgeteilt auf sechs Einsilber und vier Zweisilber in Zeile zwei bzw. zehn Einsilber und zwei Zweisilber in Zeile vier). D.h., dass in diesen Zeilen die Pausen an jeweils zwei Stellen entfallen, wodurch eine noch dichtere Struktur entsteht. Auch in ihnen kehrt die Struktur von drei Sechzehnteln mit Sechzehntelpause wieder. Diese Rhythmisierung der Stimme trägt zur semiotischen Erosion bei, da mit dem Rhythmus ein noch abstrakteres, nicht im Einzelwort liegendes ausdrucksseitiges Phänomen die Rezipierbarkeit der Inhaltsseite beeinflusst.[12]

Die analysierten Dimensionen verdeutlichen die Strukturierung der Ausdrucksseite, wobei weitere nicht präsentierte Dimensionen der rhetorisch-figuralen Gestaltung in ähnlicher Weise wie die analysierten Dimensionen zur Überstrukturierung der Ausdrucksseite beitragen.

---

11 Im Track *Neongelb* (erschienen auf DJ Aras *Negabass*-EP) treibt Kool Savas diese Form der Rhythmisierung 2001 auf die Spitze und setzt sie in Tracklänge um.

12 Ein weiteres Indiz für die Reduktion der Tonalität zugunsten der reinen Metrik ist, dass Kool Savas alle Noten dieser eingeschobenen Break-Passagen auf einer Tonhöhe rappt.

4. ERGEBNISSE UND FAZIT

Die These des Aufsatzes war, dass bei der Rezeption von Battle-Rap-Tracks im Allgemeinen und des Tracks *King of Rap* im Besonderen die Inhaltsseite von der überstrukturierten Ausdrucksseite überlagert wird. Dieses Phänomen habe ich als semiotische Erosion bezeichnet. Ziel war dabei, mit der Ausdrucksseite eine Dimension in den Fokus zu rücken, die m.E. für Battle-Rap-Tracks von entscheidender Bedeutung sind.

Zur Untermauerung der These wurde die ausdrucksseitige Gestalt von *King of Rap* in der Rap-Performanz mit sprachwissenschaftlichem und rhetorischem Instrumentarium analysiert. Konkret wurden exemplarisch drei Dimensionen in den Blick genommen: Reimstruktur, Spiel mit Phonemen und Rhythmus. Bei der Analyse fiel auf, dass Savas die Möglichkeiten aller betrachteten Dimensionen ausschöpft. Z.B. wird die Stimme durch die intensive figurale Gestaltung des Texts einem Perkussionsinstrument ähnlich, das den Beat erweitert. Die Stimme benutzt die musikalische Begleitung nicht als Basis, sondern verschmilzt mit ihm. Die konzentrierte Nutzung solcher Effekte führt zur Überstrukturierung der Ausdrucksseite. Die so artifiziell strukturierte Ausdrucksseite erschwert wiederum die inhaltliche Rezeption und damit bestätigen die untersuchten Dimensionen das Phänomen der semiotischen Erosion.

Die Analyse bestätigt, dass ausdrucksseitige Phänomene neben der Syntax kohäsive Funktionen erfüllen und Rede strukturieren helfen. Der Effekt dieser Phänomene dürfte – zumal in nicht-musikalischem Kontext – deutlich hinter den der auf syntaktischer Ebene wirksamen Phänomene zurücktreten (vgl. Ágel/Höllein i.V.), kann aber gegebenenfalls insbesondere bei innovativer Rede, also konstruktionsgrammatischen Koerzionsprozessen, wichtige kohäsive Funktionen haben. Die Einzeltextanalyse zeigt darüber hinaus, dass die Strukturierung der Ausdrucksseite artifiziell ist, und liefert damit eine mögliche Erklärung, warum *King of Rap* trotz des problematischen Inhalts von Kritikern nach wie vor als Meilenstein des deutschen Raps gesehen wird.

LITERATUR

2 Live Crew (1989): Me so horny. https://genius.com/2-live-crew-me-so-horny-lyrics vom 30.09.2019.

Ágel, Vilmos/Höllein, Dagobert (i.V.): »Satzbaupläne als Zeichen: die semantischen Rollen des Deutschen in Theorie und Praxis«.

Beardie, Roe (2014): Momentaufnahmen aus zwanzig Jahren deutschem HipHop. http://allgood.de/features/listen/roe-beardie-momentaufnahmen-aus-zwanzig-jahren-deutschem-hiphop/#Wasi-Afrob-sind-zerknirscht vom 30.09.2019.

Butler, Judith (1997): Excitable speech. A politics of the performative, New York: Routledge.

Goldberg, Adele E. (1995): Constructions. A Construction Grammar Approach to Argument Structure, Chicago: University of Chicago Press.

Goldberg, Adele E. (2019): Explain me this. Creativity, Competition, and the Partial Productivity of Constructions, Princeton, NJ: University Press.

Gruber, Johannes (2017): Performative Lyrik und lyrische Performance. Profilbildung im deutschen Rap, Bielefeld: transcript.

Hiekel, Jörn P./Mende, Wolfgang (Hg.) (2018), Klang und Semantik in der Musik des 20. und 21. Jahrhunderts, Bielefeld: transcript.

Hörner, Fernand (2010): »›Ich weiß noch genau, wie das alles begann‹«, in: Samples 9, S. 1-19.

Hübner, Gert (1994): »Versuch über Konrad von Würzburg als Minnelyriker«, in: Stephan Füssel/Gert Hübner/Joachim Knape (Hg.), Artibus. Kulturwissenschaft und deutsche Philologie des Mittelalters und der frühen Neuzeit, Leipzig: Harrassowitz, S. 63-94.

Jeffries, Michael (2008): Thug Life. Race, Gender, and the Meaning of Hip-Hop, Chicago/London: University of Chicago Press.

Kautny, Oliver (2009): »Ridin' the Beat. Annäherungen an das Phänomen Flow«, in: Fernand Hörner/Oliver Kautny (Hg.), Die Stimme im HipHop, Bielefeld: transcript, S. 141-171.

Köbele, Susanne (2013): »Rhetorik und Erotik. Minnesang als ›süßer Klang‹«, in: Poetica 45, S. 299-331.

Kool Savas (1999): LMS. https://genius.com/Kool-savas-lms-lyrics vom 30.09.2019.

Kool Savas (2000): King of Rap. https://genius.com/Plattenpapzt-king-of-rap-lyrics vom 30.09.2019.

Kool Savas (2001): Neongelb. https://genius.com/Kool-savas-neongelb-lyrics vom 30.09.2019.

Saussure, Ferdinand de (2013): Cours de linguistique générale. Zweisprachige Ausgabe französisch-deutsch mit Einleitung, Anmerkungen und Kommentar, Tübingen: Narr.

Schieferdecker, Daniel (2017): 20 Jahre Deutschrap. https://juice.de/20-jahre-juice-das-grosse-jubilaeumsspecial-titelstory/ vom 30.09.2019.

Schneider, Jan G. (2014): »In welchem Sinne sind Konstruktionen Zeichen? Zum Begriff der Konstruktion aus semiologischer und medialitätstheoretischer Perspektive«, in: Alexander Lasch/Alexander Ziem (Hg.), Grammatik als Netzwerk von Konstruktionen. Sprachwissen im Fokus der Konstruktionsgrammatik, Berlin/Boston: de Gruyter, S. 357-374.

Schneider, Stefan (2009): An den Grenzen der Sprache. Eine Studie zur ›Musikalität‹ am Beispiel der Lyrik des russischen Dichters Afanasij Fet, Berlin: Frank & Timme.

Tekin, Özlem/Colliander, Peter (2010): »Das ›Türkendeutsch‹. Phonetische Charakteristika und die Auswirkungen auf das Deutsche«, in: Zeitschrift für interkulturelle Germanistik 1, S. 49-61.

Winter-Froemel, Esme (2009): »Trikolon«, in: Gert Ueding (Hg), Historisches Wörterbuch der Rhetorik, Berlin/New York: de Gruyter, S. 780-784.

»Alle deine Freunde hassen alle meine Freunde / aber alle meine Freunde kennen deine Freunde nicht«

Eine soziologische Annäherung an Yung Hurns *Ok, cool* (2017)

Gaetano Blando

> »Aber es ist nicht das Seltsame, mit dem etwas nicht stimmt: Es sind unsere Vorstellungen, die unpassend sein müssen.«
> *Mark Fisher:* Das Seltsame und das Gespenstische

1. EINLEITUNG

Im Folgenden vertrete ich die These, dass der Inszenierung von Authentizität in Mumble-Rap-Songs wie *Ok, cool* (2017) von Yung Hurn eine exponierte Stellung zukommt. Die Analyse ist dann ergiebig, wenn sie über die genretypischen Mechanismen von Rap und Popmusik hinausgeht und diesen Diskurs um eine soziologische Perspektive erweitert, welche auch gesellschaftskritische Überlegungen im Kontext des Kunstschaffens im postindustriellen Zeitalter der Spätmoderne ermöglicht.

Ok, cool lässt sich dem Hip-Hop-Subgenre des Mumble- oder Cloudraps zuordnen und weist durch seine Ablehnung der »Harmonien der traditionellen Ernsthaftigkeit« (Sontag 1964: 54) auch Elemente des Camp auf. In Anbetracht der Fülle zeitgenössischer Songs, die sowohl klassische Elemente des Raps als auch popmusikalische Versatzstücke kombinieren und erfolgreich vermarkten, zeichnet sich die innere Dichte von *Ok, cool* dadurch aus, dass sie das etablierte Reglement klassischen Raps zu negieren bzw. zu überwinden scheinen, woraus eine Nähe zu progressiven bzw. avantgardistischen Pop-Genres resultiert: »Pop-Musik [...] greift auf vorgefundene, oft vernutzte, entleerte, billige musikalische Ideen zurück. Sie tut dies vor allem in allen Erneuerungsphasen wie Punk oder Techno.« (Diederichsen 2014: 41)

In *Ok, cool* fehlen Stilmittel, die in der wertkonservativen Hip-Hop-Community lyrische Skillz (vgl. Alim 2006: 15, 16) unter Beweis stellen: Mehrfachreime, rhetorische Stilmittel wie Alliterationen, wie-Vergleiche oder Metaphern. Darüber hinaus intoniert Yung Hurn den inhaltlich auf den ersten Blick banal wirkenden Text kraftlos, desinteressiert, müde. Somit wird mit klassischen Qualitätskriterien auf performativer Ebene gebrochen. Eine tendenziell affirmative Nähe zum Rap-Genre wiederum lässt sich einerseits durch den textlich-inhaltlichen Ansatz des Sich-selbst-Feierns-und-Überhöhens sowie einem gewissen (im Folgenden noch näher zu definierenden) Anspruch nachweisen, Authentizität zu inszenieren.

Die Frage ist, inwieweit *Ok, cool* exemplarisch für eine popmusikalische Entwicklung steht, die auf diese »entleerten, billigen Ideen« des Raps zurückgreift und ihre Wirkung dadurch generiert, dass sie neue Formen der Authentizitätsinszenierung auslotet. Liebert konstatiert über Hurn und die österreichische Cloud-Rap-Szene:

»Die österreichische Szene hat dem deutschsprachigen Rap einen speziellen, zugleich billigen und feinsinnigen Witz verliehen, der sich einerseits gegen seine Intellektualisierung sperrt und andererseits die vor den Kopf stößt, die glauben, es müsse bei Hip-Hop immer noch und für alle Zeiten vor allem um Glaubwürdigkeit und Echtheit gehen.« (Liebert 2017)

Das dialektische Spiel des Aufgreifens und Ablehnens klassischer Rap-Konventionen ist typisch für Hurn. Doch der verspielte, ironische Ton von *Ok, cool* lässt m.E. nicht den Schluss zu, dass Hurn mit dem Primat der »Glaubwürdigkeit und Echtheit« im Rap bricht. Vielmehr inszeniert er seine Authentizität in einer neuen Form, um den Rezeptionsmustern seiner Generation gerecht zu werden.

Im Folgenden wird zunächst eine inhaltliche wie performative Lesart des Textes im Sinne des oben definierten Spiels mit Rap-Konventionen entwickelt, um diese anschließend aus einer gesellschaftswissenschaftlichen Perspektive zu analysieren.

2. SPRACHLICHE ANALYSE UND TEXTIMMANENTE DEUTUNG

Ok, cool folgt dem schematischen Aufbau: Refrain – Strophe – Refrain – Strophe – Refrain, wobei der erste Refrain nach einem kurzen Auftakt einsetzt und der letzte Refrain den »Okay, cool«-Part des Refrains noch einmal wiederholt. Insgesamt verfügt der Text über 40 Verse, der Refrain hat jeweils acht Verse (der letzte Refrain entsprechend 12). Das Reimschema ist ungleichmäßig, es kommen Paarreime, Kreuzreime, Assonanzen und auch freie Rhythmen zum Einsatz.

Der Refrain besteht aus zwei Teilen, in den Versen 1 bis 4 werden verschiedene Aussagen anderer Personen aus dem Umfeld Hurns aufgezählt:

»Ey, deine Freunde verkaufen jetzt Drogen okay, cool
Du stehst heute auf der Gästeliste okay, cool
Sie sagt, du bist ihr Freund, aber kommt mit okay, cool
Sie sagt, sie macht das nie, aber ich bin in ihr'm Mund«

Kommuniziert wird in diesem Refrain nicht nur, dass das lyrische Ich sich in einem Umfeld bewegt, in dem Menschen Zugang zu Drogen haben und diese auch verkaufen, mit der Partyszene verwoben sind und Privilegien wie Gästelistenplätze besorgen können, es macht durch die Auswahl und Anordnung der Aussagen auch deutlich, dass es eine exponierte Stellung in diesem Setting genießt, schließlich wollen es die anderen damit beeindrucken, dass sie vermeintlich coole Dinge organisieren können bzw. von Mehrwert für die Gruppe sind. Der zweite Teil des Refrains besteht aus der Repetitio »Okay, cool«.

Die indirekte Wiedergabe der Aussagen anderer lässt das lyrische Ich zunächst passiv wirken. So bemüht es sich nicht um eine vergebene Frau. Sie entscheidet vielmehr, sich ihm anzuschließen (Vers 3). Auch in Vers 4 wird die Exklusivität des lyrischen Ichs deutlich, eine weibliche, nicht näher definierte Person betont, eigentlich keinen Oralsex zu betreiben, macht bei dem lyrischen Ich jedoch eine Ausnahme. Das kraftlos vorgebrachte »Okay, cool«, mit dem jede Information am Ende des Verses kommentiert wird, unterstreicht die Position des lyrischen Ichs innerhalb seiner Peer-Group, es erinnert an das Bild eines gelangweilten Königs, der auf seinem Thron die Wertschätzungen und Präsente seiner Untergebenen müde mit einem »Okay, cool« abnickt. Das lyrische Ich wirkt erfolgreich, ohne dafür eine Leistung erbringen zu müssen.

Anhand des Refrains lässt sich bereits ein stilprägendes Merkmal des Songs herausarbeiten: Auf inhaltlicher Ebene handelt es sich bei »Okay, cool« um einen prototypischen Representer. Das lyrische Ich zelebriert sich und seinen Lebensstil.

Progressivere Tendenzen werden erkennbar, die subtile Selbstüberhöhung, die ohne Übertreibungen vonstattengeht. Das lyrische Ich vermittelt seine Botschaft ohne laute Töne. Nicht es selbst steht »auf der Gästeliste«, sondern ein Bekannter, es bekommt auch keinen geblasen, sondern ist »in ihr'm Mund«. Dieser seltsam verklausulierte, nur mit Andeutungen arbeitende Sprachgebrauch lässt sich auch an anderen Textstellen festmachen, etwa in der ersten Strophe.

Das Narrativ der ersten Strophe ist schnell paraphrasiert: Das lyrische Ich befindet sich (vermutlich) in einem Club, schnorrt sich (vermutlich) etwas Kokain bei einer weiblichen Bekannten und konsumiert die Droge im Anschluss, wobei sie die Lines auf das Handy eines Bekannten zu legen scheint. Die Episode endet damit, dass die Mutter des Bekannten auf dem Handy anruft, von dem gerade das Kokain konsumiert wird. Der Sprachgebrauch ist mitunter redundant (z.B. in Vers 3 der 1. Strophe: »Bitte, Baby, komm, bitte, Baby, komm«) und elliptisch (1. Strophe, Vers 8: »Gib dein Handy, Linien Zebra«). Das lyrische Ich inszeniert sich in der ersten Strophe als mittellos. Die teure Droge muss geschnorrt werden, wobei der Akt des Schnorrens wiederum selbstbewusst inszeniert wird. Das Argument, dass man *nie wieder da sei*, wenn man nicht bekomme, worum man bittet, scheint bei der Adressatin die gewünschte Wirkung zu erzielen. Während die Verse 3 und 4 den Vorgang des penetranten Schnorrens durch Wiederholungen veranschaulichen, wird in den letzten vier Versen der Strophe Hektik evoziert, die sich im letzten Vers durch eine größere Silbenanzahl sowie dem Ausbleiben eines Reimes zeigt. Der überlappende Refrain im direkten Anschluss ordnet die sprachliche Performanz wieder in die vom Song bereits etablierten Strukturen.

Das lyrische Ich inszeniert sich in dieser Strophe als *coolen Troublemaker*, das sein Umfeld dazu bringt, auf einer Party Lines vom Handy zu ziehen, während die eigene Mutter anzurufen versucht. Auffällig in dieser Strophe ist der elliptische und mit Wiederholungen arbeitende Sprachgebrauch. Es werden keine Akteure oder konkreten Orte benannt. Die Ich-Perspektive wird nur in den Versen 5 und 6 eingenommen, wobei keine Gefühle, Gedanken oder Wertungen zum Ausdruck gebracht werden. Nicht einmal die Droge, um die es in der Hauptsache geht, wird namentlich genannt. Auch ausdrucksstarke Verben oder Adjektive fehlen.

Die Analyse der ersten Strophe legt eine spezifische Rezeptionshaltung nahe, welche der Text zu konstituieren versucht:

1. Sie ist von hoher emotionaler Involviertheit geprägt, da sich durch den spontan wirkenden, situativen Sprachgebrauch eine *Unmittelbarkeit* zwischen Erzählsituation und Rezeption ergibt.
2. Sie ist potenziell identitätsstiftend, da eine bestimmte Art zu leben wertfrei und weitgehend realistisch, um nicht zu sagen *authentisch* versprachlicht wird.

3. Sie ist relativ exklusiv, da der elliptische und von Leerstellen geprägte Erzählstil ein hohes Maß an Kontextwissen voraussetzt.

Alle drei Aspekte sind für eine besondere Form der *Inszenierung von Authentizität* obligatorisch, auf die ich im zweiten Teil der Analyse eingehen werde. Die ersten beiden Verse der zweiten Strophe stellen die einzige Punchline des gesamten Songs dar:

»Alle deine Freunde hassen alle meine Freunde
Aber alle meine Freunde kennen deine Freunde nicht«

Die rhythmisch dichte Silbenabfolge sowie die stilistische Nähe zur Anapher zeugen von einer für den Text ungewöhnlichen sprachlichen Dichte. Die Botschaft der beiden Verse entspricht dem Grundhabitus des gesamten Textes: Das lyrische Ich (und sein soziales Umfeld) steht über allen anderen. Hass bei anderen Menschen zu erzeugen, wird hier als Bestätigung der eigenen Bedeutsamkeit angesehen. Fremde Personen, die das lyrische Ich nicht einmal wahrzunehmen scheint, bilden sich eine Meinung über ihn und seine Freunde. Die punchende Wirkung des Wortes nicht am zweiten Versende entsteht neben der inhaltlichen Ebene durch den ausbleibenden Reim sowie das Aufkündigen der in den Versen vorherrschenden syntaktischen Symmetrie. Direkt im Anschluss wird der Modus dichter, sprachlicher Gemachtheit wieder aufgekündigt.

»Weißt du, was ich mein'? Weißt du, was ich mein'?
In der Hand Veltliner, in der Hand 'n Wein«

Veltliner ist ein österreichischer Weißwein, insofern wiederholen sich beide Verse auf der Inhaltsebene in der zweiten Hälfte. Die letzten vier Verse des Songs lauten:

»Es ist Donnerstag und ich kauf mir nix
Es ist Donnerstag, ich fick' eine Bitch
Meine Mama sagt, sie ist stolz auf mich
Weil ich noch immer mach', was ich will (mach' ich schon immer, Mama)«

Die ersten beiden Verse bilden erneut eine Anapher, welche durch ihren wiederholenden Charakter sowie die Verwendung des scheinbar willkürlich gewählten Wochentags »Donnerstag« auf eine gewisse Alltagsroutine hindeuten. Sprachrhythmisch ist der Donnerstag im konkreten Falle passend aufgrund seiner Dreisilbigkeit.[1] Die betonte Belanglosigkeit der ersten beiden Verse liegt auf der Hand, wobei sich auch hier wieder aus der vermeintlichen Verweigerung, konkrete Inhalte zu transportieren, Aussagen ableiten lassen, die das lyrische Ich als cool inszenieren. Sich nichts zu kaufen, ist eine Information, die nur dann Sinn ergibt auszusprechen, wenn sie eine Ausnahme darstellt, oder wenn eine Haltung betont werden soll, bei der materieller Konsum keinen hohen Stellenwert genießt.

Da die erste Strophe das lyrische Ich als eine lustgetriebene Figur einführt, welche über wenig materielles Kapital zu verfügen scheint, liegt eine Deutung in letzterem Sinne auf der Hand. Diese Lesart passt auch zur darauffolgenden Aussage »ich fick' eine Bitch«, die auf narrativer Ebene den lustorientierten Lebensstil der ersten Strophe fortführt. Formal ist besagter Vers im Kontext des Songs auffallend explizit und passt nicht so recht in den subtilen und indirekten Duktus der Inszenierung. Hurn performt diesen Vers auffallend unbetont, fast flüsternd intoniert, und entschärft damit dessen phrasenhafte Abgenutztheit.[2]

Die Strophe endet mit der Aussage, dass die Mutter des lyrischen Ichs stolz auf es sei, weil es noch immer mache, was es wolle. Die betonte Nähe zur eigenen Mutter ist im Rap üblich, häufig wird der Stolz der eigenen Mutter jedoch in Beziehung gesetzt mit einem sozialen Aufstieg. Die Kriterien, welche die Mutter bei der Bewertung des Lebensstiles des lyrischen Ichs anlegt, beziehen sich nicht auf Aufstieg, Leistung oder Erfolg, sondern ausschließlich auf den Willen des eigenen Kindes. Selbstverwirklichung steht höher als gesellschaftliche Kompatibilität.

Der gesamte Text ist in einem für Mumble-Rap charakteristischen Stil gerappt. Die Verse werden gemurmelt (inklusive leichter Versprecher) oder tendenziell geflüstert, die Intonation des Gesagten transportiert an einigen Passagen eine Mischung aus ironischer Anrede und Überheblichkeit, so z.B. in den Versen 1 bis 6 der ersten Strophe. Diese unter klassischen Rap-Kriterien amateurhaft wirkende Performance kann insofern als gelungen und kohärent eingeordnet werden, als sie die Widersprüchlichkeiten von Message und Performance aufhebt, die dem Gros der Inszenierungen der etablierten Hip-Hop-Szene innewohnt.

Hurns Inszenierung zeugt von einem hohen Regelbewusstsein auf Seiten des Künstlers, da er mit fast allen Rap-Regeln bricht. Die Klangästhetik erinnert an die narrative Faustformel *Don't tell, show*: Wer den Status des Chefs, Kings oder Alphatiers innehat, hat es nicht nötig, dies durch Reimtechnik, Wortspiele oder

---

1 Hurn verweist hier auf eine Zeile aus RINs *Don't like* (2016): »Es ist Donnerstag, ich kauf' mir Supreme«.

2 Forman betont, dass sich auch Mimiken von Künstlern aus der sprachlichen Performance heraushören lassen, es besteht jedoch an obiger Stelle auch die Möglichkeit, überzuinterpretieren (vgl. Forman 2009: 25).

eine dominante Stimme zu beweisen. Dies ist in der Geschichte des Hip-Hops kein neues Phänomen, denn: »Als cool gilt, wer sich nicht anstrengt, sich entspannt gibt, egal, was passiert.« (Klein/Friedrich 2003: 43) In diesem Zusammenhang wird das lyrische Ich als *cool* oder *real* im klassischen Sinne inszeniert. Neu ist jedoch die konsequente Abwendung von musikalischen Qualitätsparadigmen, wie sie im Hip-Hop lange Zeit galten. Der Status des Coolseins muss in der Regel durch die performative Leistung legitimiert sein, denn: »HipHop ist wertkonservativ, leistungsorientiert und männlich dominiert.« (Ebd.: 10)

Klassische Legitimationen für den Status im Hip-Hop sind z.B. (reim-)technische Fertigkeiten, hochwertige oder innovative Produktionen, intelligente Wortspiele, eine tiefgründige, moralische Message oder gutes Storytelling, aber auch ein eigener Stil oder ein hohes Maß an (von der eigenen Biographie abgeleiteten) Authentizität. Weil sich das lyrische Ich in Hurns *Ok, cool* als cool inszeniert, *ohne* diesen Qualitätsparadigmen[3] entsprechen zu wollen, ist davon auszugehen, dass sich ein Teil der wertkonservativen Hörerschaft irritiert abwendet, da ihr traditionelles Qualitätsparadigma nicht länger anschlussfähig ist. Darüber hinaus verschieben sich die Qualitätsparadigmen, nach denen *Coolness* oder *Realness* vonseiten der Community bemessen und zugewiesen werden.

Die Frage, die das Mumble-Rap-Genre an die etablierte Musikszene stellt, entspricht dem geschulten Auge einer Generation, die sich in sozialen Netzwerken tagtäglich mit Vermarktungsstrategien und medialen Inszenierungen auseinandersetzt. Sie lautet: Wenn du wirklich so *cool und erfolgreich* bist, wie du in deiner Inszenierung behauptest, warum gibst du dir dann so viel Mühe beim Textschreiben, bei der ehrgeizigen Optimierung deines eigenen Körpers, bei der Produktion deiner Songs und Musikvideos, deinen Liveshows und durchchoreographierten Promotion? Wenn es dir wirklich so gut geht, wie du behauptest: Wozu die ganze Arbeit?

Dieser Ansatz stellt eine zentrale Maxime der neoliberalen Ideologie unserer Leistungsgesellschaft infrage, nämlich jene, dass individueller Erfolg stets durch Leistung zu erzielen und legitimierbar ist.[4] Bei näherer Betrachtung lässt sich jedes Agieren im Hinblick auf seine Widersprüchlichkeiten dekonstruieren, bis zu dem Punkt, an dem das Musizieren an sich in Frage gestellt wird. Der Logik der Vergleichbarkeit von Leistungen lässt sich am Ende nicht entkommen: Man kann auch auf dem Feld des Nuschelns und Belanglosseins miteinander in Konkurrenz treten und sich durch systemkonforme Differenzen voneinander abgrenzen.

---

3 Die Aspekte *eigener Stil* sowie *Authentizität* bilden hierbei, wie ich zu zeigen versuche, Ausnahmen.

4 An dieser Stelle stehen Mumblerap vs. Rap in einem ähnlichen Verhältnis zueinander wie Punk vs. Rockmusik.

Byung-Chul Han bringt diese Ausweglosigkeit der Inszenierung von Authentizität treffend auf den Punkt:

»So verfestigt die Authentizität des Andersseins die gesellschaftliche Konformität. Sie lässt nur die systemkonformen Differenzen, nämlich die Diversität, zu. Die Diversität als neoliberaler Terminus ist eine Ressource, die sich ausbeuten lässt.« (Han 2016: 30)

Wie bei allen Erneuerungsphasen der Pop-Musik handelt es sich also auch hier um ein transportiertes Narrativ. Der Reiz von Mumble-Rap-Songs wie *Ok, cool* lässt sich somit dadurch erklären, dass er ein Narrativ anbietet, nach dem Leistung und individueller Erfolg entkoppelt sind. Doch wenn es innerhalb dieses Narrativs nicht die individuelle Leistung ist, die den Erfolg eines Künstlers oder einer Künstlerin legitimiert und generiert – was ist es dann?

3. ERFOLGREICH AUTHENTISCH SEIN – EIN PARADOXES UNTERFANGEN

Ich vertrete die These, dass eine Analyse des Erfolgs von Mumble-Rap und somit von Songs wie *Ok, cool* produktiv ist, wenn auch die Bedingungen betrachtet werden, denen sich junge Menschen im postindustriellen Zeitalter der Spätmoderne ausgesetzt sehen. Dies werde ich mit Bezug auf Han (2015, 2016) und Reckwitz (2017) zeigen.

Im ersten Abschnitt wurde bereits herausgearbeitet, dass Hurns Inszenierung durch seine emotionslose Art, dem lyrischen Ich Ausdruck zu verleihen, ein hohes Maß an Gefühlen auf Rezeptionsebene evoziert. Allgemein ist dem Mumble-Rap ein omnipräsentes Moment des inszenierten Gefühls von Müdigkeit und emotionaler Uninvolviertheit immanent. Der Reiz dieser Ästhetik lässt sich durch eine Beobachtung Hans nachspüren, die im Zusammenhang mit dem Übergang von der Disziplinargesellschaft hin zu einer neoliberalen Totalherrschaft steht.

»Die Emotion ist dynamisch, situativ und performativ. Der Kapitalismus der Emotion beutet gerade diese Eigenschaften aus. Das Gefühl hingegen lässt sich aufgrund fehlender Performativität schlecht ausbeuten.« (Han 2015: 61)

In der Disziplinargesellschaft der Reagan-Ära, aus deren Lebensgefühl heraus die Hip-Hop-Kultur erwachsen ist, galten Emotionen als bedrohlich, da sie schwer zu kontrollieren sind. Die Hip-Hop-Pioniere dieser Zeit sahen ihre Lebenswirklichkeit in den narkotisierenden Ausprägungen der Kulturindustrie nicht repräsentiert und rebellierten, indem sie ihren Emotionen in Performances ungefiltert Ausdruck verliehen.

Die Generation der *digital natives* wird jedoch in einer Lebenswelt sozialisiert, in der Emotionen aufgrund ihrer Eigenschaften zu einem kapitalistisch hochgradig effizient verwertbaren Gut geworden ist. Sie ist das überpräsente Werkzeug, mit dem jeder Post, jeder Werbe-Pop-Up und jede Marketing-Strategie die Aufmerksamkeit des Einzelnen generiert. In diesem *Overkill an Emotionen* liegt der Reiz der Mumble-Rap-Ästhetik: Der Künstler inszeniert sich als teilnahmslos, ausgelaugt und müde und kommuniziert somit nicht nur sein Desinteresse an einer emotionalen Involviertheit, sondern verleiht indirekt auch seiner Sehnsucht nach *wahrhaftigen* Gefühlen Ausdruck. Wenn es gelingt, das Ziel der ökonomischen Verwertbarkeit einer Kulturpraktik zu verschleiern, kann ein Lebensentwurf als authentisch erfolgreich vermarktet werden und in Konkurrenz zu anderen Inszenierungen treten.

Reckwitz diagnostiziert in diesem Zusammenhang eine machtvolle Synthese von Ökonomisierung und Kulturalisierung und spricht von einer Entstehung der *kompetitiven Singularitäten* (Reckwitz 2017: 154), welche sich enorm auf unsere Lebenswirklichkeit auswirken. Dafür sind drei Strukturmomente einschlägig: »der Aufstieg des Kulturkapitalismus, der Siegeszug der digitalen Medientechnologien und die postromantische Authentizitätsrevolution in der neuen Mittelklasse« (ebd.: 18). Im Hinblick auf das Primat der Authentizität konkretisiert Reckwitz:

»Im Modus der Singularisierung wird das Leben nicht einfach gelebt, es wird kuratiert. Das spätmoderne Subjekt performed sein (dem Anspruch nach) besonderes Selbst vor den Anderen, die zum Publikum werden. Nur wenn es authentisch wirkt, ist es attraktiv.« (Ebd.: 9)

Neben dem mittlerweile gut erforschten Zusammenhang von selbstausbeutender Inszenierung und der massiven Zunahme an Erschöpfungserscheinungen (vgl. etwa Rosa 2016: 14) ist im konkreten Fall naheliegend, dass sich eben genau dieses Kuratieren des Lebens, dieser Zwang der authentischen Performance in *Ok, cool* in all seiner Widersprüchlichkeit manifestiert. Das lyrische Ich erwirbt seine Besonderheit nicht durch Leistung und Erfolg, es *ist einfach es selbst*, es macht, was es will. Seine Attraktivität entsteht im Umkehrschluss dadurch, dass die Inszenierung von seinen Rezipient_innen als authentisch wahrgenommen wird:

»Das Streben nach Authentizität begleitet aber auch die Selbstgestaltung der digitalen Subjekte und hat die paradoxe Form der performativen Authentizität. Sie ist paradox, weil die Authentizität eines Subjekts dem Wortsinne nach allein sein Selbstverhältnis betrifft: Es ist authentisch, wenn es sich nicht künstlich, sondern ›echt‹ fühlt [...]. Das ist es, was das spätmoderne Subjekt will. Zugleich lebt dieses Subjekt in einer Kultur, in der diese Authentizität eine zentrale soziale Erwartung geworden ist.« (Reckwitz 2017: 247)

Die Ästhetik des Hurn'schen Mumble-Raps liefert den Soundtrack einer tendenziell akademisch-bürgerlichen Klasse, die sich der paradoxen Herausforderung authentisch erfolgreicher Selbstverwirklichung ausgesetzt sieht:

»Die Überführung dieses Authentizitätsprojekts des Lebens in einen dauerhaften Lebensstil bedurfte freilich anspruchsvoller Kompetenzen eines angemessenen und geschickten Umgangs mit der postindustriellen Sozialwelt. Diese Fähigkeit bezieht das spätmoderne Subjekt der neuen Mittelklasse nun größtenteils aus dem bürgerlichen Habitus und dessen Knowhow im Umgang mit den Märkten, der Arbeit, der Bildung und den Kulturgütern. Bürgerliche Statusorientierung und romantische Selbstverwirklichung werden damit zusammengeführt. Die Formel, die das Subjekt der Akademikerklasse zwischen Romantik und Bürgerlichkeit zusammenhält, ist paradox: die erfolgreiche Selbstverwirklichung.« (Ebd.: 289)

Wenn Hurn das lyrische Ich in *Ok, cool* mit der Aussage der eigenen Mutter enden lässt, dass es stolz auf ihn sei, weil es noch immer mache, was es wolle, so ist dies weit mehr als nur eine banale Fußnote. Schließlich wird der eigenen Mutter für gewöhnlich die höchste Kompetenz in der Frage zugeschrieben, wer das eigene Kind wirklich ist. Das lyrische Ich lässt seine Hörerschaft wissen, dass es quasi von höchster Instanz in seinem lustorientierten Handeln als authentisch wahrgenommen wird.

4. FAZIT

Die Analyse hat gezeigt, dass *Ok, cool* erfolgreiche Selbstverwirklichung zelebriert. Und da es Hurn gelingt, dies nach den oben definierten Maßstäben authentisch zu inszenieren, ist die Musik für ihre Rezipient_innen attraktiv. Darüber hinaus hat die Analyse ergeben, dass ein wirkmächtiges Element von Hurns Klangästhetik in der Eigenschaft liegt, sich der im Rap-Diskurs etablierten Qualitätskriterien des Rappens zu verweigern, wodurch sich das künstlerische Feld verschiebt, auf dem miteinander in Konkurrenz getreten wird. So zielt weder die sprachliche Gemachtheit des Textes darauf ab, durch augenscheinlich kunstfertiges Handwerk zu beeindrucken (»Skillz«), noch wird auf inhaltlicher Ebene durch eine innovative oder tiefgründige Bearbeitung eines Themas Aufmerksamkeit generiert. Der

Ansatz besteht vielmehr darin, eine avantgardistische, ganzheitliche Inszenierung von erfolgreicher Authentizität zu kreieren, die auch bei einer näheren Betrachtung der Einzelbausteine möglichst widerspruchsfrei bleibt. Das musikalische und inszenatorische Qualitätsparadigma, welches die wertkonservative Hip-Hop-Gemeinschaft (gemeint sind hier sowohl die Rezipient_innen als auch die Künstler_innen) im Sinne eines *common sense* etabliert hat, gilt für die fingierte Rezipient_innen von Yung Hurn als weitgehend entleert und verbrannt.

An Reiz gewinnt das, was übrigbleibt, wenn der Versuch unternommen wird, sich abseits der etablierten Muster zu inszenieren (und somit auch in Konkurrenz zueinander zu treten!). Hurns Ansatz erinnert hierbei stark an die Ästhetik des Camp (vgl. Sontag 1964: 54f.): spielerisch, anti-seriös, das Moralisierende der hohen Kunst ablehnend, das Erleben gescheiterter Ernsthaftigkeit zelebrierend.

LITERATUR

Alim, Samy H. (2006): Roc the Mic Right. The Language of Hip Hop Culture, London: Routledge.

Diederichsen, Diedrich (2014): Über Pop-Musik, Köln: Kiepenheuer & Witsch.

Forman, Murray (2009): »Machtvolle Konstruktionen: Stimme und Autorität im HipHop«, in: Fernand Hörner/Oliver Kautny (Hg.), Die Stimme im HipHop. Untersuchung eines intermedialen Phänomens, Bielefeld: transcript, S. 23-50.

Goffman, Erving (1969): Wir alle spielen Theater. Die Selbstdarstellung im Alltag, München: Piper.

Han, Byung-Chul (2015): Psychopolitik. Neoliberalismus und die neuen Machttechniken, Frankfurt a.M.: Fischer.

Han, Byung-Chul (2016): Die Austreibung des Anderen. Gesellschaft, Wahrnehmung und Kommunikation heute, Frankfurt a.M.: Fischer Wissenschaft.

Klein, Gabriele/Friedrich, Malte (2003): Is this real? Die Kultur des HipHop, Berlin: Suhrkamp.

Liebert, Juliane (2017): Mal eben den deutschsprachigen Hip-Hop retten. https://www.sueddeutsche.de/kultur/yung-hurn-mal-eben-den-deutschsprachigen-hip-hop-retten-1.3658058 vom 30.09.2019.

Reckwitz, Andreas (2017): Die Gesellschaft der Singularitäten, Berlin: Suhrkamp.

RIN (2016): Don't like. https://genius.com/Rin-dont-like-lyrics vom 30.09.2019.

Rosa, Hartmut (2016): Resonanz. Eine Soziologie der Weltbeziehung, Berlin: Suhrkamp.

Sontag, Susan (1964): »Anmerkungen zu ›Camp‹«, in: Charis Goer/Stefan Greif/ Christoph Jacke (Hg.), Texte zur Theorie des Pop, Stuttgart: Reclam, S. 41-60.

Yung Hurn (2019): Ok, cool. https://genius.com/Yung-hurn-ok-cool-lyrics vom 30.09.2019.

Text | Video | Intertext

Rap-Text als (inter-)mediale Spielwiese

Zum Textarrangement in *Boing!* (2007)
von Maeckes und Plan B

Jonas Sowa

1. EINLEITUNG

Die Praxis des Samplings ist seit den 1970er Jahren elementarer Bestandteil der Hip-Hop-Kultur. Mit diesem Verfahren werden entweder einzelne Elemente von Beats wiederverwertet und neuarrangiert oder es wird auf die Vocals anderer Songs zurückgegriffen (vgl. Rauscher 1997: 89). Die Funktionen von Samples sind vielfältig: Diese Form der Zitation kann nach Rauscher (vgl. ebd.) sowohl eine Hommage als auch eine Form der Provokation darstellen. Neben dieser Variante des Samplings, bei der den Samples eindeutige Quellen zugeordnet werden können, zählt außerdem die Verwendung von illustrierenden Geräuschsamples wie etwa Polizeisirenen dazu (vgl. ebd.: 91).

Mit der zitierenden oder illustrierenden Funktion lässt sich jedoch nur bedingt die Verwendung von Samples im Track *Boing!* des Duos Maeckes und Plan B erläutern. Das Textarrangement des Tracks erfordert mehrmaliges genaues Hören, um den Inhalt erfassen zu können, da pro Zeile mindestens ein Wort ausgelassen und durch ein Geräuschsample ersetzt wird. Dadurch entstehen Lücken in der sprachlichen Realisierung, deren Inhalt jedoch von den Geräuschen evoziert wird.

Dass sich die schriftliche Abbildung des Songtexts als komplex erweist, lässt sich anhand zweier Ebenen[1] aufzeigen: 1. Die inhaltliche Ebene der Ausdrucksseite der Geräusche wird mittels der Infinitivform abgebildet. Zudem kann die Infintivform durch Zusatzinformationen ergänzt werden. 2. Die formale Ebene beinhaltet

---

1 Auf die Darstellung der lautabbildenden Ebene wird in diesem Beitrag verzichtet, da sie den hier gewählten Ebenen keine relevanten Erkenntnisse hinzufügt.

die für Rap-Texte zentralen Strukturelemente Rhythmik und Reimschema (vgl. Androutsopoulos 2003: 131). Somit stehen Rezipierende nicht nur vor der Herausforderung, Sprache und Geräusche zu einem sinnhaften Satz zusammenzufügen, sondern sie müssen auch überlegen, welches Wort durch das Reinschema am naheliegendsten ist. Eine mögliche Verschriftlichung sähe für die ersten drei Zeilen[2] wie folgt aus:

Tabelle 1

Textzeile bei Genius.com[3]	Umschreibung des Geräuschs als Infinitiv	Angenommener, durch die Textstruktur evozierter Reim
Im Hotel wollte man dass ich (ziehe)	Nasehochziehen/ Schniefen	Sniff
Doch ich musste (niesen) – fuck	Niesen	Niesen
Schon lagen die ersten hunderttausend auf dem (Tisch)	Klopfen auf Holz	Tisch

Quelle: eigene Darstellung

Dass die Geräusche verschiedene Möglichkeiten anbieten, wie die Zeilen vervollständigt werden können, zeigt sich an der ersten Zeile. Während in den Onlinelyrics mit ›ziehe‹ eine Lösung vorliegt, die auf Einsprachigkeit bedacht ist, ist ›sniff‹ nicht nur inhaltlich äquivalent, sondern passt auch formal ins Reimschema. Bei den Überlegungen, welche Worte die Zeilen vervollständigen, handelt es sich allerdings lediglich um interpretatorische Vermutungen und nicht um abschließende Lösungen. Nun kommt für die Ausführungen aber eine dritte Ebene hinzu. Im dem Album beiliegenden Booklet ist der Rap-Text von *Boing!* abgedruckt, der sich zum Abgleich mit den bisher vorgestellten Ebenen anbietet.

---

2   Da in dem Song häufig mit Kreuzreimen gearbeitet wird, wird die Ebene des angenommenen Reims an den Zeilen eins und drei verdeutlicht.

3   Bei Genius.com werden die Lücken durch Klammern markiert und die vermuteten Worte eingefügt. Bei dem dort dokumentierten Songtext handelt es sich deshalb bereits um eine Interpretation, die hier vor allem herangezogen wird, um den Deutungsspielraum aufzuzeigen.

Tabelle 2

Textzeile bei Genius.com	Umschreibung des Geräuschs als Infinitiv	Angenommener, durch die Textstruktur evozierter Reim	Booklettext
Im Hotel wollte man dass ich (ziehe)	Nasehochziehen/ Schniefen	Sniff	Sniff
Doch ich musste (niesen) – fuck	Niesen	Niesen	Niesen
Schon lagen die ersten hunderttausend auf dem (Tisch)	Klopfen auf Holz	Tisch	Mahagony Tisch (sic!)

Quelle: eigene Darstellung

Somit wird die Verwendung von ›sniff‹ bestätigt und gleichzeitig in der dritten Zeile eine Besonderheit des Booklettexts ersichtlich. Der Zusatz ›Mahagony‹ bricht zum einen durch die zusätzlichen Silben mit den Erwartungen an den angenommenen Reim und bietet zum anderen Informationen, die durch das Klopfgeräusch nicht gegeben sind.

Um das Zusammenspiel der verschiedenen Ebenen bei der Sinnerschließung theoretisch fassen zu können, ist ein vierschrittiges Vorgehen erforderlich. Zunächst erfolgt in *2. Basics* eine kurze Einordnung der beiden Interpreten in die Geschichte des Deutschraps, da dies für die Einschätzung der inhaltlichen und formalen Gestaltung des Songs erforderlich ist. Dabei wird verdeutlicht, warum der Song eine Besonderheit im deutschsprachigen Rap darstellt. Darauf aufbauend werden drei Aspekte diskutiert, die in Summe den Song *Boing!* als Phänomen begreifbar machen: In *3. Sampling als intermediale Praxis* wird die Abwandlung der Hip-Hop-typischen Technik des Samplings mit dem theoretischen Aspekt der Intermedialität verknüpft und in *4. Textlücken aus rezeptionsästhetischer Perspektive* die Involviertheit der Rezipierenden beim Füllen der Textlücken unter Rückgriff auf – aber auch in Abgrenzung von – Isers Leerstellenbegriff erklärt. Abschließend geht der theoretische Zugriff über die akustische Realisierung und Rezeption des Songs hinaus, wenn in *5. Boing! als transmediale Lektüre* das Zusammenspiel von Song und dem Songtext des Booklets analysiert wird.

2. BASICS

Die beiden Rapper Maeckes (Markus Winter) und Plan B (Bartek Nikodemski, neuer Künstlername Bartek) haben als Duo zwischen 2004 und 2008 Alben und Mixtapes veröffentlicht. Die Musik der beiden zeichnet sich durch eine hohe Verspieltheit aus. Um dies zu illustrieren sei neben *Boing!* Ein weiterer Song vom Album *Als waeren wir Freunde* (2007) exemplarisch genannt. Im Titeltrack *Als waeren wir Freunde* rappen Maeckes und Plan B immer abwechselnd jeweils eine Line, was in Kombination einen zusammenhängenden Text ergibt. Wird der Song über ein Stereosoundsystem abgespielt, fällt auf, dass die Stimmen jeweils über einen Lautsprecher dominant zu hören sind. Von diesem Klangarrangement ausgehend wird erkennbar, dass die Lines der Sprecher ohne die des anderen eigenständige Texte bilden. So entsteht zunächst der Eindruck, die beiden Sprecher würden die Sätze des anderen vervollständigen, obwohl sie jedoch in ihrer individuellen Sichtweise verharren. Sie tun nur so, als wären sie Freunde.

Warum sind diese Schilderungen aber von Bedeutung, wenn in diesem Aufsatz ein anderer Track im Fokus steht? Ersichtlich wird das, wenn man einen Blick auf die deutschsprachige Rapszene während der Zusammenarbeit von Maeckes und Plan B wirft.

Der berechtigten Problematisierung bei Loh/Verlan (2015: 88-89) von Periodisierungen von Hip-Hop zum Trotz, können diese als Orientierung beim Verständnis des Zeitgeists dienen.

Den Zeitraum 2000-2007 überschreiben die beiden Autoren mit »Regionale Identität und Selbstethnisierung« (ebd.: 95) und beschreiben den (auch wirtschaftlichen) Erfolg des Gangstaraps in dieser Zeit, der fortan an das Bild von Deutschrap prägt (vgl. ebd.: 96). Im Hip-Hop-Magazin *Juice* werden die Perioden kleinschrittiger unterteilt, wobei die Bewertung des Zeitraums 2003-2007 dem von Loh/Verlan sehr nahekommt. Rap in Deutschland zeichne sich dadurch aus,

»[e]xplizit über Sex und Gewalt zu rappen, absichtlich keinen moralisch allgemein vertretbaren Standpunkt einzunehmen, so zu sprechen, wie die Straße eben spricht, das zu erzählen, was auf der Straße eben passiert und sich entsprechend radikal zu geben« (Leopoldseder 2011).

Gleichen sich die Ansätze bis hierhin, so gehen sie im Folgenden auseinander. Während auf der einen Seite anhand des Beispiels Fler von »»Nationalchauvinismus, Antisemitismus, Antiislamismus«« (Loh/Verlan 2015: 98) die Rede ist, wird in der *Juice* das Augenmerk auf verschiedene Künstler gelegt, die inhaltlich, stilistisch und ästhetisch eine Abwechslung boten. Darunter befinden sich K.I.Z., Casper, Marteria und auch Maeckes und Plan B (vgl. Wehn 2011). Während der Zusammenarbeit von Maeckes und Plan B dient die Deutschraplandschaft also vor allem als Kontrastfolie für das gemeinsame Schaffen. Neben eigenen Themen werden Themenbereiche von Gangstarap aufgegriffen und abgewandelt. Plan Bs *Deutsche Welle Polen* (2007) scheint ein expliziter Verweis auf Flers *Neue Deutsche Welle* (2005) zu sein, verkehrt aber dessen Nationalchauvinismus in einen humoristischen Umgang mit den Zuschreibungen Polens.

Auch der Inhalt von *Boing!* lässt sich auf Drogen, Gewaltszenen und Beef herunterbrechen. Allerdings ist er funktional anders eingebettet. Es geht nicht darum, die eigene Kunstfigur als hart und gefährlich zu inszenieren, vielmehr erinnert der Inhalt an Actionfilme, wenn in der ersten Strophe gerappt wird, dass der Sprecher aus einem fahrenden Auto springt.

Tabelle 3

Textzeile bei Genius.com	Umschreibung des Geräuschs als Infinitiv	Angenommener, durch die Textstruktur evozierter Reim	Booklettext
Doch ich ([?])[4], zum Glück hab ich seine (Bremsleitungen) durchgeschnitten	›Schnelles Verschwinden‹	Flieh'	Springe mit einem Sechsmillionendollarmove aus dem fahrenden Auto
	Reifenquietschen und Explosion	Bremsen	Bremsen

Quelle: eigene Darstellung

Auch der von Leopoldseder (2011) angesprochene Schockfaktor, der durch explizite und provokante Sprache evoziert wird, greift bei *Boing!* nicht. Abgesehen von der Hook gibt es keine expliziten Nennungen von Gewalttaten oder Ähnlichem.

---

4 Das Geräusch, das im Onlinesongtext nicht abgebildet werden kann, unterscheidet sich von den anderen Beispielen: Es lässt weniger eindeutig auf eine Geräuschquelle schließen, da es ein für Cartoonserien typisches Geräusch ist, das ertönt, wenn Figuren aus dem Stand schnell loslaufen.

Stattdessen werden diese Elemente durch die Geräusche vermittelt, worauf an späterer Stelle näher eingegangen wird. Anhand der schlaglichtartigen Beispiele aus dem Œuvre lässt sich festhalten, dass Maeckes und Plan B mit ihrer Musik verschiedene Spielarten von Form und Inhalt ausloten.

3. SAMPLING ALS INTERMEDIALE PRAXIS

Wie die Spielart des Samplings in *Boing!* gestaltet ist und sich auf die Rezeption auswirkt, wird im Folgenden dargestellt. Der Begriff der Intermedialität wird in der aktuellen Forschung häufig, aber uneinheitlich verwendet (vgl. Wolf 2014: 11). Teil von Wolfs terminologischen Bestimmungen ist die Einordnung von Transmedialität als Unterform von Intermedialität anstatt eines Gegenpols (vgl. ebd.: 25). Während sein Transmedialitätsbegriff an späterer Stelle von Bedeutung ist, wird zunächst sein Intermedialitätsbegriff fokussiert. Intermedialität wird als das Zusammenwirken verschiedener Medien innerhalb eines einzelnen Werks gefasst (vgl. ebd.: 21).[5] Dies liegt beim Sampling vor, denn es handelt sich um die »Dekontextualisierung und Reintegration von Zeichen und/oder Artefakten« (Dietrich 2016: 10). Das Samplen von Teilelementen anderer (Rap-)Songs ist dabei ein Beispiel für intramediales Samplen, die Verwendung von Audioelementen aus Filmen hingegen für intermediales. Von typischen Beispielen für Intermedialität unterscheidet sich Sampling dadurch, dass ein Lied mit akustischen Samples monomodal bleibt, während sonst multimodale Transfers wie etwa Literatur und Film im Fokus stehen.

Die Art und Weise, wie die Geräusche – bspw. eines Staubsaugers – in *Boing!* eingesetzt werden, ähnelt funktional dem Hörspiel. Im Hörspiel werden »Handlungen […] durch das Einblenden ebendieser Geräusche selbst erzählt« (Huwiler 2005: 211). Die Funktion der Geräusche geht in *Boing!* somit über die bloße Illustration hinaus. Die Geräusche vermitteln im Satzkontext semantische Informationen, die nicht sprachlich realisiert werden.

Die Mehrheit der Geräusche in *Boing!* verfügt über einen »dem Geräusch eigentümlich[n] Verweischarakter« (Schmedes 2002: 77) und verweist direkt auf einen Erzeuger der Geräusche. Vereinzelt finden sich aber Geräusche, die stilprägend für amerikanische Cartoonserien sind und abstraktere Vorgänge akustisch nicht ›naturgemäß‹ abbilden, wenn bspw. Geräusche verwendet werden, um das Aufeinanderprallen von Körpern verharmlosend darzustellen. Mit dem Medium der Cartoonserien reiht sich somit ein drittes neben Rap-Song und Hörspiel ein.

---

5 Zum zugrunde liegenden Medienbegriff vgl. Wolf (2014: 20).

Mit dem Begriff der Intermedialität wird häufig eine Form der Zitation aus konkreten Quellen umschrieben. Dass der Begriff dennoch bei der Beschreibung von *Boing!* hilfreich ist, ist auf eine weitere Ausdifferenzierung Wolfs zurückzuführen. Er unterscheidet zwischen »Einzel- oder Systemreferenz« (Wolf 2014: 38). Demnach liegen bei *Boing!* zwei intermediale Referenzen vor, da zwei unterschiedliche Systeme bzw. Teile dieser Systeme zitiert werden.[6] Die Verwendung von Geräuschen als bedeutungstragende Einheiten wird dem System des Hörspiels entnommen, der verharmlosende Effekt von Geräuschen stammt wiederum aus dem System der Cartoonserien.

Laut Schmedes (2002: 69) fungieren im Hörspiel verschiedene Zeichensysteme neben- und miteinander. Einige davon – wie etwa Musik, Sprache und Geräusche – sind auch auf Songs übertragbar. Anders als im Hörspiel, wo Geräusche häufig parallel abgespielt werden (vgl. ebd.: 92), werden in *Boing!* allerdings sprachliche Zeichen (punktuell) durch Zeichen eines anderen Zeichensystems ersetzt. Aus medialer Perspektive werden intermediale Bezüge hergestellt, indem ein Hörspiel-Merkmal in Rap-Songs integriert wird. Dabei werden die Geräusche jedoch (kaum) parallel zum gerappten Text als Illustration verwendet, sondern sie werden in das Nacheinander der Sprache eingebettet, was die Rezipierenden dazu zwingt, sich Inhalte aus einem multikodalen Hybrid verschiedener Zeichensysteme herzuleiten. Realisiert wird diese Form der Intermedialität mittels der Rap-eigenen Praxis des Samplings, mit deren Hilfe sich auch in distinktiven Medien bedient werden kann.

4. TEXTLÜCKEN AUS REZEPTIONSÄSTHETISCHER PERSPEKTIVE

Da die Rolle der Rezipierenden bereits angesprochen wurde, wird mit Iser ein rezeptionsästhetischer Ansatz verwendet. Mit seinem Begriff der Leerstelle beschreibt er das Auslassen bestimmter Informationen in einem Text und die damit verbundene Notwendigkeit, dass diese Leerstellen durch die Rezipierenden gefüllt werden (vgl. Iser 1971: 13-16). Vorweggreifend muss erwähnt werden, dass es sich bei den Textlücken in *Boing!* nicht um Leerstellen im Iser'schen Sinn handelt,

---

6   Dabei ist jedoch anzumerken, dass bei einigen Geräuschen (bspw. Klopfen auf Holz) nicht auszuschließen ist, dass es sich um eigenhändig hergestellte Geräusche handelt. Somit wären diese Geräusche keine Samples im eigentlichen Sinne, sondern die Reproduktion typischer Strukturen des Hörspiels.

da die nötigen Informationen durchaus vorhanden sind. Sie werden allerdings nur mittels eines nicht-sprachlichen Zeichensystems vermittelt.

Im Zentrum der folgenden Ausführungen stehen grundsätzliche Gedanken zur Beteiligung der Rezipierenden. Dafür sind zwei Aspekte aus Isers Ansatz heranzuziehen. Zunächst trifft es auch auf die Rezeption der Textlücken in *Boing!* zu, dass sie einen »Auslegungsspielraum« gewährleisten und den »Mitvollzug an der Sinnkonstitution« (ebd.: 16) erfordern. Des Weiteren beinhaltet folgendes Zitat den elementaren Aspekt der Textfortschreibung durch die Rezipierenden: »Angesichts des temporären Informationsentzugs wird sich die Suggestivwirkung selbst um Details steigern, die wiederum die Vorstellung von möglichen Lösungen mobilisieren.« (Ebd.: 18) Dass den Rezipierenden verschiedene »mögliche Lösungen« abverlangt werden, zeigen bereits die verschiedenen, tabellarisch dargestellten Ebenen der Textlücken.

Eine Weiterführung dieses Gedankens findet sich bei Dotzler (1999), der den Iser'schen Begriff weiter ausarbeitet und dabei hilfreiche Aspekte für die Untersuchung von *Boing!* formuliert. Mit Verweis auf Saussure führt er das Begriffspaar von Syntagma und Paradigma ein und hält dazu fest: »Jedes Zeichen erweist sich damit zugleich als Platzhalter für mögliche andere Zeichen.« (Ebd.: 215) Auf die Rezeption von *Boing!* übertragen bedeutet dies, dass sich die Geräusche ins sprachliche Syntagma der Zeilen einfügen, dabei die Erforschung des Paradigmas, das sie hervorrufen, herausfordern, um in einem zweiten Schritt das Spektrum der Möglichkeiten des Paradigmas wieder einzugrenzen, da sich aufgrund der Reimstruktur nur wenige Wörter angemessen in die Zeilen einfügen lassen.

Bei der Beschreibung dessen kommt die Unterscheidung Dotzlers (vgl. ebd.: 213) zwischen Lücken, die gefüllt werden können oder gefüllt werden müssen, zugute. Die inhaltliche Ergänzung der Textlücken muss für das Textverständnis vorgenommen werden, während das Finden des stilistisch passenden Wortes optional bleibt.

Neben dem Einfluss auf den Vorgang der Rezeption kommt den eingesetzten Geräuschen aber auch eine weitere Funktion zu. Wie bereits erwähnt, werden die Themenbereiche Gewalt, Drogen und Sex nicht ausformuliert, obwohl sie Teil der kurzen Erzählungen in den Strophen sind.

Tabelle 4

Textzeile bei Genius.com	Umschreibung des Geräuschs als Infinitiv	Angenommener, durch die Textstruktur evozierter Reim	Booklettext
Die Zukunftsperspektive: (Fick) nicht mit Maecki	Stöhnen einer Frau	Fick'	Fick
Sonst liegt dein Kopf in der mutherfucking (Ecke)	Herunterfallen einer Klinge	Guillotine	Guillotine

Quelle: eigene Darstellung

Es zeigt sich erneut (vgl. Tabelle 4), dass das Füllen der Textlücken mitunter problematisch ist, da es sich laut Booklet nicht um einen Endreim handelt, sondern *Guillotine* auf *-perspektive* gereimt wird. Dass durch Geräuschsampling auf die explizite Nennung von sexueller Handlung und dem Mittel der Gewalt verzichtet wird, hat eine verharmlosende Wirkung des Inhalts zur Folge. Dies wird dadurch verstärkt, dass dieses Phänomen einem Verfahren aus Cartoonserien ähnelt, in dem vermeintlich lustige Geräusche eingesetzt werden, um die Drastik der visuell dargestellten Gewalt zu verschleiern.

Dass in *Boing!* die raptypischen Inhalte mit Stilmitteln von Medienformen für ein jüngeres Publikum kombiniert werden, zeigt sich auch in der Hook. Darin wird der folgende Text in leicht abgewandelter Melodie des Kinderliedes *Alle meine Entchen* vorgetragen.

»Und jetzt hängt ein Schild
An deinem großen Zeh
Köpfchen unters Wasser
Bis du nicht mehr lebst
Und sie fanden dich
Auf dem Grund des Sees
Deshalb hängt das Schild
Jetzt an deinem großen Zeh«

Die hier intramediale Referenz manifestiert sich neben der Melodie im direkten Zitat von »Köpfchen unters Wasser« und in der Verwendung des gleichen Reimschemas. Der in den Strophen aufgemachte Kontrast von explizitem Inhalt und verspielter Form wird in der Hook auf die Spitze getrieben, indem der Inhalt ohne Textlücken in Form eines (Klein-)Kinderlieds vermittelt wird.

5. *BOING!* ALS TRANSMEDIALE LEKTÜRE

Abschließend wird der mündlich realisierte Rap-Text in Bezug zum schriftlichen Booklet-Text gesetzt, um dessen Besonderheiten aufzuzeigen.

Die Rolle von verschriftlichen Rap-Texten betreffend ist Wolbring (2015: 220f.) grundsätzlich zuzustimmen:

»Auch wenn die Konzeption von Rap eindeutig als literal zu klassifizieren ist, bleibt sie dezidiert auf den mündlichen Vortrag hin angelegt. Rap-Texte werden zwar zuweilen in Booklets veröffentlicht und kursieren auch als Abschriften von Fans im Internet, dienen aber lediglich der Begleitlektüre und Verständnishilfe und nie als eigenständige Publikationsform. Der literal konzipierte Text ist dem Vortrag damit in gewisser Hinsicht untergeordnet.«

Im speziellen Fall von *Boing!* ist dies aber anders gelagert. Der nach Androutsopoulos (2016: 174) zum Text gehörende Paratext kann als Stütze für eine transmediale Lektüre bezeichnet werden. Das Booklet kann dabei hilfreich bis notwendig sein, um einzelne Geräusche deuten zu können. Zwar bleibt das Booklet, wie Wolbring formuliert, auch in diesem Fall »untergeordnet«, es nimmt jedoch dadurch eine tragendere Rolle ein, dass es exklusive Informationen enthält. Dies ist z.T. auf die offenkundigen medialen Unterschiede zurückzuführen. Die Geräusche sind im Booklet aber nicht einfach knapp verschriftlicht, sondern in zum Teil sehr langen Zeilen, die nicht in das Reimschema des Songs passen. Somit ist der Booklet-Text von *Boing!* nicht bloß ein Paratext, sondern wird – unter der Voraussetzung, der Song ist bekannt – zum Primärtext, dessen Lektüre neue inhaltliche wie humoristische Facetten bereithält. Dies ist untypisch für das Verhältnis von Song und Booklet.

Nach Wolf lässt sich somit der Songtext von *Boing!* als Phänomen bezeichnen, das »in mehr als einem Medium beobachtbar [ist] oder betrachtet [wird]« (Wolf 2014: 25). Die Relation der beiden Medien zueinander lässt sich zudem mit dem Begriff der Paramedialität greifen. Meyer führt diese Unterkategorie von Transmedialität ein, um das »Nebeneinander zweier Medientexte« zu beschreiben, bei dem sich »ein vom Haupttext abgesonderter Nebentext« (Meyer 2006: 120) auf den Haupttext bezieht. Dass es sich bei dem Text im Booklet um den Nebentext handelt, geht aus Wolbrings Gewichtung hervor. Funktional lässt sich der Text im Booklet zunächst als Unterstützung einordnen. Da akustische Signale nur im jeweiligen Augenblick ihrer Übertragung erfassbar sind (vgl. Schmedes 2002: 60), erfordern die doppelten Textlücken (Inhalt/passender Textbaustein) in *Boing!* eine genaue und wiederholte Rezeption. Mit Hilfe des Booklets wird zum einen ein Überblick über den Text geschaffen, der akustisch nicht darstellbar ist, und zum anderen werden im Booklet die Inhalte der Textlücken offengelegt. Wo jedoch im Song zu wenig (Text-)Informationen vorliegen, bietet das Booklet ein Übermaß an Informationen an und löst die Frage nach dem passenden Reim für die Rezipierenden nicht auf.

6. FAZIT

In diesem Beitrag wurde die spielerische Vorgehensweise von Maeckes und Plan B im Song *Boing!* analysiert. Was auf den ersten Blick simpel erscheint, erweist sich bei genauerer Betrachtung als komplexes Phänomen und ist nur mittels mehrerer theoretischer Zugänge greifbar zu machen. Sowohl die Einordnung des Songs in das Gesamtwerk der beiden als auch in den Hip-Hop-Zeitgeist unterstreichen, dass es sich bei der Verwendung von Geräuschsamples, um einen intendierten, »spezifisch künstlerischen Umgang« (Huwiler 2005: 212) mit Geräuschen handelt. Während mit dem Begriff der Intermedialität die Herkunft und Beschaffenheit der Samples beschrieben werden konnte, wurde zudem herausgearbeitet, dass die Kontrastierung von Form(en) und Inhalt ein spielerischer Umgang mit dem eigenen Primärmedium des Rap-Songs ist.

Zugleich stellt *Boing!* die Rezipierenden vor die Aufgabe, sich den Text, den Textlücken zum Trotz, inhaltlich zu erschließen und sprachlich zu vervollständigen. Das aktive Ergänzen eines Textes durch die Rezipierenden stellt ein grundlegendes Phänomen von Literaturrezeption dar. In diesem Fall liegt ein Text vor, dessen Gestaltung eine aktive Rezeption im besonderen Maße fordert, da die Geräusche zugleich Repräsentationen von Inhalten darstellen und Platzhalter für sprachliche Strukturelemente wie Reime sind.

Mit dem Begriff der Transmedialität lässt sich schließlich das Zusammenspiel von Song und verschriftlichtem Rap-Text beschreiben, in dem der Songtext zwar als Hilfsmittel bei der Sinnkonstitution fungiert, zudem aber weiterhin Fragen unbeantwortet lässt und auf Grund der zum Teil komischen oder überlangen Füllung der Textlücken weiteren Mehrwert bietet.

LITERATUR

Androutsopoulos, Jannis (2003): »HipHop und Sprache: Vertikale Intertextualität und die drei Sphären der Popkultur«, in: Jannis Androutsopoulos (Hg.), HipHop. Globale Kultur – lokale Praktiken, Bielefeld: transcript, S. 111-136.

Androutsopoulos, Jannis (2016): »Lyrics und Lesarten: Eine Drei-Sphären-Analyse anlässlich einer Anklage«, in: Marc Dietrich (Hg.), Rap im 21. Jahrhundert. Eine (Sub-)Kultur im Wandel, Bielefeld: transcript, S. 171-200.

Dietrich, Marc (2016): »Rap im 21. Jahrhundert: Bestandsaufnahme und Entwicklungslinien – eine Einleitung«, in: Marc Dietrich (Hg.), Rap im 21. Jahrhundert. Eine (Sub-)Kultur im Wandel, Bielefeld: transcript, S. 7-26.

Dotzler, Bernhard J. (1999): »Leerstellen«, in: Heinrich Bosse/Ursula Renner (Hg.), Literaturwissenschaft. Einführung in ein Sprachspiel, Freiburg i.Br.: Rombach, S. 211-230.

Huwiler, Elke (2005): Erzähl-Ströme im Hörspiel. Zur Narratologie der elektroakustischen Kunst, Paderborn: mentis.

Iser, Wolfgang (1971): Die Appellstruktur der Texte. Unbestimmtheit als Wirkungsbedingung literarischer Prosa, Konstanz: Universitätsverlag.

Leopoldseder, Marc (2011): Deutschrap 2003-2007. https://juice.de/deutschrap-2003-2007/ vom 30.09.2019.

Loh, Hannes/Verlan, Sascha (2015): 35 Jahre HipHop in Deutschland, Höfen: Hannibal.

Maeckes/Plan B (2007): Als waeren wir Freunde. https://genius.com/Maeckes-und-plan-b-als-waren-wir-freunde-lyrics vom 30.09.2019.

Maeckes/Plan B (2007): Boing! https://genius.com/Maeckes-und-plan-b-boing-lyrics vom 30.09.2019.

Meyer, Urs (2006): »Transmedialität (Intermedialität, Paramedialität, Metamedialität, Hypermedialität, Archimedialität). Das Beispiel der Werbung«, in: Urs Meyer/Roberto Simanowski/Christoph Zeller (Hg.), Transmedialität. Zur Ästhethik paraliterarischer Verfahren, Göttingen: Wallstein, S. 110-130.

Rauscher, Andreas (1997): »»Dropping da bomp‹. Die Rolle des Sampling im Hip-Hop«, in: testcard. beiträge zur popgeschichte 4, S. 88-93.

Schmedes, Götz (2002): Medientext Hörspiel. Ansätze einer Hörspielsemiotik am Beispiel der Radioarbeiten von Alfred Behrens, Münster: Waxmann.

Wehn, Jan: (2011): Deutschrap 2007-2010. https://juice.de/deutschrap-2007-2010/ vom 30.09.2019.

Wolbring, Fabian (2015): Die Poetik des deutschsprachigen Rap, Göttingen: V&R.

Wolf, Werner (2014): »Intermedialität: Konzept, literaturwissenschaftliche Relevanz, Typologie, intermediale Formen«, in: Volker C. Dörr/Tobias Kurwinkel (Hg.), Intertextualität, Intermedialität, Tansmedialität. Zur Beziehung zwischen Literatur und anderen Medien, Würzburg: Königshausen & Neumann, S. 11-45.

»tIEf im WALD- (--) / HIER in der grOßstadt,«
Von der multimodalen Modellierung subkulturellen Wissens in Romanos *Metalkutte* (2015)

Felix Woitkowski

> »Ich bin überfordert, ist der Kerl jetzt Rapper,
> oder Metalhead, oder 49ers Fan, oder Indianer?
> Oder alles? Was will der Künstler uns sagen?«
> *Luis Szimkowski, YouTube-Kommentar*

1. EINLEITUNG

Nicht nur der Titel *Metalkutte* (2015) ist durch den Verweis auf ein Kleidungsstück, das sich als »Markenzeichen« (Eckel 2011: 56) einer anderen Subkultur bezeichnen lässt, für einen Rap-Track ungewöhnlich. Auch Romanos Track selbst hat das Potenzial zur subkulturellen Irritation. Dies wird in dem eingangs zitierten Kommentar zum zugehörigen Musikvideo ebenso deutlich wie in einem Beitrag der Online-Ausgabe des *Metal-Hammer*, der für ein Metal-Magazin untypisch über einen Rap-Track berichtet: »Die einen Fans feiern den Song als ungewöhnliche Verneigung vor der Metal-Macht, andere fühlen sich veralbert und schimpfen darüber, dass Metal-Bands und -Lebensgefühl in einem Rap-Song stattfinden.« (Kessler 2015)

An beide Äußerungen schließen sich Fragen nach einem Auslöser dieser Irritation an: Wie ist es möglich, dass die Metal-Subkultur in einem ihr fremden musikalischen Code *stattfinden* kann? Und wenn es möglich ist: Wie ist diese subkulturelle Grenzüberschreitung im multimodalen Text *Metalkutte* realisiert? Um dies zu untersuchen, wird der Track im Folgenden als multimodaler Text im Sinne der sozialen Semiotik verstanden und ausgehend von einer kurzen Annäherung an den Begriff des subkulturellen Wissens analysiert. Dabei wird zunächst die Modellierung metalspezifischen Wissens in der Modalität Rap-Text$_M$ in den Blick genommen und anschließend untersucht, inwiefern die visuelle Modalität des Musikvideos diese Wissensmodellierung unterstützt und ergänzt.

2. SUBKULTUR, WISSEN UND DIE METALKUTTE

Sowohl Hip-Hop als auch Metal haben sich zunächst als jugendkulturelle Strömungen in Auflehnung und Abgrenzung zur Hauptkultur entwickelt und lassen sich heute als zwei verschiedene zwar jugendaffine, aber nicht auf die Jugend beschränkte Subkulturen beschreiben (vgl. Zaddach 2014: 227f.; Wolbring 2015: 68). Der Begriff ›Subkultur‹ umfasst unter soziolinguistischer Perspektive insbesondere eine an eine Gruppenzugehörigkeit gebundene Bevorzugung bestimmter Zeichenressourcen (*Modes*, vgl. Kress 2010: 79), die Etablierung gruppenspezifischer Stile[1] (*Codes*, vgl. Androutsopoulos 2003a: 15) unter besonderer Verwendung dieser Modes sowie den in dieser Gruppe etablierten Haushalt verschiedener *Praktiken* (vgl. Deppermann/Feilke/Linke 2016: 3-11), in denen diese Codes hervorgebracht, rezipiert oder auch performativ verhandelt werden. Angehörige einer Subkultur zeichnen sich nicht nur durch das Wissen über diese gruppenspezifischen Modes, Codes und Praktiken sowie ihre historische Entwicklung aus, sondern handeln auch gemäß diesem Wissen. Entsprechend stellt dieses handlungsbezogene Wissen ein subkulturelles Distinktionsmerkmal dar.

Die titelgebende Metalkutte lässt sich als einen zentralen Gegenstand des metalspezifischen, subkulturellen Wissens verstehen. Dieses semantisch aufgeladene Kleidungsstück beschreibt Eckel (2011: 56) als

»eine blaue oder schwarze, in der Regel offen getragene Jeans-Weste […], die mit zahlreichen Band-Aufnähern und in den meisten Fällen mit einem dominanten, größeren Rückenaufnäher (Backpatch) ausgestattet sind [sic!]. Hinzu kommen weitere Ausstattungselemente wie Nieten, Buttons, Zeichnungen und Unterschriften, Kronkorken usw. Auch Flecken und Dreck können zu den gezielt in Kauf genommenen Accessoires gezählt werden, denn das Waschen der Kutte ist verpönt.«

Die Metalkutte stellt mit Eckel (2011: 64) ein subkulturinternes Kommunikationsmedium dar, denn sie bildet erstens die stoffliche Grundlage für das Auftragen von Patches, mittels derer die Träger_innen Auskunft über ihren individuellen

---

1 Gruber (2017: 61) betont, dass es sich stets um einen »Stilpluralismus« handelt.

Musikgeschmack geben, und zweitens ein ›Speichermedium‹, da sie ebenfalls durch aufgenähte Patches, aber auch durch Verschmutzung und Verschleiß dauerhaft Konzert- und Festivalbesuche dokumentiert. Entsprechend diesen zwei Perspektiven ist sie in wenigstens zwei metalspezifische Praktiken eingebunden: das Gestalten der Metalkutte durch Aufnähen der Patches, das sich als eine subkulturelle Form des autobiographischen Schreibens verstehen lässt, sowie das öffentliche Tragen des Kleidungsstücks bei Konzerten und der damit verbundenen Selbstpräsentation. Mittels dieser beiden Praktiken kommunizieren die Träger_innen unter Rückgriff auf ein im Metal etabliertes Code-Repertoire mit anderen Angehörigen der Subkultur, wobei insbesondere die Zusammenstellung und Schriftbildlichkeit verschiedener Patches über die individuelle subkulturelle Positionierung Auskunft gibt.[2] Inwiefern Romano in *Metalkutte* dieses oder weitergehendes metalspezifisches Wissen modelliert, ist Gegenstand der vorliegenden Analyse.

3. ROMANOS *METALKUTTE* ALS MULTIMODALER TEXT

Romanos *Metalkutte* wurde 2015 als Track des Albums *Jenseits von Köpenick* sowie als Musikvideo veröffentlicht.[3] Aus Sicht der sozialen Semiotik stellen beide Produkte multimodale Texte dar, d.h., dass sie sich durch eine Vielzahl verschiedener Modes konstituieren. Diese Modes werden im Folgenden als Elemente eines sich in einer (Sub-)Kultur herausbildenden Zeichenhaushalts verstanden: »*Mode* is a socially shaped and culturally given semiotic resource for making meaning.« (Kress 2010: 79) Somit bilden sie die zentrale Ordnungs- und Analyseeinheit der multimodalen sozialen Semiotik.

Um die Text-Analyse zu fokussieren, werden im Folgenden die Modes zu Modalitäten geclustert. Als die zwei zentralen Modalitäten eines Rap-Tracks werden dabei der $Beat_M$, der verschiedene instrumental-musikalische Modes umfasst, sowie der $Rap\text{-}Text_M$ in seiner mündlichen Realisierung verstanden. Durch die Ver-

---

2   Da diese Bilder und diese Schrift in der Mehrzahl auf Bands und musikalische Events zurückgehen, repräsentiert die Oberfläche der Metalkutte die starke musikalische Fixierung der Metal-Subkultur, die sich in dieser Dominanz nicht für den Hip-Hop konstatieren lässt (vgl. Eckel 2011: 62).

3   Sowohl Musikstück als auch -video lassen sich mit Androutsopoulos (2003b: 113) als rapspezifische Primärtexte verstehen, die »das eigentliche Kernstück« der Hip-Hop-Subkultur bilden.

öffentlichung eines Musikvideos kommt als letztes die Modalität $Video_M$ als Analysegröße hinzu, die visuelle, in einem festen Zeitablauf realisierte Modes umfasst. Die multimodale Analyse soll im Folgenden zunächst mit dem Fokus auf den Rap-Text$_M$ erfolgen und anschließend auf das Video$_M$ ausgeweitet werden. Ziel ist es, die multimodale Modellierung subkulturellen Wissens des Metal in einer musikalischen Praktik des Hip-Hops herauszuarbeiten. Auf den Beat$_M$ wird deshalb nur am Rande eingegangen.

3.1 Analyse I: Die Modellierung metalspezifischen Wissens im Rap-Text

Die folgende Analyse des Rap-Textes$_M$ von *Metalkutte* geht nicht textchronologisch vor, sondern orientiert sich an den drei großen in Abb. 1 visualisierten Struktureinheiten: Strophe, Prechorus und Chorus. Während Chorus und Strophe dazu beitragen, metalspezifisches Wissen zu modellieren, stellt der Prechorus das ästhetische Programm des Tracks vor. Entscheidend dafür ist das zweimal realisierte: »tIEf im WALD- (--) / HIER in der grOßstadt,« (00:60, 02:27). Diese Textstelle referiert auf zentrale Bezugsgrößen, die insbesondere die stereotype Inszenierung der beiden Subkulturen prägen: für den Metal »nebelverhangene Wälder, Winterlandschaften und das finstere Mittelalter« (Leichsenring 2011: 293), für den Hip-Hop »das urbane Quartier und die […] Bilder der (zerfallenden) urbanen Großstadt« (Güler Saied 2012: 37). Durch das prominent gesetzte, lokaldeiktische »HIER« werden diese oppositionellen Bezugsgrößen am selben Ort vereint. Der Prechorus lässt sich somit als eine Geste der räumlichen Zusammenführung beider Subkulturen verstehen und nicht als subkulturelle Distinktion. Dies kann als eine Voraussetzung dafür gelesen werden, dass es überhaupt möglich – und auch zulässig – ist, in einem Rap-Text und damit in Rückgriff auf zentrale Codes des Hip-Hops das Wissen einer anderen Subkultur zu modellieren.

Im ersten auf den Prechorus folgenden Chorus rappt Romano:[4]

CHECK ma meine pAtches- (.)
HEUte is konzErt, (--)
GUCK ma wie sie stArren- (-)
AUF mein mEIsterwerk- (--)
ICH und meine kUtte; (--)
BLACKmetalkUtte; (-)

---

4   Sich daran anschließende Wiederholungen sind im Zitat nicht berücksichtigt; transkribiert wird gemäß Basistranskript nach GAT 2 (vgl. Selting et al. 2009).

TRASHmetal- (.)
DEATHmetal- (.)
HEAvymetalkUtte; (--)

Die Metalkutte, die in diesem Chorus erstmals explizit benannt wird, wird sowohl durch die wiederholte, akzentuierte Realisierung von »kUtte« als auch auf Ebene der erzählten Handlung hervorgehoben. Auf dieser Handlungsebene wird eine der zwei bereits benannten Praktiken dargestellt: das öffentliche Tragen des Kleidungsstücks bei den im Chorus erwähnten Konzerten und die damit verbundene Selbstpräsentation. Letztere ist imperativisch realisiert (»GUCK«), ohne jedoch einen Adressaten zu explizieren. Darüber hinaus wird nicht deutlich, was die Aufnäher (Patches) darstellen und inwiefern sie die visuelle Gestaltung der Metalkutte prägen. Dass durch die Patches, wie z.B. Eckel (2011: 64) darstellt, die »stoffliche Basis [...] scheinbar und auch plastisch in den Hintergrund [rückt] zugunsten der Bilder und Schrift, die auf ihr und ihm angebracht oder aufgedruckt sind«, wird nicht dargestellt. Insofern bleibt der Chorus mit Blick auf die Modellierung metalspezifischen Wissens unvollständig. Die Metalkutte als Träger visueller Zeichen bedarf weiterer Erklärung.

In den zwei Strophen von *Metalkutte* ist die Darstellung verschiedener Elemente der Metal-Subkultur ebenfalls in eine Handlung integriert. In den ersten Zeilen der ersten Strophe erzählt Romano als textuell nicht realisierte Erzählinstanz, dass er beim Hören von Metal-Musik (»schöner tAg (.) walkman AUF- (1.32) / dunkler sOUnd underGROUND-«, 00:13) seine Kutte verschönert. In den letzten Zeilen der zweiten Strophe erzählt er wiederum davon, dass er die Kutte und andere metalspezifische Kleidungsstücke anzieht und sich einem subkulturellen Code entsprechend schminkt. Dieser Erzählrahmen umfasst die Vorbereitungshandlungen für den im Chorus erwähnten Konzertbesuch und somit die zweite metalspezifische Praktik: das dem öffentlichen Tragen zeitlich vor- und nachgelagerte, notwendigerweise eigenständige Gestalten der Metalkutte durch ihre_n Träger_in.

Die Darstellung verschiedener Elemente der Metal-Subkultur innerhalb dieses Rahmens erfolgt listenhaft. Dieser Teil wird durch die reine Nennung von vierundzwanzig zumeist englischsprachigen Bandnamen und Musikern dominiert, die verschiedene Herkunftsländer und Subgenres repräsentieren. Eingestreut in diese Auflistung finden sich vor allem Bezugnahmen auf drei metalspezifische Tropen, die weder mit synchronem noch mit diachronem Blick auf die Metal-Subkultur strikt voneinander getrennt werden können. Dies sind erstens Verbrechen, die vor allem in den 1990ern von Personen, die sich dieser Subkultur zuordneten, begangen wurden (»A:Nfang der neunziger (-) machten die noch richtig tError-«,

00:41), zweitens die Verortung dieser Verbrechen in Norwegen, wodurch neben dem Prechorus ein weiterer Verweis auf raue Natur erfolgt (»kAlter schnee«, 00:56), sowie drittens die Ablehnung der Religion und des Wertesystems der Mehrheitsgesellschaft (»Umgedrehtes pentaGRAMM- (1.6) / drEI mal sechs gehörnte HAND- (1.4) / krEUz des südens an der WAND- (1.4) / nIEtzsches antichrist im SCHRANK- (1.4)«, 01:40). Hinzu kommen weitergehend positive Beurteilungen (»UNschlagbar«, 01:56), die nicht nur die Wertschätzung des Metals, sondern auch, wenn sie in direktem Umfeld zu der Verbrechensdarstellung realisiert werden (»jetz wirds GEIL; (--) / kirchenbrAnd (.) satanskult [...]«, 00:50), die Werte-Ablehnung unterstreichen.

In welcher Beziehung die listenhafte Vorstellung zentraler Elemente der Metal-Subkultur zur Metalkutte steht, wird dabei lediglich zweimal angedeutet: »mir fehlen noch satYricon sarcófAgo und hellHAMmer-« (00:47), »feinster trash und DEATH (.) kommen später auf die lederjAcke;« (02:02). Dabei bleibt aber offen, was genau Romano in dieser Auflistung *fehlt* und wie musikalische Genres auf eine Jacke kommen können. Auch in den Strophen bleibt somit die Wissensmodellierung entsprechend ihrer listenhaften Realisierung auffallend unvollständig.

3.2 Analyse II: Die textergänzende Wissensmodellierung im Video

Dass im Fall von *Metalkutte* die Modalität Video$_M$ nicht unabhängig von Rap-Text$_M$ und Beat$_M$ fungiert, legt bereits die auffallend einheitliche zeitliche Strukturierung der Modalitäten nahe. Dies ist in Abb. 1 auf einer abstrakten Ebene veranschaulicht. Auf Seiten des Rap-Textes$_M$ wird dazu zwischen verschiedenen Realisierungen der Strophe (V, V'), des Prechorus (P, P') und des Chorus (Ch-Ch''') unterschieden und beim Beat$_M$ zwischen sechs verschiedenen großen Teilen, die zum Teil in Variation (') realisiert sind. Mit Blick auf das Video$_M$ lassen sich zwei große, ebenfalls variierte Teile ausmachen. K und K' repräsentieren Szenen, welche eine Köpenicker Hochhaussiedlung zeigen, St und St' diejenigen, welche in einem schwarzen Studio gedreht wurden. Was sich zudem an Abb. 1 ablesen lässt, ist ein Verfahren der multimodalen Kohärenzbildung, das sich für zeitlich organisierte Modalitäten anbietet und mit van Leeuwen (2005: 179) als »Rhythm« bezeichnen lässt. Hierbei werden zeitliche Abläufe und Pausen der verschiedenen Modalitäten synchronisiert. Dies zeigt sich im Besonderen bei den Teilen Ch, D und St sowie zu Beginn von Ch', D' und St'. Bereits an diese Beobachtung schließt sich die Frage an, ob das Video$_M$ eine den Rap-Text$_M$ unterstützende Funktion in der Modellierung metalspezifischen Wissens einnimmt.

Abbildung 1: Rhythmisierung der Modalitäten in Metalkutte *(2015)*

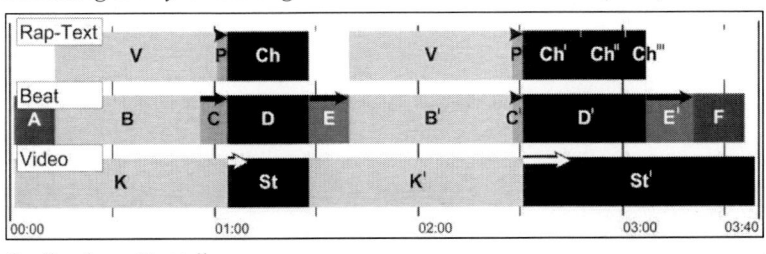

Quelle: eigene Darstellung

Bei der isolierten Betrachtung des Videos_M fallen vor allem drei Aspekte auf: Erstens weicht die Inszenierung des im Zentrum der meisten Einstellungen stehenden Romanos durch seine schmale Statur, Kleidung und Frisur von der dem Hip-Hop typischen Form der Hypermaskulinitätsinszenierung ab.[5] Zweitens lässt sich eine ironisierende Lesart erkennen, sobald langhaarige Männer mit schwarzen Lederwesten und Corpspaint den Platz von Hintergrundtänzerinnen einnehmen oder Romano in einem hautengen, glänzend-roten Teufelsanzug gezeigt wird, bei dem der Teufelsschwanz an der Position des Penis sitzt. Ein solcher Zugang ist im Rap-Text_M nicht angelegt. Drittens werden im Video_M zahlreiche aufwändig gestaltete (schriftsprachliche) Zeichen eingeblendet, die sich scheinbar auf der Bildschirmfläche befinden und damit zwischen Romano und den Rezipierenden stehen. Beispiele zeigt Abb. 2. Diese Einblendungen tragen zur Modellierung des subkulturellen Wissens bei und sollen in der weiteren Analyse fokussiert werden.

Für alle derartigen Einblendungen gilt, dass auch sie im Sinne van Leeuwens mit dem Rap-Text_M rhythmisiert sind. Das bedeutet: Während eine dieser Einblendungen zu sehen ist, rappt Romano die dazugehörigen Bezeichnungen (z.B. K4: »krEUz des südens«). Das Lautbild rekurriert dabei aber nicht nur auf einen visuellen Eindruck und umgekehrt, die Darstellung metalspezifischer Codes geht im Video_M noch einen Schritt weiter.

Der visuelle Eindruck ist nämlich vor allem durch die aufwändige, metaltypische Typographie geprägt, die sich an »style resources such as Nordic mythology and medieval imagery« (Androutsopoulos 2004: 2) orientiert[6] und auch auf den

---

5   Vgl. hierzu die Beiträge von Sina Lautenschläger und Matthias Ott in diesem Band.
6   Für den Hip-Hop lässt sich zwar eine vergleichbare Schriftbildlichkeit feststellen, die sich ebenfalls durch eine Dominanz gebrochener Schriftdesigns auszeichnet (vgl. Androutsopoulos 2004: 2), aber einen anderen Bezugspunkt aufweist: die Graffiti-Kunst, insbesondere die Throw-Ups und Pieces, deren Gestaltung u.a. durch die Performanz des Sprayens sowie den gewählten Untergrund geprägt ist. Vgl. dazu Metten (2011).

im Metal verwendeten Patches zum Einsatz kommt. Die Schrifteinblendungen im Video$_M$ können daher nicht nur als eine Form der »Übertragung der lautlichen Form der Sprache in eine graphische Form der Sprache« (Krämer 2003, 159) aufgefasst werden, wie sie gemäß Krämer einem traditionellen Schriftverständnis entspräche und z.B. in einem Untertitel vorliegen könnte. Stattdessen rückt das Video$_M$ die von der lautlichen Sprache losgelöste visuelle Dimension von Sprache und damit einhergehend das typographische Formenspektrum der Metal-Subkultur als einen eigenen subkulturellen Code ins Zentrum.

Abbildung 2: Still-Ausschnitte aus Metalkutte *(2015)*

Quelle: Romano (2015), eigene Darstellung

Die Fokussierung der »Schriftbildlichkeit« (Krämer 2003) wird dadurch verstärkt, dass gerade keine existierenden Patches eingeblendet werden, sondern deren aufwändige Typographie zwar aufgegriffen, aber auf andere als die üblichen subkulturellen Termini angewendet wird. So entspricht z.b. die Typographie von »Meisterwerk« (St1-St3) dem Bandlogo von Metallica. Das Video$_M$ reproduziert also nicht einfach subkulturelle Artefakte, sondern veranschaulicht losgelöst von realen Beispielen die der Metal-Subkultur zugehörigen sprachbildlichen Codes, wie sie auch in den realen Patches realisiert ist.

Die Modellierung der visuellen Codes ist im Video$_M$ allerdings nicht auf Fragen der Typographie (K1, K5, St1-St4) beschränkt: Es finden sich auch Beispiel für schriftferne graphische Gestaltung (K2, K4) oder Gestik (K5) und diese werden in gleicher Weise im Rap-Text$_M$ benannt. Solche Verfahren einer multimodalen Laut-Bild-Korrespondenz stellen bei der multimodalen Wissensmodellierung in *Metalkutte* allerdings die Ausnahme dar, die Laut-Schrift-Schriftbild-Korrespondenz überwiegt.

Dass eine dieser Korrespondenzen vorliegt, wird über die Rhythmisierung hinaus vor allem in K4 multimodal modelliert. Bei »krEUz des südens an der WAND« (01:47) zeigt Romano nicht nur mit dem Finger auf das vor ihm eingeblendete Kreuz, sondern stellt es auch durch eine Bewegung des Fingers auf den Kopf und entfernt es mit einem Handwischen. Hierbei handelt es sich um eine von drei Handlungen, die sich als »*Information Linking*« (van Leeuwen 2005: 220) beschreiben lassen, d.h. multimodale Kohärenz wird im Unterschied zu Rhythm durch einen expliziten Verweis erzeugt. Entsprechend erscheint es sinnvoll, genauer zu untersuchen, wie die Synchronität von Teilen des Rap-Textes$_M$ und Einblendungen im Video$_M$ zur Wissensmodellierung beitragen.

Neben der Herausstellung dieser Korrespondenz, bei der es sich bereits um metalspezifisches Wissen handelt, verdeutlicht das Video$_M$ auch die Verbindung, in der die im Rap-Text$_M$ aufgelisteten Metal-Elemente mit der Metalkutte stehen. Dies lässt sich an zwei Beobachtungen darlegen. Erstens: Während Romano »hAAre auf« (01:54) rappt, werden diese Worte nicht nur visualisiert (K5), sondern diese Einblendung weist an den Schrifträndern auch sichtbar die Spuren von Nähten auf und der Schriftzug löst sich wie ein alter Aufnäher (Patch) von seinem unsichtbaren Untergrund ab. Verstärkt wird dies, zweitens, zu Beginn des ersten und zweiten Chorus (Ch/St, Ch'/St'): Dort ist das von Romano auch lautlich realisierte Wort »Meisterwerk« auf einem schwarzen Hintergrund zu sehen (St2). Dem geht in St unmittelbar voraus, dass Romano seine Jacke öffnet (St1) und damit das Wort entblößt, in St' wiederum verschließt Romano seine Jacke über der Einblendung, sodass er das Wort also stofflich verdeckt (St3). Durch dieses Öffnen und Schließen wird deutlich, dass der schwarze Hintergrund Romanos T-Shirt darstellt; die Einblendung ist auf dieser Stoffgrundlage platziert. Die Schrifteinblendung wird somit durch erneutes Information Linking zu etwas Stofflichem und dem Teil eines Kleidungsstücks.

Dieser im Video$_M$ realisierte Transfer (weiße Pfeile in Abb. 2) ist weitergehend dadurch hervorgehoben, dass er durch Transfer-Abschnitte der anderen Modalitäten unmittelbar vorbereitet wird (schwarze Pfeile in Abb. 2). Dabei handelt es um den Prechorus (P, P'), der eine Verbindung zwischen Metal und Hip-Hop herstellt, sowie um die Teile C und C', die eine Überleitung zwischen dem Beat$_M$ der Strophe und dem Chorus realisieren. Transfergesten aller drei im Musikvideo vereinten Modalitäten gipfeln somit in der Verstofflichung von Schrift und Schriftbildlichkeit. Somit wird erst durch die Verbindung von Rap-Text$_M$ und Video$_M$ herausgestellt, dass die listenhafte Aufzählung im Rap-Text$_M$ nicht allein auf Akteure und Elemente des Metals verweist, sondern auf visuell aufwändig gestaltete Patches.

Im Video$_M$ wird die Modellierung dieses metalspezifischen Wissens um die Metalkutte während und auch noch nach dem hallenden Outro (F) und damit nach dem Ende des lautlich realisierten Rap-Textes zu einem Fazit geführt: Romano hält mit ausgestreckten Armen eine Jeansweste in die Kamera (St5), auf die zahlreiche Patches genäht sind. Die Zeigegeste lässt sich an dieser Stelle ganz im Sinne des vorausgegangenen Chorus verstehen: »CHECK ma meine pAtches«. Entsprechend zeigt das Video$_M$ Romano mit seinem selbst gestalteten Kleidungsstück: »ICH und meine kUtte«.

4. FAZIT

Wenn es bei einem Rap-Track als Primärtext der Hip-Hop-Subkultur vornehmlich darum geht, »innerhalb eines formalen Rahmens (Beatstruktur, Reimzwang) das verfügbare soziolinguistische Repertoire kreativ einzusetzen« (Androutsopoulos 2003b: 131), dann ist *Metalkutte* offenkundig kein typischer Vertreter des Raps. Statt das eigene subkulturelle Wissen zu reproduzieren und neu zu arrangieren, verweisen Rap-Text$_M$ und Video$_M$ auf die Metal-Subkultur. Der Rap-Text$_M$ stellt nicht nur die subkulturellen Praktiken dar, in welche eine Metalkutte eingebunden ist, und charakterisiert sie dabei als autobiographischen Text, sondern führt auch listenhaft zahlreiche musikalische Akteure und Tropen auf.

Wie die Analyse gezeigt hat, geht das Video$_M$ über diese Modellierung des metaltypischen Wissens hinaus, indem es der Liste der offenkundig metaltypischen Elemente eine visuelle, d.h. schriftbildliche Dimension zuweist und damit eine im wahrsten Sinne des Wortes stoffliche Objektivierung vollzieht. Es ergänzt den Rap-Text$_M$ um die darin ausgesparten metalspezifischen visuellen Modes und Codes, die für das subkulturelle Verständnis einer Metalkutte von Bedeutung sind.

Das Video_M leistet daher im Fall von *Metalkutte* weit mehr als die Illustration eines Musikstücks und stellt ein zentrales Element der multimodalen Modellierung subkulturellen Wissens in diesem Track dar.

LITERATUR

Androutsopoulos, Jannis (2003a): »Einleitung«, in: Jannis Androutsopoulos (Hg.), HipHop. Globale Kultur – lokale Praktiken, Bielefeld: transcript, S. 9-23.

Androutsopoulos, Jannis (2003b): »HipHop und Sprache: Vertikale Intertextualität und die drei Sphären der Popkultur«, in: Jannis Androutsopoulos (Hg.), HipHop. Globale Kultur – lokale Praktiken, Bielefeld: transcript, S. 111-136.

Androutsopoulos, Jannis (2004): »Typography as a resource of media style: cases from music youth culture«, in: Klimis Mastoridis (Hg.), Proceedings of the 1st international Conference on Typography and Visual Communication, Thessaloniki: University of Macedonia press, S. 381-392.

Deppermann, Arnulf/Feilke, Helmuth/Linke, Angelika (2016): »Sprachliche und kommunikative Praktiken: Eine Annäherung aus linguistischer Sicht«, in: Arnulf Deppermann/Helmuth Feilke/Angelika Linke (Hg.), Sprachliche und kommunikative Praktiken, Berlin: de Gruyter, S. 1-23.

Eckel, Julia (2011): »Kutte & Co. Zur textilen SchriftBildlichkeit des Heavy Metals«, in: Rolf F. Nohr/Herbert Schwaab (Hg.), Metal Matters. Heavy Metal als Kultur und Welt, Münster: LIT, S. 55-70.

Gruber, Johannes (2017): Performative Lyrik und lyrische Performance. Profilbildung im deutschen Rap, transcript: Bielefeld.

Güler Saied, Ayla (2012): Rap in Deutschland. Musik als Interaktionsmedium zwischen Partykultur und urbanen Anerkennungskämpfen, Bielefeld: transcript.

Krämer, Sybille (2003): »›Schriftbildlichkeit‹ oder: Über eine (fast) vergessene Dimension der Schrift«, in: Sybille Krämer/Horst Bredekamp (Hg.), Bild, Schrift, Zahl, München: Fink, S. 157-176.

Kessler, Sebastian (2015): Metal-Rapper Romano im Interview zu ›Metalkutte‹. https://www.metal-hammer.de/metal-rapper-romano-im-interview-zu-metal kutte-425739/ vom 30.09.2019.

Kress, Gunther (2010): Multimodality. A Social Semiotic Approach to Contemporary Communication, London: Routledge.

Leeuwen, Theo van (2005): Introducing Social Semiotics, London: Taylor & Francis.

Leichsenring, Jan (2011): »›Wir fordern das Unmögliche.‹ Zur Formulierung und Funktion anti-moderner Topoi in einigen Metal-Subgenres«, in: Rolf F. Nohr/Herbert Schwaab (Hg.), Metal Matters. Heavy Metal als Kultur und Welt, Münster: LIT, S. 291-306.

Metten, Thomas (2011): »Schrift-Bilder. Über Graffiti und andere Erscheinungsformen der Schriftbildlichkeit«, in: Hajo Diekmannshenke/Michael Klemm/ Hartmut Stöckl (Hg.), Bildlinguistik. Theorien – Methoden – Fallbeispiele, Berlin: Schmidt, S. 73-93.

Romano (2015): Metalkutte. https://www.youtube.com/watch?v=xTlfuIP6cc4 vom 30.09.2019.

Selting, Margret et al. (2009): »Gesprächsanalytisches Transkriptionssystem 2 (GAT 2)«, in: Gesprächsforschung – Online-Zeitschrift zur verbalen Interaktion 10. http://www.gespraechsforschung-ozs.de/heft2009/px-gat2.pdf vom 30.09.2019.

Wolbring, Fabian (2015): Die Poetik des deutschsprachigen Rap, Göttingen: V&R.

Zaddach, Wolf-Georg (2014): »›30 Jahre Ride The Lightning: So klingt unsere Tribute-CD‹. Zur diskursiven Praxis des Erinnerns in der Kulturwelt Heavy und Extreme Metal«, in: Lied und populäre Kultur/Song and Popular Culture 59, S. 227-241.

C'mon das geht auch klüger (2015)
Ebenen der Intertextualität bei Fatoni

Tamara Bodden

Fatonis *C'mon das geht auch klüger* wird in diesem Beitrag als Textbeispiel für die vielschichtige intertextuelle Vernetzung im Rap herangezogen, da schon der Titel ein Zitat darstellt und die Intertextualität häufig Fatonis Texte in besonderer Weise prägt. Das offensichtliche Verweisgefüge des Songs kurz zusammengefasst: In Fatonis 2015 erschienener Single *C'mon das geht auch klüger* wird der Rapper Ahzumjot gesampelt, der im Titel des Songs zitierte Tonausschnitt stammt aus dem *splash! Mag Video-Jahresrückblick* aus dem Jahr 2013. In diesem Format nehmen verschiedene Rapper_innen Stellung zu ihnen vorgespielten Musikvideos anderer Künstler_innen aus dem zurückliegenden Jahr. Dort kommentiert Ahzumjot die sehr plakativen Anspielungen im Song *Dicke Hipster* (2013) von Fatoni, welcher unter anderem Seitenhiebe auf Cro enthält, wie folgt:

»Hmm, is leider nix, Fatoni. [...] Dafür, dass der eigentlich so kluge Sachen macht und so geile Texte auch schreibt und das so richtig einen catcht, also zumindest mich so, find ich das schon 'n bisschen schwach. [...] Ach, c'mon das geht auch klüger. Jetzt mal im Ernst. Oder nicht?« (Splashmag 2013: 47:38-48:32)

Im Folgenden wird gezeigt, dass der Song in seiner Intertextualität gleich auf zahlreichen unterschiedlichen kodalen Ebenen arbeitet, mit Lyrics, Geräuschen und visuell durch das Musikvideo. Dabei werden außerdem unterschiedliche Ebenen der Intertextualität bedient, über Einzeltextreferenzen in Form von Zitaten bis zum Spiel mit genrespezifischen Textsortenmustern. Denn im Song wird die Kritik an Fatoni – das titelgebende Sample »C'mon das geht auch klüger« – vom Künstler auch auf strukturelle und erzählerische Muster des Raps übertragen und diese Muster werden beispielsweise in Form von gängigen Motiven reproduziert und parodiert. Fatonis selbstironische Seitenhiebe auf die Rapszene und sein Brechen mit gängigen Erzählmustern können erst aus einem textuellen Verständnis von Rap und dessen Merkmalen entstehen. Zur Untersuchung der These werden im Kapitel 1. Intertextualität im Rap ein Exkurs zu den Merkmalen von Intertextualität und genretypischen Mustern im Rap unternommen, definitorische Fragen geklärt und ein Abriss zum Forschungsstand gegeben. Auf dieser Basis folgt eine Analyse des Texts auf Ebenen der intertextuellen Referenzen.

1. INTERTEXTUALITÄT IM RAP

In der Betrachtung von Intertextualität im Rap spielt insbesondere das Sample, eine musikalische Anleihe von Soundschnipseln, eine Rolle. Die Rap-Forschung schreibt dem Sampling im amerikanischen Rap ein subversives Potenzial zu: »Sampling is a way of appropriating this property, of subverting the proprietary status of sound [...], rap music offers its critique of the ownership of sound.« (Schumacher 1995: 265) Durch das Sampling wird demnach »die Idee eines autonomen Werkes, das ausschließlich einem Künstlergenie entspringt, implizit kritisiert und unterminiert.« (Pelleter/Lepa 2007: 208) Schon die musikalische Tradition ergibt also den Hintergrund für die heutige starke intertextuelle und diskursive Identität des Raps. Diese Tradition wurde schon zur Genüge, beispielsweise bei Menrath (2001: 52-62) oder Mikos (2003), beschrieben. Hier geht die Analyse orientiert an linguistischen und literaturwissenschaftlichen Ansätzen um Intertextualität über das Sampling hinaus.

»Intertextualität [ist ein] Oberbegriff für jene Verfahren eines mehr oder weniger bewußten und im Text selbst auch in irgendeiner Weise konkret greifbaren Bezugs auf einzelne Prätexte, Gruppen von Prätexten oder diesen zugrundeliegenden Codes und Sinnsystemen« (Pfister 1985: 15).

Intertextualität kann in Form von Zitaten, also einer wörtlichen Übernahme, Anspielungen, z.B. durch eine Prätextfolie, oder in Form eines Plagiats realisiert sein (vgl. ebd.: 17). Darüber hinaus gibt es aber ebenfalls ein weniger intendiertes Verweisgefüge auf vorangehende Texte eines Genres. »Intertextualität ist, ganz allgemein, für die Entwicklung von TEXTSORTEN als Klassen von Texten mit typischen Mustern von Eigenschaften verantwortlich.« (Beaugrande/Dressler 1981: 13) Ein Raptext wird also als solcher erkennbar und unterscheidet sich beispielsweise von anderen Genres nicht nur auf der musikalischen Ebene und durch den Flow des Sprechgesangs, sondern auch in seiner typischen Motivik und bestimmten sprachlichen Mitteln, die immer wieder auf der Textebene reproduziert werden. Damit sind also alle Texte einer bestimmten Textsorte in einem intertextuellen Verhältnis zu ihren Vorgängertexten. Im Track *C'mon das geht auch klüger* von Fatoni treffen die verschiedenen Formen von Intertextualität, über direkte, erkennbare Zitate und das Spiel mit strukturellen Mustern zusammen. Deswegen werden diese typischen motivischen und sprachlichen Muster des Raps im Folgenden kurz vorgestellt.

Androutsopoulos und Scholz (2002) vergleichen europäische Raptexte unterschiedlicher Sprachen mit Merkmalen, die in der Forschungsliteratur für den amerikanischen Rap erarbeitet wurden. Sie setzen sich mit dem soziokulturellen Produktions- und Rezeptionsrahmen und – auf der Songebene – mit Mustern des Rapdiskurses und linguistischen Auffälligkeiten auseinander. Einige dieser Merkmale werden kurz zusammengefasst:

- **Songthemen:** Selbstdarstellung, Szenediskurs, Sozialkritik, Nachdenklichkeit, Liebe/Sex, Party/Fun, Drogen und andere (vgl. ebd.: 9-13). Dabei treten die Themen Selbstdarstellung und Sozialkritik am häufigsten in europäischen Raptexten auf (vgl. ebd.: 13).
- **Sprechhandlungen:** selbstreferenzielles Sprechen, Adressatenbezug, Boasting, Dissing und Represente, sowie Ort/Zeit-Referenzen und die Nennung des eigenen Künstlernamens oder die Namen von Mitgliedern der Crew (Identifikation) (vgl. ebd.: 14-20).
- **Rap-Rhetorik:** »gattungstypische Textgestaltungsmittel semantischer wie formaler Natur« (Androutsopoulos 2003: 116), wozu u.a. Tropen, Vergleiche, Akronyme, Buchstabieren und Homonymie/Homophonie-Spiele gezählt werden (vgl. Androutsopoulos/Scholz 2002: 23). Ein weiteres typisches Merkmal stellen umgangssprachliche Einflüsse und fremdsprachliche Anleihen dar, »including regional dialects, social dialects, English elements and segments of various other foreign languages« (ebd.: 22).

Die Textsorte Rap zeichnet sich besonders dadurch aus, dass der Text in einem plurimedialen Vermittlungskontext stattfindet, neben dem auditiven Hören von Songs und der audiovisuellen Rezeption von Musikvideos ist das Lesen von Raplyrics eine weitere Möglichkeit der Rezeption. Gerahmt werden veröffentlichte EPs und LPs durch Paratexte, die am physischen Gegenstand der Platte oder CD zu finden sind (vgl. Ullmaier 1999), und weiter gefasst durch begleitende Texte im Netz, in Musik-Streamingdiensten u.Ä. Dies muss in der Betrachtung von Intertextualität bei einem erweiterten Textbegriff[1] mitbeachtet werden. Text, Musik, Geräusche und das Musikvideo stellen unterschiedliche kodale Ebenen bereit, die intertextuelle und intermediale Verweise tragen können: »Die Texturen des Rap [...] betten sich in eine weit ausgreifende Diskurspraktik ein, die wesentlich intermedial formiert ist.« (Oster 2007: 44) Alleine das multimodale Zusammenspiel dieser Ebenen lässt sich bereits in einer intertextuellen Tradition des Genres Rap beschreiben.

2. EINZELTEXTANALYSE

Die oben beschriebenen Beiträge zum Sampling beziehen sich häufig insbesondere auf musikalische Zitate und Anspielungen. In Anlehnung an Menrath (2001: 61) wird dieses Phänomen hier als »Intermusikalität« bezeichnet. Im Rap haben diese Verweise im Kontext des Dissings aber eine besondere Funktion im Gegensatz zu anderen Musikgenres. »Das Sampeln eines mit einer bestimmten Gruppe assoziierten Riffs kann [...] als Grundlage für eine Attacke gegen diese verwendet werden.« (Rauscher 1997: 89) Rauscher fügt aber an, dass Dissing primär auf einer textlichen Ebene ausgeübt wird. Auch in *Dicke Hipster* findet sich eine Kombination aus Musik und Textreferenzen als Angriff auf einen bestimmten Rapstil und einzelne Künstler. Der Flow des Songs erinnert stark an Tracks von Cro. Dieser Pop-nahe ›Mainstream‹-Hip-Hop wird nicht direkt kritisiert, sondern parodiert durch eine Nachahmung des musikalischen Stils mit einem ironischen Text. Offenbar scheint Cro aber kein geeigneter Mitspieler dieses rapspezifischen Sprachspiels zu sein, so kommentiert Rapper Marteria: »Cro zu parodieren, ist so, wie Blumentopf zu dissen. Das ist einfach scheiße.« (Splashmag 2013: 50:35-50:40)

Die Intertextualität von Geräuschen ist mit herkömmlichen Intertextualitätsbegriffen nur schwer zu beschreiben, dennoch können diese ebenfalls eine Zitatfunktion übernehmen. »Durch gesampelte Hintergrundgeräusche, eingefügte Dialoge und andere Inserts erhält die dichte Musik einen stark visuellen Charakter. Diese filmische Qualität wird bei vielen Rappern zum Stilprinzip.« (Rauscher 1997: 90) D.h., dass Geräusche gleichzeitig eine bildliche Ebene assoziieren lassen, ein Schussgeräusch invoziert beispielsweise das Konzept einer Schusswaffe. Geräusche erzeugen nach Rauscher im Rap einen »gesteigerte[n] Authentizitätsgehalt« (ebd.: 91) und eine Betonung der Street Credibility, »[d]enn erst in den

---

1 Vgl. dazu auch die Beiträge von Sina Lautenschläger und Felix Woitkowski in diesem Band.

spezifischen sozialen und kulturellen Kontexten, in denen HipHop angeeignet wird, macht Authentizität Sinn« (Mikos 2003: 79). In *C'mon das geht auch klüger* wird dem Stilprinzips im Song folgend mit Explosions- und Waffengeräuschen als Samples gearbeitet, welche der Bildebene des Videos entsprechen und ironisch auf tradierte Muster einer Selbstinszenierung von Rapper_innen in einer kriminellen Szene verweisen.[2] Ähnlich können im Song auch die Adlibs wie brrr, sheesh, aha, yo, yeah oder swag durch MCs im Hintergrund gedeutet werden. Es liegt damit ebenfalls ein Anknüpfen an gängige Songmuster im Rap vor. Während Adlibs oftmals die Funktion zukommt, ein Erkennungsmerkmal für eine_n bestimmte_n MC und spezifischen Style zu sein, entfalten sie im Song durch ihre Häufigkeit ebenfalls eine parodistische Wirkung. Die gleiche Brechung gilt für das stark herunter gepitchte Lachen am Ende des Songs, was an das Genre des Gruselfilms erinnert.

Auf der auditiven Ebene treten für die Rezipienten insbesondere die Lyrics als intertextuelle Verweise hervor. Schon der Einstieg in *C'mon das geht auch klüger* sampelt Ahzumjot mit »is leider nix, Fatoni« und das titelgebende Sample im Song ist Indikator für eine diskursive Vernetzung unterschiedlichster Textsorten – Raptexte, Musikvideos und deren Kritiken. Selbstreflexiv wird der Kommentar zu *Dicke Hipster* von Fatoni im Track verhandelt, wenn es heißt:

»Ich würd' gern behaupten Ahzumjot labert Schrott
Doch ich sag mal so, ich hab ein' Kopf, aber der sagt sehr oft: ›Ich hab' kein Bock‹
Ich würd' gern sagen, C'mon da steh ich drüber
Doch er hat schon einen Punkt, wenn er sagt: C'mon das geht auch klüger«

Das Zitat mit seiner hohen Markiertheit[3] durch die tonale Einbindung eines Sprachsampels erzeugt »Kommunikativität« (Pfister 1985: 27), also ein bewusstes Offenlegen des Zitats im Kommunikationsprozess. Dieses Erkennen des Prätexts und seines Kontextes ist entscheidend, denn das Sample dient nicht bloß zur intertextuellen Ausschmückung, die weitere Deutungsmöglichkeiten hervorruft, sondern bildet die Basis des gesamten Songs. Fatoni nimmt die Kritik an, verfremdet das Zitat in einer Reihe von Quasi-Minimalpaaren, also »sogenannte ›Phonoid-Kontraste‹ zwischen mehr als einem Phonem bzw. Graphem« (Androutsopoulos 1997: 360) zu »C'mon da steh ich drüber«, und setzt sich auf motivischer

---

2   Zur Wirkung von Geräuschen im Rap vgl. den Artikel von Jonas Sowa in diesem Band.
3   Während bei geschriebenen Texten visuelle Intertextualitätsmarker (vgl. Broich 1985: 31-47) wie Anführungszeichen oder typografische Mittel die Intertextualität leichter erkennbar machen, kann auf auditiver Ebene lediglich ein stilistischer Kontrast oder der fremde Klang eines Sprachsamples ein Hinweis auf Intertextualität sein.

Ebene selbstironisch mit den Mustern gängiger und ›einfacher‹ Raptexterzählschemata auseinander. Diese Möglichkeiten der intertextuellen Vernetzung im Song werden im Folgenden genauer betrachtet.

Eine Anspielung kann intertextuell auf einen anderen Text, Diskurs oder z.b. einen Künstler oder eine Künstlerin verweisen, ohne direkt Prätextmaterial zu verwenden. Dies geschieht im Rap sehr häufig in Form von Namensnennungen (Identifikation), ob negativ im Dissing oder positiv, indem andere Rapper z.b. in den Paratexten dankend genannt werden. Dies ist nicht nur ein Verweis auf die lebensweltliche Künstlerperson, sondern auch auf ihr gesamtes künstlerisches Œuvre und die zugehörigen Texte. So wird z.b. im Track *Dicke Hipster* Dexter genannt, der den Beat beisteuerte, Cro und Casper werden indirekt als »Hipster-Rapper« und Big Pun (Big Punisher) und Biggie (The Notorious B.I.G.) dagegen als »fette Rapper« in der Doppelbedeutung eines schwereren Gewichts und eines großen künstlerischen Könnens charakterisiert. Features kommen im Hip-Hop ebenfalls häufig vor. »[D]urch die Gast-Auftritte von Rap-Stars auf den Platten ihrer Kollegen […] entsteht eine Art selbstreferentielles und selbstreflexives Universum des HipHop.« (Mikos 2003: 73) Im hier behandelten Song tritt beispielsweise Juse Ju kurz im Musikvideo auf, singt aber nicht im Song mit.

Es ergibt sich eine starke Vernetzung im Rap, in dem Zuhörende die Verweisstrukturen zunächst erkennen müssen. Genau dies geschieht in *C'mon das geht auch klüger*, wenn das Fitnessprogramm des Rappers Kollegah genannt wird (»dann mach ich halt Kollegahs Bosstransformation«), zu dem es auf Kollegahs Fitness-Website heißt:

»Mit eiserner Disziplin und einem geplanten Vorgehen nach neuestem wissenschaftlichen Stand ist es FÜR JEDEN, egal ob Schwabbel, Fettsack, Durchschnittstyp oder abgemagerter Spargeltarzan, absolut möglich, innerhalb von nur 12 Wochen die stahlharte Optik eines durchtrainierten 300-Kriegers zu erreichen.« (Kollegah o.J.)

Die Namensnennung hat hier die Funktion, auf ein Körperbild zu verweisen, was Teil der Selbstinszenierung bestimmter Rapper ist und sich häufig auch auf textlicher Ebene wiederfindet. Z.B. in Kollegahs Track *Bossaura* (2011), in dem es heißt: »Bring' den Trizeps in Form, den Bizeps in Form / Und definier' den Körper wie'n Anatomielexikon«. Dieses Körperideal wird von Fatoni thematisiert, aber mit dem Endvers gebrochen: »Mann, was bin ich für ein Hurensohn / Jetzt hab ich über 20 Kilo zugenomm'«. Thematisch lässt sich mit diesen Zeilen neben *Dicke Hipster* an einige weitere Texte Fatonis anknüpfen, die ein männliches Körperbild diskutieren. Dieses Beispiel beschreibt das übergeordnete Stilprinzip im Song: Es wird in jedem Abschnitt ein vermeintlich typisches Motiv aus Raptexten aufgegriffen, zum Ende hin aber jeweils ironisch gebrochen, hinzukommt eine Markierung durch den tonalen Abwärtslauf, der die humoristische Qualität des Textes doppelt. Ganz nach dem Motto »C'mon das geht auch klüger« wird einerseits der teilweise eingeschränkte Erzählfundus im Rap im Allgemeinen kritisiert, andererseits beschäftigt sich Fatoni selbstreflexiv mit den eigenen Texten, die letztendlich manchmal eben nur auf einen halbguten Pun (Paranomasie) hinauslaufen. Dies lässt sich als intertextuelles Spiel mit Textsortenwissen auf der Ebene einer Systemreferenz beschreiben.

Im Song lassen sich zahlreiche typische Merkmale von Raptexten, die Androutsopoulos und Scholz erarbeiteten, auf der Themenebene und im sprachlichen Repertoire identifizieren. Die oben beschriebene, erste Strophe thematisiert zunächst das Motiv eines Körperideals im Rap, was zu dem Schlüsselbegriff Selbstdarstellung gezählt werden kann. In der zweiten Strophe wird ebenfalls das Motiv der Selbstdarstellung im Zusammenhang mit dem für den Rap spezifischen Sprachspiel des Boastings mit Phrasen wie »alle feige außer uns« aufgegriffen.

Im Gegensatz zum für den Rap typischeren »Zuschlagen« bildet popkulturell das Stechen eines Tattoos eine motivische Vorlage einer »Mutprobe« und hier wird erneut das Körperbild eines Sixpacks in seiner begrifflichen Polysemie persifliert. Es folgt das Motiv Kriminalität aus den Feldern Sozialkritik und Selbstdarstellung, frametypisch wird dieser Begriff neben der textlichen Erläuterung des fehlgeschlagenen Banküberfalls auf visueller und auditiver Ebene mit Pistolen, Schussgeräuschen u.Ä. evoziert. Zuletzt werden zum Themenfeld Sex genretypische Erwartungen thematisiert:

»Ich schrieb diesen Song und dachte, boah, das ist ein Hit
Doch für 'nen echten Hit brauch' ich noch eine Story mit 'ner Bitch
So witzig und versaut, denn ich weiß ganz genau
Für die Massen braucht man immer 'ne Geschichte mit 'ner Frau«

Hier wird die letzte Zeile durch eine verfremdete, leicht prollig anmutende Aussprache besonders hervorgehoben und damit der Ton der ›fordernden Massen‹ karikiert. Da bereits die vorangehenden Strophen das Muster der Brechung etablieren, wird dieser letzte Erzählstrang nicht einmal mehr auserzählt und offen als Klischee benannt: »Doch kam ich nur auf ein Klischee: irgendwas mit 'nem Transvestit«. Schon das Konzept ›Klischee‹ ist stark verbunden mit intertextuellen Deutungsgewohnheiten, denn nur was sich häufig textuell (auch mündlich) belegen lässt, kann als Klischee gelten. Selbstreferenzialität, das häufige Beschreiben des eigenen Schreib- und Rap-Prozesses gehört nach Androutsopoulos und Scholz

(2002: 15) zu genretypischen Mustern und lässt sich mit der Textzeile »Ich schrieb diesen Song [...]« belegen.

Im Feld der Rap-Rhetorik wird ebenfalls mit bekannten Mustern gearbeitet. Beispielsweise durch die Interjektion »boah«, als typische Umgangssprachlichkeit im Rap. Darüber hinaus lassen sich englische Ausdrücke als »slang items« (Androutsopoulos/Scholz 2002: 26) wie »Bitch« zum gängigen Wortschatz der Rap-Rhetorik zählen und können bei Fatoni stets nur mit der ironischen Brechung einer Reproduktion von Textmustern verstanden werden. Ähnlich verhält es sich mit dem Begriff »Hurensohn«: Hier erfolgt eine Brechung, indem das Wort nicht zur Fremd-, sondern zur Selbstattribuierung verwendet wird, wenn es im Text heißt: »Mann, was bin ich für Hurensohn«. Die Sprechhandlung des Dissings wird also verkehrt und auf den Sänger selbst angewendet, wenn es z.B. in der Hook heißt »Fatoni am Mikrofon, ich bin ein Idiot / Der dumme Mann von nebenan, der doofe Kerl von gegenüber«, hier fällt übrigens die typische Eigennennung des Künstlernamens kombiniert mit einer Verbalisierung des Rappens als Prozess auf. Der Künstlername findet sich aber auch im Video immer wieder visuell dargestellt, ob als glitzernde Goldkette, als Tag auf einer Mauer oder im Stil des *Sopranos*-Covers.

Intertextuelle Anspielungen finden sich nämlich ebenfalls in den intermedialen Referenzen des Musikvideos, das nur kurz beschrieben wird. Im Musikvideo wird die bereits im Text nachgewiesene Brechung mit gängigen Erzählmustern und Motiven gedoppelt mit einem wahren Feuerwerk an ikonischen Bildern, darunter Statussymbole wie Geldscheine, Villen, Autos, Champagnerflaschen und Diamanten (Selbstdarstellung) oder Verweise auf die Motive Kriminalität und Gewalt durch Pistolen, Polizeilichter, Panzer und brennende Tonnen. Es finden sich daran anknüpfend popkulturelle Referenzen sowohl auf die TV-Serie *The Sopranos* (1999-2007), wie sehr häufig bei Fatoni, als auch auf bekannte Memes. Miley Cyrus schaukelt auf ihrem »Wrecking Ball« durchs Bild und lustlos twerkende Frauen stehen für eine Reproduktion der Geschlechterbilder im Rap. Selbst auf der Ebene des Kostüms, der Gestik und der Mimik spielt der ausgebildete Schauspieler Fatoni mit einer klischeehaften Inszenierung z.B. durch eine heruntergezogene Kappe und gesenkte Mundwinkel, fette Goldketten und eine parodistische Rap-Gestik.

Somit liegt eine starke Kohäsion zwischen der Text- und der visuellen Ebene des Videos vor. Das Musikvideo setzt unterschiedlichen Szenen und Settings illustrativ als semantisch basierte »Superstrukturen« ein (Vieregg 2008: 55, 61), die eine gliedernde Funktion übernehmen. D.h., auf der Textebene werden beispielsweise Themenfelder wie Kriminalität, Sex und Selbstdarstellung behandelt und das Video wechselt entsprechend der Strophen und Refrains analog zwischen verschiedenen Settings einer Villa (Selbstdarstellung) oder einer Skyline mit Blaulicht, brennende Tonnen und Waffen (Kriminalität) und invoziert dieselben Motive in einer Vielzahl von Bildelementen im Video.

Ein Beispiel ist die Textzeile »hahaha, schieß mich tot«, die gegen Ende des Songs auf der visuellen Ebene schauspielerisch durch ein Lachen und Schießen von Fatoni gedoppelt wird. Außerdem entsteht ein Spannungsverhältnis von Post- und Prätext durch das Verfremden des Titelzitats in der auditiven und visuellen Relation. Während wir den Originalton von Ahzumjot hören, sprechen im Musikvideo Rapkollege Juse Ju und zwei Tänzerinnen den Text lautlos mit, sodass die Kritik wie geteilt und verallgemeinert wirkt.

3. FAZIT

An *C'mon das geht auch klüger* von Fatoni wurde gezeigt, wie vielschichtig intertextuelle Verweise im Rap sein können. Diese finden sich klar erkennbar auf der auditiven Ebene in Samples, welche in der Musik in Form von Intermusikalität bestätigend oder ablehnend zu anderen Künstler_innen Stellung nehmen, auf lebensweltliche Diskurse und Geräusche verweisen, die zur Authentizitätssteigerung dienen, und nicht zuletzt auf der textlichen Ebene in direkten Zitaten, Anspielungen oder Motiven. Die visuelle Ebene der Musikvideos bildet einen zusätzlichen intermedialen Verweis. Bei Fatoni greifen diese drei Ebenen (Text, Musik, Video) stark ineinander, doppeln die Motive und helfen so dabei, seine Verweise auf Raptextmuster als parodistische Reproduktion zu erkennen.

Dennoch müssen Rezipient_innen zunächst diese Verweisstrukturen und Deutungsebenen erkennen, um Rap erfolgreich rezipieren zu können. Rapper_innen müssen ebenfalls Textsortenwissen aufrufen, um sich mit ihren eigenen Songs erfolgreich im Genre zu verordnen. Genau dies passiert häufig in Fatonis Texten, für das Brechen werden Muster aber indirekt bedient und damit verfestigt. An weiteren Texten in diesem Sammelband[4] wird deutlich: Eine nahe Textanalyse greift häufig auf die Intertextualität als Beschreibungsmittel zurück. Im Rap scheint aber nicht nur die Einzelreferenzsuche, sondern auch der Blick auf Prätextmuster in der Ebene einer Textsorten- und Systemreferenz ergiebig.

---

4   Z.B. steht auch *Vorurteile Part III* im Artikel von Fernand Hörner (in diesem Band) in einer Verweisstruktur zu den Prätexten von Fatoni und anderen Künstlern und auch Matthias Otts Beschreibung von Männlichkeitsbildern bei Juse Ju (in diesem Band) geschieht mit Blick auf die prätextuelle Folie von Herbert Grönemeyer.

LITERATUR

Androutsopoulos, Jannis (1997): »Intertextualität in jugendkulturellen Textsorten«, in: Josef Klein/Ulla Fix (Hg.), Textbeziehungen. Linguistische und literaturwissenschaftliche Beiträge zur Intertextualität, Tübingen: Stauffenburg, S. 339-372.

Androutsopoulos, Jannis (2003): »HipHop und Sprache: Vertikale Intertextualität und die drei Sphären der Popkultur«, in: Jannis Androutsopoulos (Hg.), Hip-Hop. Globale Kultur – lokale Praktiken. Bielefeld: transcript, S. 111-138.

Androutsopoulos, Jannis/Scholz, Arno (2002): »On the recontextualization of hip-hop in European speech communities: a contrastive analysis of rap lyrics«, in: Philologie im Netz 19 (2002). http://www.fu-berlin.de/phin/phin19/p19t1.htm vom 30.09.2019.

Beaugrande, Robert-Alain de/Dressler, Wolfgang U. (1981): Einführung in die Textlinguistik, Tübingen: Niemeyer.

Kollegah (o.J.): Bosstransformation. http://www.boss-transformation.de/ vom 30.09.2019.

Menrath, Stefanie (2001): Represent what ... Performativität von Identitäten im HipHop, Hamburg: Argument.

Mikos, Lothar (2003): »›Interpolation and sampling‹: Kulturelles Gedächtnis und Intertextualität im HipHop«, in: Jannis Androutsopoulos (Hg.), HipHop. Globale Kultur – lokale Praktiken, Bielefeld: transcript, S. 64-85.

Oster, Angela L. (2007): »Sich selbst sprechende Sprachen: die intermediale Palimpsest-Poetologie des Hip-Hop«, in: Susanne Stemmler/Timo Skrandies (Hg.), Hip-Hop und Rap in romanischen Sprachwelten. Stationen einer globalen Musikkultur, Frankfurt a.M.: Lang, S. 33-52.

Pelleter, Malte/Lepa, Steffen (2007): »›Sampling‹ als kulturelle Praxis des Hip-Hop«, in: Karin Bock/Stefan Meier/Gunter Süss (Hg.), HipHop meets Academia. Globale Spuren eines lokalen Kulturphänomens, Bielefeld: transcript, S. 199-215.

Pfister, Manfred/Broich, Ulrich (1985): Intertextualität. Formen, Funktionen, anglistische Fallstudien, Tübingen: Niemeyer.

Rauscher, Andreas (1997): »›Dropping da bomp‹. Die Rolle des Sampling im Hip-Hop«, in: testcard. beiträge zur popgeschichte 4, S. 88-93.

Schumacher, Thomas G. (1995): »›This is a sampling sport‹: Digital Sampling, Rap Music and the Law in cultural Production«, in: Media Culture & Society 17, S. 253-273.

Splashmag (2013): Jahresrückblick. https://splash-mag.de/splash-mag-tv/der-grosse-splash-mag-video-jahresrueckblick-2013/ vom 30.09.2019.

Ullmaier, Johannes (1999): »Paratexte im Pop«, in: testcard. Beiträge zur Popgeschichte 7, S. 54-93.

Vieregg, Sebastian (2008): Die Ästhetik des Musikvideos und seine ökonomische Funktion. Ein Medium zwischen Kunst und Kommerzialität, Saarbrücken: VDM.

Kultur | Diskurs | Gesellschaft

Samy Deluxe' *Adriano* (2018)

Eine Analyse von Rassismus(kritik)konstruktionen aus Perspektive der Grounded-Theory-Methodologie

Marc Dietrich

1. EINLEITUNG: EINZEL-SONG-ANALYSE UND BEZUGSPUNKTE

Im Jahr 2018 kann das Vorhaben, einen *einzelnen* Rap-Song analysieren zu wollen, in Verdacht geraten, einer anachronistischen Popkulturforschung anzuhängen – selbst wenn es sich um die populäre Neuauflage von *Adriano* (Brothers Keepers 2001) handelt. Skeptiker_innen können einwenden, dass zum Charakteristikum von Rap in der Gegenwart gehört, dass er in verschiedenen medialen Arenen produziert, promotet und rezipiert wird. Spätestens seit Integration von Social Media und Upload-Plattformen ist der einzelne Track permanent in einen Kosmos anderer Produkte (wie Behind-the-Scenes-Material, Musikvideo, Mini-Doku etc.) eingewoben. Dies führt – so ließe sich die Argumentation weiterspinnen – zu einer Dezentrierung, die den Song zu nur *einem* Teil eines Gesamtkunstwerks macht, das sich über YouTube, Instagram und weitere Medienarenen verteilt. Insofern stellt sich die Frage, ob die Untersuchung des Einzelsongs vor dem Hintergrund der gewandelten Mediensituation noch aufschlussreich ist. Insbesondere dann, wenn Forschungsmaterial vorliegt, das ›irgendwie zeitgemäßer‹ erscheint.

Stellenwert des Songs in der medialen Gegenwart

Selbst wenn der einzelne Song mittlerweile stark durch andere Medien(formate) gerahmt wird und er in verschiedenen Arenen stattfindet (was auch schon vor dem Internet der Fall war), ist es eine vorschnelle Annahme, dass dies seinen Status erodieren lässt. Es kann im Gegenteil soziologisch argumentiert werden, dass der

Song im Alltag der Rezipient_innen – und dies sind im Falle von Hip-Hop Teenager und »juvenile Erwachsene« (Hitzler/Niederbacher 2010: 196) – eher an Bedeutung zugenommen hat: So führt das Aufkommen von Smartphones, die Tracks sehr schnell anwählbar machen, dazu, dass sehr wahrscheinlich überall und mehr denn je Songs und Singles gehört werden. Das (laute) Hören mit Smartphone in der Gruppe an speziellen Orten (Schulen, Straßenecken, bei ›Küchen-Partys‹ usw.) kann als ebenso etablierte Kulturpraxis gelten. Hörangebote wie Playlists (bei Spotify, Itunes u.v.m.), die aus Einzelsongs kuratiert werden, greifen den durch die mobilen und internetfähigen Geräte möglich gewordenen Trend zum situativen oder lokalgebundenen Hören auf, wenn sie z.b. themenspezifisch verfasst sind (›Rap Workout‹, ›Kaffeehausmusik‹). Für den Bereich Rap kann man sogar erkennen, dass die hohe Streaming-Affinität der Hörer_innen und die enorme Zugkraft von Playlists wie Modus Mio (Spotify) manche Künstler_innen dazu motivieren, eine eher lose Abfolge von Songs zu releasen, anstatt zielgerichtet (wie früher) das Album anzustreben.

Songauswahl und Fragestellung
mithilfe der Grounded-Theory-Methodologie

Wenn der Einzelsong also anhaltend relevant ist, dann lässt sich fragen, welcher Song ausgewählt werden und wo eine soziologische Analyse ansetzen kann. Der Song *Adriano* (2018) von Samy Deluxe feat Torch, Afrob, Denyo, Xavier Naidoo und Megaloh kann einerseits deshalb ausgesucht werden, weil er mit ›Rassismus(kritik)‹ ein zentrales Thema des (Hip-Hop-)Jahres 2018 aufgreift und zur Diskussion bringt – dies zeigen (unten detaillierter dargestellte) Aushandlungen seitens des Publikums und der Medien. Ferner kann eine forschungsfragen- und methodenspezifische Auswahl im Vordergrund stehen wie dies im Rahmen des derzeit mit Günter Mey umgesetzten DFG-Projekts zu ›Musikvideos, Szenemedien und Social Media – zur Aushandlung von Rassismus im deutschsprachigen Hip-Hop‹[1] der Fall ist. So wurde *Adriano* (2018) durch ein für die Grounded-Theory-Methodologie (GTM) typisches Theoretical-Sampling-Verfahren erschlossen, das zunächst durch eine forschungsfragebezogene Sondierung aktueller und historischer Rapvideos orientiert war, sich dann aber durch erste Analyseergebnisse und Beratungen mit Experten auf eine (vorläufige) Auswahl verengte.

Die Songauswahl im digitalen Zeitalter kann noch durch die Rekonstruktion der Relevanz eines Songs weitergehend spezifiziert werden. Sie lässt sich durch

---

1 (DI 2462/1-1 und ME 4101/1-1). http://gepris.dfg.de/gepris/projekt/403605416 vom 30.09.2019.

die Beobachtbarkeit in verschiedenen medialen Arenen erschließen – besonders wie der Song von (Musik-)Medien oder dem Publikum bzw. den »ProsumentInnen« (Bruns 2009) rezipiert wurde. So ist die (rein) *quantitative Performance* eines Tracks online problemlos zu ermitteln: Chartplatzierungen und Klickzahlen als Indikatoren kommerziellen Erfolgs lassen sich bei einschlägigen Seiten und Portalen leicht nachvollziehen. Ebenso oder auch zusätzlich kann die *qualitative Performance* – d.h. die Art und Weise, wie ein Track von verschiedenen Akteur_innen auf der Rezeptionsebene aufgenommen und bewertet wird – interessieren. Die Daten sind dann in zweierlei Hinsicht interessant: erstens, bei der Kommentierung von *Musikmagazinen* als Instanzen der Vermittlung zwischen Künstler_innen und Publikum, zweitens, bezüglich *des Publikums/der Prosument_innen selbst*. In beiden Fällen können die Aushandlungen in Bezug auf implizite Konzepte, Wissensbestände und Orientierungen rekonstruiert werden.[2]

Ein vielversprechender Ansatzpunkt für eine soziologische Analyse von *Adriano* (2018) ist die Frage, wie Rassismus(kritik) im Song konstruiert wird und wie sich dabei die Rapper entwerfen. Um die ›Message‹[3] herauszuarbeiten, gilt es aus Perspektive der GTM den konzeptuellen Gehalt des Produkts zu ergründen. Dabei ist es ein Vorzug der GTM, die als etablierter Ansatz qualitativer Sozialforschung gilt (im Überblick: Mey/Mruck 2011), dass sie das ›Datum‹ (den Song) sehr ›ernst nimmt‹, indem sie seinen konzeptuellen Gehalt dezidiert datenverankert herauszuarbeiten erlaubt.[4]

---

2 Deshalb erscheint nicht nur die Songanalyse, sondern eben auch die mediale und publikumsseitige Aushandlung (auf Plattformen mit Kommentarfunktion) interessant. Wenngleich derzeit keine vollständige Rezeptionsanalyse der YouTube-Kommentare zum Song geleistet werden kann, so wirkt sich doch bereits die nachfolgende Miteinbeziehung der Rezeptionsebene bereichernd aus.

3 Nicht zu verwechseln ist der konzeptuelle Gehalt (hier der Griffigkeit halber als ›Message‹ umschrieben) mit der Art wie etwas beim Publikum aufgenommen wird oder Effekten in der Alltagspraxis der Rezipient_innen. Rezeptionen wie Interpretationen sind immer standortgebunden, z.T. sind Lesarten möglich, die als eigensinnig oder »pervers« (Winter 2006) gelten können. Es geht bei der Analyse also um die implizite Sinnstruktur, die das Produkt dem (aktiven) Rezipienten nahelegt.

4 Anzumerken ist, dass diese Analyse primär soziologisch danach fragt, welche Semantiken das popkulturelle Produkt konstruiert, weniger zentral ist die musikalische oder lyrische Qualität (vgl. dazu aber Dietrich 2015).

2. KONKRETISIERUNG: RELEVANZ UND ORIENTIERUNG DER AUSHANDLUNGEN

Im Falle von *Adriano* (2018) – jenem Track, der von Samy Deluxe bei einem MTV-Unplugged-Konzert (und mit verändertem Line-Up) neu interpretiert wurde – lässt sich konstatieren, dass es sich hinsichtlich der beobachtbaren Relevanz um einen maßgeblichen Hip-Hop-Song in 2018 handelt. Seine Relevanz ist an seiner quantitativen Performance festzumachen (erste Auskopplung von einem Album, das auf Platz zwei der Charts landete[5]), stärker jedoch an der qualitativen Performance, d.h. der zugeschriebenen soziokulturellen ›Message‹. So wird der Song als wichtiges *Gesellschafts*-Statement markiert, das seinen Vorläufer in einer Zeit hat, die bezüglich sozialer Debatten Parallelen zur Gegenwart aufweist. Dies zeigt ein kursorischer Blick auf die *Publikums- bzw. Prosument_innenebene*.

Zwei Statements stehen symbolisch für das grundsätzliche Positionierungsspektrum. So lautet der YouTube[6]-Kommentar mit den meisten Zustimmungen (2070 Likes mit 59 Antworten, Stand 30.09.2019) von Oh Corsa: »So aktuell wie damals, so gut wie damals! Pure Gänsehaut.« Die Einschätzung findet überwiegend Zustimmung, aber auch Distanzierung, die eine z.T. polarisierte Debatte auslöst. So schreibt Sebastian Schmidt: »ja stimmt das thema ist brandaktuell. rassismus gegen deutsche (almans) wird nämlich immer schlimmer.« Es entsteht hier offenbar ein Konflikt um die Frage, was der Song meint, wenn er Rassismus kritisiert, und wer seine aktuellen Opfer sind. Infrage steht auch, ob der beteiligte Xavier Naidoo (der als reichsbürgernah kritisiert wurde) ›rechts‹ sei und ob Linke, die seine Beteiligung kritisieren, nicht (system-)verblendet seien.

Insgesamt lesbar werden viele Kommentare, indem man Wissen aus (popkultur-)historischen Kontexten mobilisiert: Das originale *Adriano* wurde 2001 von den Brothers Keepers anlässlich des tödlichen Übergriffs seitens rechtsextremer Skinheads in Dessau auf den Mosambikaner Alberto Adriano veröffentlicht. Der Track fällt in eine Zeit, in der ›Integration‹ unter dem Reizwort ›Leitkultur‹ (referenziert im Brothers Keepers-Album *Lightkultur* [2001]) diskutiert wird. Fast alle beteiligten Rapper stehen damals auf dem Popularitätszenit, sodass der Track durch Rotation im Musikfernsehen auf Platz fünf der Charts einsteigt und einen Preis bei der 1-Live-Krone erhält. *Adriano* (2001) war also populär. Er ist bei den

---

5   Das Video (VÖ: 2.8.2018) ist mit 2.514.758 Aufrufen, 35.292 Positiv- und 1040 Negativwertungen sowie 2881 Kommentaren als viral einzuschätzen.

6   Das Video (Samy Deluxe 2018b) als solches wird interessanterweise von den Kommentierenden gar nicht erwähnt – was dem Vorhaben, eine songzentrierte Thematisierung auszuwerten, entgegenkommt.

Kommentierenden offenbar in das popkulturelle Kollektivgedächtnis eingegangen und (diffus) konnotiert mit ›Anti-Rassismus‹, ›Widerstand gegen Nazis‹. Dies mag auch mit dem semiotisch dicht inszenierten Video zu tun haben, bei dem die afrodeutschen Rapper einer Gruppe hellhäutiger Nazis gegenübertreten. Aus diesem Horizont heraus wird jedenfalls die Anschlusskommunikation bei der 2018er-Version lesbar (»So aktuell wie damals, so gut wie damals!«) – dies ist auch auf *Ebene der Musikmedien* sichtbar: So lässt der Musikexpress eine Songbewertung erkennen, die weniger musikkritisch als vielmehr soziokulturell orientiert ist: »Mit Liveband und geballten Fäusten trifft das Live-Video denselben wunden Punkt wie vor 17 Jahren, die Botschaft zum Thema Rassismus ist immer noch aktuell. Leider« (Sonnenfroh 2018).[7]

3. ANALYSE: *ADRIANO* (2018)

Adriano (2018) wird von den fünf Rappern Samy Deluxe, Torch, Afrob, Denyo und Megaloh sowie Sänger Xavier Naidoo gestaltet. Das Line-Up ist also deutlich reduziert (2001: 12 MCs plus Xavier Naidoo), mit Megaloh stößt ein neuer Rapper hinzu.

Der Song wurde chronologisch entlang der Parts der Künstler analysiert. ›Analyse‹ im engen Sinne meint bei der GTM, den Text in Sinneinheiten zu unterteilen, die sodann den Kodierprozeduren unterzogen werden. Im vorliegenden Analysebeispiel wurde die GTM sensu Strauss/Corbin (1996) umgesetzt: Nach dem offenen Kodieren lag pro Einheit ein Kode zur Bezeichnung des herausgearbeiteten Konzepts vor. Die Kodes wurden mithilfe des sogenannten ›axialen‹ und ›selektiven‹ Kodierens zu vorläufigen Kategorien verdichtet, die wiederum in eine Tabelle eingetragen wurden (Tabelle 1, Spalte 1). Anschließend wurde von den einander zugeordneten Kategorien erneut abstrahiert, sodass eine feste Kategorie entstand (Spalte 2). Spalte 3 diente zur Sortierung als vorbereitender Schritt auf ein theoriegenerierendes ›Durchspielen‹ der Relationen im sogenannten ›Kodierparadigma‹, das der Formulierung einer stimmigen Geschichte dienlich ist.

---

7 Weniger aktuell einordnend schreibt rap.de: »Die Brothers Keepers lassen grüßen. Samy Deluxe katapultiert uns mit ›Adriano 2018‹ ins Jahr 2001 zurück. Damals brachte der Verein gegen Rassismus einen aufrüttelnden Song gegen rechten Hass heraus. Er war eine Hommage an den 2000 ermordeten Alberto Adriano, der Opfer einer rechtsradikalen Attacke war.« (Scheidt 2018)

Tabelle 1: Kodes, Kategorien und Relationen

Vorläufige Kategorien	Kategorie	Status und Relation im Phänomenbereich
• Rappersein als Haltunghaben und Rap als Kunst, die Inhalt über Ästhetik zugunsten gesellschaftlicher Veränderung stellt • Der Rapper als zeitlich motivierter Chronist, Prophet und Mahner rechter Strukturen in Deutschland • Der Rapper als (schwarzer) Dichter, den der Mord an Schwarzen in Deutschland persönlich trifft und dazu bringt sich gegen das (Ver-)Schweigen zu äußern	Ethnisierte und biografische Positionierung als Rapkünstler, der sich gegen das Morden an Schwarzen in Deutschland wendet	Strategie
• Deutschland als Erfahrungsraum, der biografisch früh sprachlich stigmatisierend Befremdung erzeugte und gegenwärtig Ängste um schwarze Kinder und politisch Verfolgte erzeugt • Konstruktion von rechtem Terror als Phänomen, das in Deutschland unbemerkterweise politisch, juristisch und institutionell verharmlost oder gefördert wird	Deutschland als biografischer Erfahrungsraum der Anlass gibt zur Bekämpfung faschistischen Mordens an Schwarzen	Ursächliche Bedingungen
• Rap als politisch wichtige (solidarisierende) Kultur deren Einfluss mit inhaltsloser Musik verspielt wird	Rap als politisch wichtige (solidarisierende) Kultur deren Einfluss mit inhaltsloser Musik verspielt wird	Intervenierende Bedingungen
• Appell zum kollektiven Handeln gegen Nazis und rechts agierende Konzerne im Dienste ethnienübergreifenden Friedens	Rap als Appell zum kollektiven Handeln gegen Nazis und rechts agierende Konzerne im Dienste ethnienübergreifenden Friedens	Konsequenzen

• Markierung einer Drohkulisse und angesichts von Morden in Deutschland • Thematisierung eines Handlungsspektrums zur Bekämpfung von Nazis von diskursbasierten Optionen bis hin zum suggestiven Mord an Nazis (mit ihren eigenen Waffen)	Kritik an vielgestaltigem Rassismus mit Markierung von Widerstandsoptionen zwischen Diskursorientierung und Gewaltanwendung	Phänomen
• Rassismus als konstantes und polarisierendes Gesellschaftsproblem • Gegenwarts-Rap als technisch und inhaltlich substanzlos gegenüber »früher«	Der Wunsch nach Rap wie in alten Zeiten angesichts fortlaufender Rassismusprobleme in Deutschland	Kontext (Rezeptionsebene: Medien- und Prosument_innen)

Quelle: eigene Darstellung

Zuletzt wurden die Kategorien innerhalb des theoriegenerierenden heuristischen Rahmens, im »Kodierparadigma« (Strauss/Corbin 1996, Abb. 2), in Bezug gesetzt, um ihren Status im interessierenden Phänomenbereich zu erschließen.

Abbildung 1: Kodierparadigma zu »Rassismus(kritik)« in Adriano (2018)

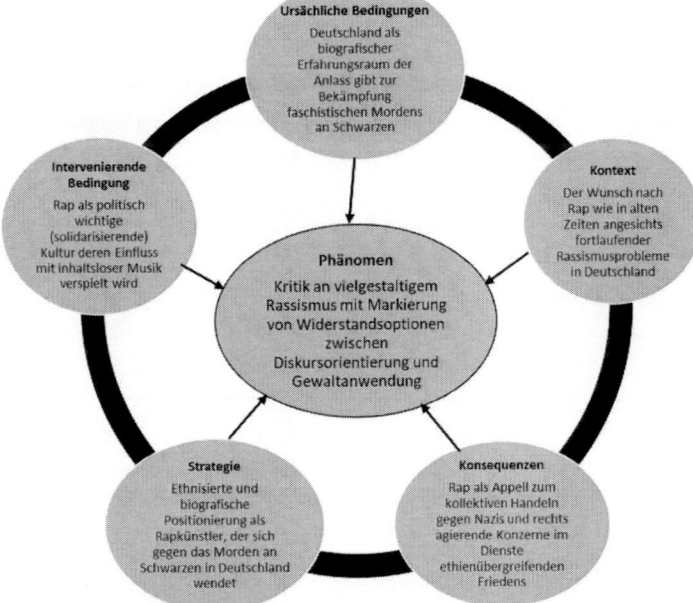

Quelle: eigene Darstellung

Wie also wird Rassismus in *Adriano* (2018) konstruiert und wie entwerfen sich dabei die Rapper? Die Sozialkritik wird sprecherübergreifend als eine *Kritik an einem vielgestaltigen Rassismus* formuliert (Phänomen), die jedoch nicht im Modus der Anklage verbleibt, sondern mit *Markierung von Widerstandsoptionen* einhergeht. Rassismus im Sinne des Erfahrens und Identifizierens von hautfarbengebundener Herabwürdigung bis Mord wird als ein auf mehreren Ebenen etabliertes Problem dargestellt. Neben einer persönlichen Ebene, die durch generelles Unbehagen mit und in Deutschland (»Ein Bürger hat Angst vor seinem Volk«) bestimmt ist, findet sich Rassismus in der Wirtschaft (»Und fick H&M, Handelsembargo«)[8], Rechtsprechung (»Trotz Beweisen, Wahrheitsfindung bleibt ein Suchprozess / Keine Gerechtigkeit beim NSU-Prozess«) sowie im näheren eigenen Milieu (»Zu viele Promis machen politische Promo-Gigs«).

Das Spektrum angezeigter *Widerstandsoptionen* reicht von Verständigung als *Diskursorientierung* (»Alter, schau die letzten Jahre haben das mir zu oft bewiesen / Dass die Menschen sich erheben, wenn die Leute nicht mehr leben / Doch dann ist es zu spät, ihr solltet öfters drüber reden«) über Drohkulissenbildung (»Und was wir reichen sind geballte Fäuste und keine Hände«) bis hin zu symbolisch-suggestiver Gewalt, die impliziert, Auslöschungssysteme der Nazis gegen diese zu wenden (»Ich sage K, sage Z, sage Nazis rein«).[9]

Die Rassismusbekämpfung ist in Negativerfahrungen begründet: So wird Deutschland als biografischer Erfahrungsraum entworfen, der persönlich Anlass gibt zum Engagement gegen faschistische Morde an schwarzen Menschen (Ursächliche Bedingung). Eingeschrieben in die Perspektive auf deutsche Verhältnisse haben sich biografisch frühe Diskriminierungsereignisse (»Ich hörte schon im Kindergarten, Leute zu mir Nigga sagen«), die in dem Befund struktureller Gründe resultieren (»Jungs, das ist mein Leben, das ha'm wir uns nicht ausgedacht«). Daraus folgt, dass Rap als Chance interpretiert wird zum Aufruf kollektiven Handelns gegen Nazis und rechts agierende Konzerne im Dienste ethnienübergreifenden Friedens. Die kollektive Intervention wird mit »Frieden für alle Farben« hautfarbenunabhängig angelegt – nicht nur gemäß der Zielgruppe (die, die zu befrieden sind), sondern auch hinsichtlich der Protagonist_innen (die, die den Frieden bringen sollen), bemerkenswerterweise ebenso in Bezug auf die

---

8 Referenziert ist hier eine Werbefotografie von H&M (2017) bei der ein schwarzes Kind in einem Sweatshirt (Aufschrift: »Coolest Monkey in the Jungle«) für Rassismusvorwürfe sorgte. Megaloh schrieb daraufhin einen Kommentar für *Spiegel-Online* (vgl. Megaloh 2018).

9 Vgl. zur Analyse dieser über raptypische »symbolische[] Überspitzungen« drastisch hinausgehenden, da »vorbelastete[n]« Passage Güler Saied (2012: 88).

Antagonist_innen (die, die den Frieden durch Rassismus verhindern). Die Rolle der Ethnizität ist mit Blick auf den gesamten Track dahingehend zu beschreiben, dass die Rapper weder den Widerstand auf eine ethnische Gruppe festlegen (»Einigkeit macht stark – Adriano starb allein«) noch die rassistischen Täter_innen (was möglich wäre und z.B. im US-Rap der späten 1980er bei Public Enemy auch passierte). Die Täter_innen werden ausschließlich politisch etikettiert (»Rechte Politik gefällt den rechten Wählern / Rechte Polizisten helfen rechten Tätern«) und über ihre Einstellung (»Zu viele, die immer wieder weggesehen haben«) – nicht aber die Hautfarbe.

Neben dem Aufscheinen einer zeitbezogenen Dringlichkeit für das musikalische Statement (»Jetzt ist die Zeit, hier ist der Ort«, »Falscher Ort, falsche Zeit – da hilft dir auch nicht tapfer sein / Wie viel Blut muss fließen in innerdeutschen Krisen«) ist eine die Rassismuskonstruktion antreibende Szenekritik erkennbar (Intervenierende Bedingung). Sie thematisiert Rap als politische (solidarisierende) Kultur, deren Einfluss mit inhaltsloser Musik verspielt zu werden droht. Derartige Kritik findet sich bis in die frühen Nullerjahre gegenüber dem ›Sellout‹ (»In all den Jahren in denen wir Airplay verschwendet haben / Man könnte denken, wir Rapper hätten nichts zu sagen«). Der künstlerische Umgang mit dem vielgestaltigen Rassismus ist also durch ein traditionelles Szenekonzept, das Rap und Sozialkritik zusammendenkt, motiviert.

Besonders bemerkenswert ist aber die Rolle der Ethnizität: Wenn sie schon innerhalb der Widerstandsformulierung und Rassismuskritik die Politik der (Nicht-)Markierung bestimmte, so wird sie auch bei der Inszenierung der Sprecherposition deutlich: Markiert wird bei den Selbstbeschreibungen der Rapper die eigene Ethnizität als »schwarz« (»Mein Bruder Adriano wurde umgebracht / Hautfarbe – schwarz, Blut – rot; Schweigen ist Gold«, »Schwarzer Panter wie T'Challa in Wakanda«), wodurch die Erfahrung von Rassismus nicht nur begründet, sondern in durchaus klassischer Rap-Manier authentifiziert[10] wird (Strategie). Aus dieser Sprecherposition heraus entwerfen sich die Rapper sodann als Subjekte, die eine persönliche Erfahrungsbasis haben, wodurch das Anliegen, sich gegen das Morden an Schwarzen in Deutschland zu wenden, noch dringlicher wird.

Die Rassismuskritik im Song insgesamt mobilisiert einen *Kontext*, der über den Namen ›Adriano‹ aufgerufen wird. Der Mord an dem Mosambikaner durch Nazis war wie erwähnt medial stark präsent. Dies wird 2018 offenbar als verfügbarer Kontext gesetzt. Der Track erhält durch Megalohs Part aber mehr Aktualität

---

10 Hier liegt eine Sprecherposition vor, wie sie im US-Polit-Rap der 1980er Jahre (von *The Message* [1982] bis Public Enemy) dominant war und z.T. im Deutschrap wieder aufscheint.

durch die Kritik am NSU-Prozess. Das Funktionieren der doppelten zeitlichen Markierung von Rassismusereignissen dokumentiert sich anhand der Publikumseinordnungen (»so aktuell wie damals«). Das Befinden der anhaltenden Relevanz reicht jedoch von der Unterstreichung der Wichtigkeit des Songs in Zeiten zahlreicher Übergriffe auf Afrodeutsche über den Zweifel an der Rechtmäßigkeit der Beteiligung eines ›Reichsbürgers‹ (Naidoo) bis hin zu Positionen, die den Song als aktuellen Anlass nehmen, die Kritik an rechtsradikalen Übergriffen auf Schwarze als ihrerseits radikal zu verwerfen. Diese Zugriffe identifizieren offenbar eine Generalkritik an Deutschen als weiße Rassist_innen: Dies zeigt z.B. der bereits zitierte Kommentar: »rassismus gegen deutsche (almans) wird nämlich immer schlimmer«.

Die Analyse des Songs zeigte, dass ein wesentliches Konzept bei der Konstruktion von Rassismus und den Täter_innen allerdings gerade darin besteht, nicht nur »Frieden für alle Farben« zu fordern, sondern die Rassist_innen allein politisch (d.h. eben nicht mittels Hautfarbe und Staatsangehörigkeit) zu markieren. Die in dem ›Alman‹-Kommentar implizierte Diagnose – dass nicht die schwarzen Menschen diskriminiert werden, sondern die Deutschen von Ausländern – macht deutlich, dass die Rapper, deren Hip-Hop-typische Strategie es ist, lediglich ihr ›Schwarzsein‹ zu markieren (nicht aber gegen Weiße oder Deutsche zu polemisieren), von Teilen der negativ Kommentierenden aufgrund ihrer Hautfarbe per se als Nicht-Deutsche klassifiziert werden.

4. SCHLUSS

Die Songanalyse im Verbund mit Kommentaren von Szenemedien und Publikum zeigte, dass *Adriano* (2018) eine mehrdimensionale Kritik an Rassismus in Deutschland aufweist und sich die Rapper dabei als ›schwarz‹ markieren. Diese Kombination führt nicht nur dazu, dass Fragen der nationalen Zugehörigkeit und Macht (z.B. bezüglich des Unterdrückens oder Unterdrücktwerdens) ausgehandelt werden, sondern sich auch Polarisierungen hinsichtlich der Frage einstellen, welche Rassismuskonstellation die aktuell dominante ist.

Allerdings unterscheiden sich die Verteidiger der Rassismuskritikkonstruktion des Songs in einem Punkt kaum von den Behaupter_innen einer deutschen Subordination – nämlich hinsichtlich der kommunikativen Bearbeitung von Rassismus, insofern die Konstruktion von ›Deutschsein als Weißsein‹ nicht thematisiert und herausgefordert wird. In diesem Sinne reproduziert die Kritik an Rassismus teilweise rassismusförderliche Zuschreibungen implizit. Dies zeigt, dass Selbstverortungen innerhalb prekärer Gesellschaftsthemen und in Bezug auf verschiedene

Gruppen z.T. kompliziert bis widersprüchlich sind. Zusätzlich ließe sich zeigen, dass das Popkulturprodukt z.T. ebenfalls widersprüchliche Konzepte dokumentiert, sodass polarisierende Rezeptionen nahezu angelegt sind (man denke nur an die markierten Widerstandsoptionen, die von »mehr reden« bis »Nazis ins KZ« reichen).

Die Studie hat gezeigt, dass Hip-Hop-bezogene Aushandlungen von Gesellschaftsthemen im Internet en vogue sind. Gerade in Zeiten gesellschaftlicher Polarisierung bei Themen wie Rassismus oder kultureller Identität scheinen mir datenverankerte Theorien (wie sie die GTM zu entwickeln hilft) wichtig – ebnen sie doch den Zugang zu jenen Konzepten und Orientierungen, die für die kulturelle Praxis der Subjekte leitend sind.

LITERATUR

Bruns, Axel. (2009): »Produtzung: Von medialer zu politischer Partizipation«, in: Cristoph Bieber et al. (Hg.), Soziale Netze in der digitalen Welt: Das Internet zwischen egalitärer Teilhabe und ökonomischer Macht, Frankfurt a.M.: Campus. S. 65-86.

Dietrich, Marc (2015): Rapresent what? Zur Inszenierung von Authentizität, Ethnizität und sozialer Differenz im amerikanischen Rap-Video, Bochum: Westdeutscher Universitätsverlag.

Dietrich, Marc/Mey, Günter (2018): Musikvideos, Szenemedien und Social Media – zur Aushandlung von Rassismus im deutschsprachigen HipHop. DFG-Projekt 403605416. https://gepris.dfg.de/gepris/projekt/403605416?context=projekt&task=showDetail&id=403605416& vom 30.09.2019.

Güler Saied, Ayla (2012): Rap in Deutschland. Musik als Interaktionsmedium zwischen Partykultur und urbanen Anerkennungskämpfen, Bielefeld: transcript.

Hitzler, Ronald/Niederbacher, Arne (2010): Leben in Szenen. Formen juveniler Vergemeinschaftung heute, Wiesbaden: VS.

Megaloh (2018): H&M braucht keine Hobbyanwälte. https://www.spiegel.de/kultur/gesellschaft/h-m-rassismusvorwurf-wir-brauchen-keine-hobbyanwaelte-kommentar-a-1187373.html vom 30.09.2019.

Mey, Günter/Mruck, Katja (2011): »Grounded-Theory-Methodologie. Entwicklung, Stand, Perspektiven«, in: Günter Mey/Katja Mruck (Hg.), Grounded Theory Reader, Wiesbaden: VS, S. 11-48.

Samy Deluxe (2018a): Adriano (SaMTV Unplugged): https://genius.com/Samy-deluxe-adriano-samtv-unplugged-lyrics vom 30.09.2019.

Samy Deluxe (2018b): Adriano (SaMTV Unplugged): https://www.youtube.com/watch?v=CHVUBFMOroQ vom 30.09.2019.

Scheidt, Nicals (2018): Samy Deluxe feat. Torch, Xavier Naidoo, Afrob, Megaloh & Denyo – Adriano 2018 (SaMTV Unplugged) [Video]. https://rap.de/soundandvideo/136681-samy-deluxe-feat-torch-xavier-naidoo-afrob-megaloh-denyo-adriano-2018-samtv-unplugged-video/ vom 30.09.2019.

Sonnenfroh, Vanessa (2018): »Adriano«: Samy Deluxe veröffentlicht die nächste Single aus seinem MTV Unplugged. https://www.musikexpress.de/adriano-samy-deluxe-veroeffentlicht-die-naechste-single-aus-seinem-mtv-unplugged-1094259/ vom 30.09.2019.

Strauss, Anselm L. (1991): Grundlagen qualitativer Sozialforschung, München: Fink.

Strauss, Anselm L./Corbin, Juliet (1996): Grounded Theory: Grundlagen Qualitativer Sozialforschung, Weinheim: Beltz.

Winter, Rainer (2006): »Die Filmtheorie und die Herausforderung durch den ›perversen Zuschauer‹. Kontexte, Dekonstruktionen und Interpretationen«, in: Manfred Mai/Rainer Winter (Hg.), Das Kino der Gesellschaft – die Gesellschaft des Kinos, Köln: Herbert von Halem, S. 79-95.

»Ich trag' die Kette von Gabbana«, Missing Link, »REWE-Markt-Tüte, Trainingsanzüge«

Karate Andis Split-Video *Gott sieht alles / Eisen* (2016) als dissonanter Aushandlungsraum zwischen Polokappe und Proletenkult

Nils Lehnert

Karate Andis Songtexte, paratextuelle Selbstinszenierungen und Videoclips evozieren zwei (nicht nur auf den ersten Blick) unvereinbare Bildwelten: Einerseits werden Anleihen bei den prekären Verhältnissen ›des‹ Proletariats gemacht, welche indessen mit Hochwerteigenschaften wie Authentizität, Underground und Unabhängigkeit (vgl. Güler Saied 2012: 108) geadelt werden, andererseits finden sich Ausflüge in die Welt ›der‹ Arrivierten, deren Insignien des Reichtums[1] im Vordergrund stehen, deren Lebensinhalt sich jedoch augenscheinlich in der Zurschaustellung von Prestige oder der Nutzbarmachung von Status als Agency erschöpft.

Schon in jeweils nur *einem* der hier zentralen Texte *Gott sieht alles* (2016) und *Eisen* (2016), die das titelgebende Split-Video zusammenfügt,[2] tauchen bei Karate Andi Mosaiksteine *beider* Lebensstilentwürfe auf, die sich augenzwinkernd mit ›Prolo‹ vs. ›Polo‹ verschlagworten lassen. So muss bereits textseitig nach der idiosynkratischen Bezugnahme zwischen »›Oben‹ und ›Unten‹« (Kemper/Weinbach 2016: 26), also zwischen den »Spitzen der Gesellschaft« (Krais 2003b) und dem

---

1 Die Kategorie »›Reichtum und Luxus‹« gehört ohnehin zu den »[b]esonders beliebte[n] Wortfelder[n]« (Wolbring 2015: 280f.) und Topoi deutschsprachigen Raps.
2 Zitate ohne Quellenangabe beziehen sich im Folgenden auf die zwei Tracks, die Karate Andis Album *Turbo* (Selfmade Records 2016) in der genannten Reihenfolge eröffnen. Im untersuchten Split-Video *Gott sieht alles / Eisen* (Karate Andi 2016a) dienen die jeweils ersten Strophen beider Songs als Textgrundlage.

»›Proll mit Klasse‹« (Ege 2013) gefragt werden, wenn man nicht bei der bloßen Kenntnisnahme der Unvereinbarkeit stehen bleiben möchte. Lines wie »Die Realität entlarvt mein Leben als Lüge / REWE-Markt-Tüte, Trainingsanzüge«[3] als Eingeständnis der ›echten‹ »Rap-Persona« (Wolbring 2015: 167; vgl. Marquardt 2015: 172) Karate Andi/Jan Salzmann zu werten und mithin die ›Pennerrap‹-Passagen pauschal als die ›authentischen‹ zu verklären, greift zu kurz. Auch die konsumkapitalistischen wie Stil-ambitionierten Verweise auf sozial höher anzusiedelnde Schichten wahlweise als Wunschtraum oder Verhohnepipelung zu denken, misslingt.

Zunächst bietet sich eine Genre-spezifische Lösung an: Wie die meisten Andi-Songs sind Battle-Rap-Texte nicht kohärent in ihrer Aussage und daher nicht »als stringente Abhandlung eines Themas [zu] klassifizieren« (Wolbring 2015: 354) – stehen doch die im Endreim verbundenen Zweizeiler aus Setup- und Punch-Line nicht selten lediglich im Dienst der Suche nach dem bestmöglichen Vehikel für Boasting (vgl. Gruber 2016: 133-158) und Dissing (vgl. ebd.: 159-169) und der prägnantesten Hook. Frappanterweise verkompliziert aber das im Fokus stehende Split-Video *Gott sieht alles / Eisen* (2016) den Sachverhalt: Es bündelt und scheinhomogenisiert optisch je eine Perspektive (Prolo vs. Polo) in je einem Videopart, nutzt dazu aber die diese klare Grenze unterlaufenden ersten Strophen beider Songs, wodurch Text- und Bildebene in beiden Parts abwechselnd komplementär und konfliktiv konstruiert werden. Gleichzeitig bindet es als *eine* Auskopplung just beide Extreme erneut zusammen.

Abbildung 1: Wohnwagen vs. Veranda

Quelle: Karate Andi (2016a)

Im Folgenden werden – rapspezifische Gepflogenheiten und ironische Selbstinszenierungen stets berücksichtigend – zunächst der Proletenkult einerseits, andererseits der ›Pimp‹ samt Pomp bei Karate Andi präsentiert, um schließlich den

---

3   Der User MarcUSCrassper interpretiert diese Inkohärenz auf dem Textportal *Genius.com* lapidar: Andi widerspreche sich »[w]ie so oft […] selbst«, habe er doch zuvor »deutlich ausgesagt, dass er einen exklusiven, luxuriösen Lifestyle pflegt« (Karate Andi 2016c).

titelgebenden Missing Link zwischen Prekariat und Oberschicht in den Blick zu nehmen. Drei globalere Deutungsperspektiven, die auf den Narrativitätswert, das Coolnesspostulat und das marktstrategische Kalkül des Split-Videos als Neuauflage des Snippet-Tapes abheben, ersetzen ein Fazit.

1. DIE FEIER DER MARGINALISIERTEN

Was zeichnet den postmodernen Proleten (bei Karate Andi) aus? Er ist hinsichtlich seines institutionellen Kapitals ungebildet, was sich darin widerspiegelt, dass er sich auf der Klaviatur der ›Hochsprache‹ vergreift (vgl. Steinwachs 2015: 42ff.; etwa »das Klientel«, *Eckkneipenhustler* [2016]) oder intellektuell nicht Schritt halten kann (»hätte den Witz ja verstanden, hätt' ich mein' Abschluss gemacht«, *Gebrochener Knieboogie* [2016]). Er ist nicht gut betucht (»alle meine Jungs sind broke«, *Komm im Bimma* [2016]), neigt dazu, Spielhallen zu frequentieren (vgl. *Spiel des Lebens* [2016]) und dem Alkohol in ungesundem Maße zuzusprechen (»gib mir die Pfeffi-Flasche / ich trink' seit der sechsten Klasse«, *Eckkneipenhustler* [2016]). Weitere Vorurteile betreffen das paradoxale Verhältnis von Ernährung und Körperkult »[z]wischen Pommesbude und Muskelbank« (Steinwachs 2015) sowie die Arbeitslosigkeit, die sich im Konnex mit Alkoholismus findet: »Da ich und meine Freunde Glasreiniger trinken / können wir leider keinen Arbeitsplatz finden« (*Komm im Bimma*).

Karate Andi hat sie alle – die Klischees und Plattitüden, die ›der Unterschicht‹ als unablösbare Etiketten aufgeklebt sind. Aber anders als der despektierliche Blick auf die ›Hartzer‹, den einzunehmen manche privaten Fernsehformate forcieren, findet bei Karate Andi eine Umkehr des Blickwinkels statt: Es ist nicht die Aufsicht mit Überheblichkeitsgestus, es ist der Blick auf Augenhöhe und letztlich ein Liebäugeln mit dem ›Proletenkult‹.

Andis Kokettieren mit der »verlorene[n] Klasse« (Thien 2010) samt seiner diesbezüglichen Selbstinszenierung rücken ihn in die Gesellschaft von Imbiss Bronko und anderen, die ab 2007 den ›Penner-Rap‹ in Deutschland kultiviert hatten (»Hol mir Socken aus der Dose / [...] greif zur Spirituose [...] Hartz, Hartz, ick brauche Hartz [vier!]«, *Monatsende* [2008]). Über die Sympathie mit dem karikierten Typus des Lastwagenfahrers, der bei Karate Andi häufig auftritt (»durch die Fenster meiner Lastwagenscheibe«), setzt er die Traditionslinie Dendemanns fort. Dieser hatte sich auf seinem Album *Vom Vintage verweht* (Yo Mama 2010) mit Truckermütze und Songtexten, die eindeutig Sympathie mit dem ins Fernfahrermilieu verschobenen Hypermaskulinitätstopos (vgl. Wolbring 2015: 368ff.)[4] suggerieren, inszeniert.

Im Andi-Track *Spiegel* (2016) wird die Wertschätzung der gesellschaftlich Marginalisierten nicht nur über die Fraternisierung mit diesen ›intradiegetisch‹ bekundet, sondern expressis verbis tritt der Rapper als ›einer von ihnen‹ in Erscheinung: »Ich halte diesem Land jetzt den Spiegel vor: / Unterschichtenrap aus dem Amphetaminlabor«. Dadurch behauptet das Sprecher-Ich eine Sprachrohrfunktion. Pathetisch ließe sich reformulieren: ›Ich kenne eure Sorgen und Nöte und nehme diese ernst‹ – im Gegenteil zu »diesem Land«, das metonymisch die Bessergestellten zu bezeichnen scheint, die kein Auge und kein Verständnis haben für die Prolls, welche sich, so *Gott sieht alles*, mit »Schnauzbart und Skimütze / Lautstark und spielsüchtig« in der »Speed-Küche« in Szene setzen.

Insbesondere in den hier fokussierten Texten *Gott sieht alles* und *Eisen* werden die Marginalisierten gefeiert und feiern die Marginalisierten. Das wird bereits auf Wortfeldebene sinnfällig: »Ich schnorre Cents in der Magnetschwebebahn / Andere tragen Gürtel, ich trage Paketklebeband«, und gewinnt dynamische Beglaubigung durch die Namensgebungen Andis in der Vergangenheit, wie etwa »Shore Volker« oder »Raketen Ronnie«. Zudem finden sich in den Texten und im Video Tendenzen, die das Habitat der Crew, Neukölln, ›ghettoisieren‹ und damit graduell idealisieren (vgl. Wolbring 2015: 380f.). Denn mit Güler Saied (2012: 107) gilt, dass der »Bezug auf das Quartier [...] als soziales Kapital« gewertet werden kann. Dabei geht es nicht nur um auf lokaler Herkunft basierende Gruppenbildungsprozesse, »›Street-Credibility‹« und »Selbstinszenierungen im lokalen Umfeld« (Gruber 2016: 178, 181), sondern auch um diejenigen unsichtbaren Grenzziehungen, welche Städte in Distrikte zerteilen, mit denen durchaus häufig Lebensstilzugehörigkeiten einhergehen.

Für das Split-Video, das gegenüber den selbst nicht Milieu-trennscharfen Texten visuell eine deutlichere Dichotomie konstruiert, sind Wohnwagenkolonie und Landhaus-Veranda (vgl. Abb. 1) zwei inkompatible Sphären: Personen beider begegnen sich realiter kaum, denn von ›da oben‹ »guckt man auf dich herab, als sei der Schreibtischstuhl ein Hochsitz« (Prinz Pi: *Wie die Zeit vergeht* [2006]).

---

4 Vgl. dazu auch die Beiträge von Sina Lautenschläger und Matthias Ott in diesem Band.

2. DER SCHICK DES PARVENÜS

Im Kontrast zu Prinz Pi, der das große Lebensstilpanorama aus Tropenholz, Pferdesport und Anwesen »mit mehr Tür'n als ein Adventskalender« (ebd.) etc. ins Zentrum von Conscious-Rap samt Sozialkritik stellt, präsentiert Andi in Text und (Bewegt-)Bild ein ähnliches Ambiente in unterkühlter Dia-Show-Optik mit der ostentativen »Arroganz der Eliten« (Verfürth 2008).

Die Ralph-Lauren-Polokappe oder teurer Schmuck (»Ich trag die Kette von Gabbana«) verweisen nicht auf einen sozialmobilen Emporkommenswunsch, der möglicherweise das Movens ›des kleinen Mannes‹ hinsichtlich seines Kapitalstrukturideals sein könnte, sondern stellen den (materiellen) Aufstieg dar: Wie in den aufwendigen Videos des Gangsta-Raps wird das Mittel zum Zweck, der Reichtum zum Ziel und die monetäre Potenz zum Stadium der alleinseligmachenden Sorglosigkeit erhoben.[5]

Der präsentierte Lifestyle wird aber als brüchig markiert: Substanzmissbrauch und Drogenverkauf bilden eine Text-Brücke zum postmodernen Prekariat, da auch der Reichtum im Hochglanzmetier auf dem mehr oder minder explizit gemachten Dealen fußt. Brüstet sich der Sprecher auf Prolo-Seite in *Gott sieht alles* mit der Zeile: »Erfolgreiche Jahre durch zollfreie Ware«, so nimmt der Refrain aus *Eisen* mit dem Cut »Verteile 30 Gramm« darauf Bezug. Die Line reimt sich doppelt – eine falsche Betonung in Rechnung stellend und einen unreinen Reim in Kauf nehmend – mit dem Ende der vorangehenden »Teile-Junks« bzw. im Outro auf »Berghain mit Junks«.

Insbesondere der Neigung, die Signalisierung gehobener Ansprüche auch geistiger Natur in die Sphäre von ›denen da oben‹ zu verorten, erteilt der Songtext eine klare Absage: »Wow, du hast Real-Talk und Songkonzept / Dafür habe ich ein Yves-Saint-Laurent-Jackett«. Mit dieser auf Äußerlichkeiten bedachten Attitüde negiert Andi zugleich eine ausgefeilte Musikarchitektur, lässt aber eine weitere Bezugnahme zum ersten Teil entstehen: »Ich intressier' mich nur für Techno-Hoes und Bier / Also erzähl' mir nicht, dein Sound wäre von Madlib inspiriert«. Das lange Zeit unerlässliche ›keeping it real‹ (bspw. in Worte gebannt von den Cali Agents in *Real talk* [2000]) hat insofern ausgedient, als der hedonistisch überpointierte Status als Arrivierter dazu befähigt, sich von der Außenperspektive der »›oberen Ränge[]‹« (Krais 2003a) aus »die Szene an[zuschauen], wie Gäste im

---

5 Dass bei Karate Andi Humor im Spiel ist, zeigt sich etwa an dessen Video zu seinem Track *Mofa* (2016), das mit der PS-Protzerei und dem überbordenden ›Bling-Bling‹ aufräumt.

Theater« und in dieser Allmachtsfantasie davon auszugehen, geheimer Strippenzieher und Inhaber der Agency schlechthin zu sein: »Rap-Beef lass ich durch die Nahrungskette regeln / Bis die Straßenpennermädchen an der Armutsgrenze leben«.

Dass die mediale Präsenz und die monetäre Potenz inhaltsleer und geistlos bleiben – ironisch gebrochen durch Selbstaussagen wie: »doch bin hohl wie ein Heizungsrohr« –, manifestiert sich auch im Visuellen. Sobald sich Karate Andi der Lebenswelt der Schickeria annimmt, wird die Brüchigkeit der Klischees sichtbar: Ist der Schnittfolge der erlesenen Details der Markenwelt noch die Beglaubigung der Zugehörigkeit zu dieser eingeschrieben,

Abbildung 2: Grünes Krokodil auf rosa Grund und Klunker auf Marmor

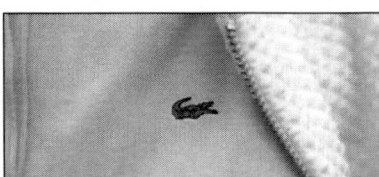 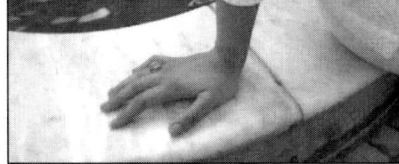

Quelle: Karate Andi (2016a)

so ruft spätestens die folgende Einstellung den Zweifel auf den Plan, wie ernst das Dargebotene zu nehmen sei:

Abbildung 3: Falsches Schuhwerk

Quelle: Karate Andi (2016a)

In solchen Schuhen, mit solchen Socken und dem in die Jahre gekommenen Schläger spielt wohl kein Mensch ironiefreies Tennis. Handelt es sich also doch um eine Persiflage des (noch immer elitären; vgl. Gebauer 2003) ›weißen Sports‹ als

Sinnbild für einen auf reinen Schein bauenden Parvenü, der sich ob der Unkenntnis der Regeln des gehobenen Geschmacks unmöglich macht, da seine vormalige Lebensumwelt eher aus diese Milieuoptik semantisch konterkarierenden »REWE-Markt-Tüte[n], Trainingsanzüge[n]« bestanden hatte? Oder rechnet der selbsternannte »champion« nachträglich von seinem Hochsitz mit den Proleten ab?

3. DAS SPLIT-VIDEO ALS MISSING LINK?

Auf den ersten Blick gibt es aus beiden Perspektiven nur ein ›Die-oder-Wir‹ (vgl. Fehr 2003). Dieser Abstand zwischen den Milieus spiegelt sich im Visuellen der Videoparts deutlich:

- schnelle Schnitte vs. lange Einstellungen;
- Work-in-Progress vs. Postproduktion (bis hinein in die Auflösung);
- eklatante Unterschiede in Kleidungswahl und Habitus etc.;
- Straße, Alkohol, Spielhallen etc. vs. Anwesen, kein Alkohol, Tennisplatz etc.

Rappt Andi im ersten Teil vor einem Wohnwagen aggressiv in unruhiger Bildästhetik und zeigt sich mit seiner ›Gang‹ bei alltäglichen Aktivitäten, die eindeutig der skizzierten Prolo-Richtung zugehören, sind es im zweiten Teil die hochaufgelösten Insignien der Bessergestellten, die das Kameraauge einfängt.

Bei näherem Besehen werden allerdings – über die bereits benannten hinaus – verbindende Elemente eingesetzt, die beide Video-Teile harmonisieren und wechselseitige Bezüge installieren. Neben der Tatsache, dass der Rapper gleich bleibt und mit ihm der charakteristische Rap-Stil und -Flow[6], die Markensymbole und etwa die verkehrt herum getragene Kappe, überbrückt zudem das Bildfeld ›Retro-Gaming‹ (vgl. Abb. 4) durchaus die Kluft.

---

6 Mit Kautny (2009: 163), der die »Flow-Gestaltung mit der Metapher des Rittes« zu beschreiben sucht und im Bild bleibend Eminems Flow als virtuose Handhabe des Pferdes auf dem »Reit-Parcours« engführt, erinnert bei Karate Andi insbesondere das »Nachziehen der Akzente [...] an die Bewegungsabläufe eines Springreiters«. Auf dem Tennisplatz ließen sich sogar häufiger vernehmliche Stöhn-Geräusche im Nachgang des Schlags assoziieren: Andi flicht die Interjektionen »Ah« und »Oh«, wie sie aus Prechorus-Phasen beim Eingrooven bekannt sind, regelmäßig in die zweiten Zeilen ein: »Alufolie, Feuerzeug, Pulver auf das Blech / Zieh den Rauch durch das Röhrchen, deine Mutter guckt grad we[eeeeh]g«.

Abbildung 4: Retro-Gaming hüben wie drüben

Quelle: Karate Andi (2016a)

Zumal dann, wenn man die zweite Hälfte des Videos, die mit dem typografisch aufgehübschten Titel »REPARTIE« überschrieben ist, metaphorisch hinzuzieht, wird deutlich: Dieser Part ist ein auf den Tennisplatz übertragenes Battle, das Andi (verbal) schlagfertig (›avoir le repartie‹) und zugleich realiter schlagkräftig per Ass für sich zu entscheiden weiß und über das im SNES steckende Modul *Super Tennis* (1991) das Retro-Gaming alludiert.

Der für diesen Beitrag titelgebende Link fehlt also nicht; er ist auch im Video *da*, aber er ist vielgestaltig, was ein polyvalentes Beziehungsgeflecht wahrscheinlicher macht als eine einzige, durchkomponierte Aussageabsicht.

4. DREI DEUTUNGSPERSPEKTIVEN ZUM SCHLUSS

Eingedenk der Falle, »auch noch in jeder Scheiße / irgendwelche popkulturellen Querverweise« (*Fiasko* [2017]) zu finden, wie die Antilopen Gang[7] kritisch in Richtung einer intellektuellen Beschäftigung mit (deutschsprachigem) Rap mahnt,[8] sollen abschließend folgende Gedanken das bislang Vermerkte in Form von drei Thesen relativierend rahmen.

These 1: Battlerap-bedingt niedriger Narrativitätswert

Um sich im Battlerap seine Sporen zu verdienen, fordern die Spielregeln innovative (End-)Reime und harte Punchlines ein (vgl. Wiegel 2010: 78-80). Im Vergleich zum Storytelling überlagern diese Textstrukturen ob ihrer Wichtigkeit deutlich eine wie auch immer geartete Textaussage. Könnte der sinnsuchende Interpret

---

7 Vgl. dazu Caroline Franks Artikel in diesem Band.
8 Vgl. dazu auch den programmatisch passenden Track der Antilopen Gang: *Fick die Uni* (2009).

etwa im Rap-Rock-Song *Missing Link* von Del the Funky Homosapien feat. Dinosaur Jr. (1993 auf dem Soundtrack zu *Judgment Night*) auf die Idee kommen, dass der Track aufgrund seines Titels nach der tatsächlichen Verbindung von Dinosaurier und Mensch im Fossilbericht frage, ginge er genauso fehl wie derjenige, der sich von Karate Andis epitextuellen ›Interpretationen‹ seiner eigenen Tracks nasführen ließe:[9]

»Hallo liebe Freunde der Unterhaltungs-Industrie! Hier ist Karate Andi und ich mach' heut' mal ein Track by Track, weil ich dachte mir, das hat noch kein Rapper gemacht und von daher nehm' ich mich der Sache doch mal ganz kurz an. [lacht] // So, Freunde, der erste Track auf meiner Platte Turbo heißt Gott sieht alles. Und worum's in dem Track wohl geht, hm, das sagt der Titel ja wohl schon, ne? Da geht's natürlich um Religion und die ganz essenziellen, wichtigen Fragen im Leben. Und ja, darum geht's in Gott sieht alles. // Yo, Freunde, kommen wir jetzt zu dem zweiten Track meiner Platte der heißt Eisen. Und natürlich geht es in dem Track auch um Eisen. Und wer den Inhalt des Songs nicht versteht, ist einfach ein dummer Idiot und sollte sich meine Platte auch nicht anhören. Und, hm ja, deswegen kommen wir jetzt zum nächsten Song.« (Karate Andi 2016b)[10]

Als ›empirische‹ Unterfütterung dieser These lässt sich mit Modrow (2016) der Narrativitätswert von Songtexten bestimmen. *Gott sieht alles* und *Eisen* sind als Texte wie als Video auf einer skalar gedachten Einteilung sowohl hinsichtlich der »Kausalität« als auch der »Ereignishaftigkeit« sowie der »[n]icht repräsentierte[n] Zustandsveränderungen« lediglich als »[q]uasi-narrativ« zu werten; keine übergeordnete, Ereignisse verknüpfende Erzählung dominiert. Wenn Capital Bra in einem Featurepart für KC Rebells *DNA* (2019) verlautbart: »Ghetto, Ghetto, Gucci, Gucci, Ghetto, Gucci«, liegt die kürzeste und prägnanteste nicht-narrative Formel für die Verbindung beider hier diskutierten Sphären vor.

These 2: Coolnesspostulat und Berufsadoleszenz statt Wurzeln oder Conscious-Rap

Zudem kann man von ›subversivem Boasting‹ sprechen, das zwei prinzipiell unvereinbare Szenen/Gebiete/Gleise verbindet: Da Andi (wie Capital) in/auf beiden

---

9 Die Zitate entstammen meiner Transkription eines *Turbo*-Track-by-Tracks von Karate Andi auf Spotify (Karate Ani 2016b).
10 Ebenso wenig wie es in *Kleid deiner Mutter* (2016) um den »Nahostkonflikt« geht (ebd.). Vgl. zum Punkt, dass sich Rapper »als politische Aktivisten nicht eigenen«, Wiegel (2010: 133).

›zu Hause‹ ist, hat er die Schaffenskraft, eine klassistische Kluft (vgl. Kemper/Weinbach 2016) zu überbrücken – was sich als übertriebenes Prahlen auffassen lässt. Von dieser Warte lässt sich eine auf den Ursprungsmythos von Hip-Hop zielende Kritik beobachten, die von Proloseite aus mit dem Statement ›Wir haben keine Ahnung von den Ursprüngen unserer Kunst, aber wir sind reale Straßengangster‹, von Poloseite mit: ›Wir interessieren uns nur für den Erfolg und das Geld und nicht (mehr) für die Roots von Hip-Hop‹ angeben ließe. Dass Madlib als Referenzperson für beide Blickwinkel unerheblich geworden ist, wäre das verbindende Moment.[11]

Vor diesem Hintergrund erhellen eindeutige Anwürfe gegen den Conscious-Rap: »Du würdest gerne mit dem Feuilleton ein' saufen / Doch du Blödmann liegst da draußen, so wie Königs Wusterhausen (und tschüss) / Du schreibst Songs über Weltpolitik / Wir über Geld oder Trieb, das ist Selfmade-Musik«. Dass die selbsternannte ›Human-Traffic‹-Crew um Andi auf dem Selfmade-Label eine unpolitische Alles-egal-Attitüde vertritt, geht Hand in Hand mit dem Lässigkeits-/Coolnesspostulat als verbindendem Element (vgl. Wolbring 2015: 434ff.), insofern die ›Wirkungsdisposition‹ Coolness in beiden Sphären sowohl textlich als auch im Video gegeben ist.

Es nimmt so nicht wunder, dass Verantwortung und ›Erwachsensein‹ zugunsten einer sich jung (»halb präpubertär«; *Spiegel*) und unabhängig gerierenden Berufsadoleszenz suspendiert werden: »Alle reden über Kinderkriegen und sind jetzt erwachsen / Ich würd' auch gern reden, leider macht mein Unterkiefer Faxen«. Das verbindende Glied beider Lines ist eine nur oberflächliche Kohäsion über die Wiederaufnahme des Redens – Kinderkriegen und Drogennehmen (bis der Unterkiefer nicht mehr willentlich zu steuern ist) schließen sich darunter implizit aus. Diese These atmet den Geist der »Profilbildung in Opposition zur Erwachsenenkultur« (Gruber 2016: 193).

These 3: Marktstrategisches Kalkül:
Das Split-Video als Neuauflage des Snippet-Tapes

Durchaus ›erwachsen‹ ist indessen das kalkulierte Verwertungsdenken, welches metaleptisch (an dieser Stelle werden neben dem imaginierten Text-Adressaten

---

11 Karate Andi unterläuft diese Haltung dann allerdings wieder durch die Referenz auf die »Rap-am-Mittwoch-Saison«, durch die er sich als den Ursprüngen des Battleraps durchaus zugeneigter Freestyler zu erkennen gibt, der als Sprecher zumindest »früher« »mit Baumarkt-Cans auf Schallschutzwände« »malte«.

real existierende Rezipierende angesprochen) die Goldgrube des popkulturellen Proletenkults apostrophiert: »Guck, wie ich mit der Proll-Scheiße charte«.[12] Dazu passt, dass sich das Split-Video in seiner Materialität, Distribution und Vermarktungslogik als Neuauflage des Snippet-Tapes werten lässt.[13] Obwohl diese Betrachtungsweise in Konflikt mit der zweiten These steht, derzufolge die Kulturpraktiken der Hip-Hop-Wurzeln beargwöhnt werden, ist es Aufgabe der vorzugsweise an Szene-Treffpunkten umgeschlagenen und per Hand gegen Bares ›gedealten‹ Snippet-Tapes gewesen, zu zeigen, was man alles ›drauf hat‹, wie vielseitig das eigene Spektrum an Ausdrucksmöglichkeiten und -stilen realiter ist, mit dem man glänzen kann. Diese aus analogen MC-Zeiten (im doppelten Wortsinn) reanimierte Marketingerwägung[14] greift zum einen den Retro-Missing-Link auf und entbindet zum anderen davon, einen dissonant gehaltenen Aushandlungsraum, der zwischen Polo-Kappe und Proletenkult changiert, zu nivellieren.

LITERATUR

Ege, Moritz (2013): »Ein Proll mit Klasse«. Mode, Popkultur und soziale Ungleichheiten unter jungen Männern in Berlin, Frankfurt a.M./New York: Campus.

Fehr, Helmut (2003): »›Wir‹ versus ›Sie‹ – Fremd- und Selbstbilder neuer politischer Eliten in Polen, der Tschechischen Republik und in Ostdeutschland«, in: Hradil/Imbusch, Oberschichten – Eliten – Herrschende Klassen, S. 401-422.

Gebauer, Gunter (2003): »Aushängeschilder und Identifikationsfiguren: Sporteliten«, in: Stefan Hradil/Peter Imbusch, Oberschichten – Eliten – Herrschende Klassen, S. 193-207.

Gruber, Johannes (2016): Performative Lyrik und lyrische Performance. Profilbildung im deutschen Rap, Bielefeld: transcript.

Güler Saied, Ayla (2012): Rap in Deutschland. Musik als Interaktionsmedium zwischen Partykultur und urbanen Anerkennungskämpfen, Bielefeld: transcript.

Hradil, Stefan/Imbusch, Peter (Hg.) (2003): Oberschichten – Eliten – Herrschende Klassen, Opladen: Leske + Budrich.

---

12 Seitens des Conscious-Raps hält etwa Prinz Pi in *Bombenwetter* (2011) dem Gangsta-Rap vor: »Ich weiß, die primitive Prollschiene / Ist eine ziemlich sich're Goldmine«.
13 Vgl. den Artikel von Annika Mayer in diesem Band.
14 Dass es sich auch um Merchandisefaktoren handelt, macht der Nachspann des Videos evident, in dem T-Shirts und weitere *Turbo*-Devotionalien angepriesen werden.

Kautny, Oliver (2009): »Ridin' the Beat. Annäherungen an das Phänomen Flow«, in: Fernand Hörner/Oliver Kautny (Hg.), Die Stimme im HipHop. Untersuchungen eines intermedialen Phänomens, Bielefeld: transcript, S. 141-171.

Karate Andi (2016a): Gott sieht alles / Eisen. https://www.youtube.com/watch?v=jGG9jbiE-Jg vom 30.09.2019.

Karate Andi (2016b): Track by Track. https://open.spotify.com/album/5Hu1It7x V6GKawT06lcv3t vom 30.09.2019.

Karate Andi (2016c): Eisen. https://genius.com/Karate-andi-eisen-lyrics vom 30.09.2019.

Kemper, Andreas/Weinbach, Heike (2016): Klassismus. Eine Einführung, 2. Aufl., Münster: UNRAST.

Krais, Beate (2003a): »Begriffliche und theoretische Zugänge zu den ›oberen Rängen‹ der Gesellschaft«, in: Hradil/Imbusch, Oberschichten – Eliten – Herrschende Klassen, S. 35-54.

Krais, Beate (2003b): »Die Spitzen der Gesellschaft und die modernen Formen der Herrschaft«, in: Hradil/Imbusch, Oberschichten – Eliten – Herrschende Klassen, S. 101-110.

Marquardt, Philipp H. (2015): Raplightenment. Aufklärung und HipHop im Dialog, Bielefeld: transcript.

Modrow, Lena (2016): Wie Songs erzählen. Eine computergestützte, intermediale Analyse der Narrativität, Frankfurt a.M.: Lang.

Steinwachs, Britta (2015): Zwischen Pommesbude und Muskelbank. Die mediale Inszenierung der »Unterschicht«, Münster: edition assemblage.

Thien, Hans G. (2010): Die verlorene Klasse. ArbeiterInnen in Deutschland, Münster: Westfälisches Dampfboot.

Verfürth, Heinz (2008): Die Arroganz der Eliten, Gütersloh: Gütersloher Verlagshaus.

Wiegel, Martin (2010): Deutscher Rap. Eine Kunstform als Manifestation von Gewalt?, Tectum: Marburg.

Wolbring, Fabian (2015): Die Poetik des deutschsprachigen Rap, Göttingen: V&R.

Vorurteile Pt. III (2014) von Fettes Brot
Auto- und Heterostereotype

Fernand Hörner

1. EINLEITUNG

Das Lied *Vorurteile Pt. III* (2014) von Fettes Brot behandelt auf (selbst-)ironische Weise den Umgang mit Vorurteilen, sowohl innerhalb der Hip-Hop-Community als auch im Allgemeinen in der Gesellschaft. Dabei geht es auch darum, dass der Vorwurf an andere, Vorurteile zu besitzen, selbst wieder zu einem Vorurteil werden kann. Das Lied fungiert als Fortsetzung von *Vorurteile Pt. II* (2014) von Fatoni, Juse Ju und Antilopen Gang. Dieses wiederum ist die Fortsetzung des Songs *Ich habe keine Vorurteile* (2011) von Fatoni, der hier der Einfachheit halber *Vorurteile Pt. I* genannt wird. Fettes Brot gefiel *Vorurteile Pt. II* laut eigenen Angaben so gut, dass sie sich für eine Fortsetzung entschieden, in der sie »den Faden noch ein wenig weiterspinnen« (Husemann 2015) wollten. Das Lied und das zugehörige Video wurden 2014 innerhalb von nur 24 Stunden produziert (vgl. Mittelstraß 2014), dann ausschließlich auf YouTube veröffentlicht und über die Homepage sowie Social-Media-Kanäle der Band geteilt (vgl. Fettes Brot 2014b).

Die Antilopen Gang und Fatoni erfuhren erst dadurch von der Fortsetzung (vgl. ebd.). Laut Björn Beton seien diese zunächst nicht sicher gewesen, ob dieses als Kompliment oder Kritik zu verstehen sei, haben jedoch schnell gemerkt, dass Fettes Brot das Lied »aus reinem Fan-tum [sic]« (Husemann 2015) weitergeschrieben haben. Fatoni fand die Fortsetzung von Fettes Brot »ziemlich cool und lustig« (Mittelstraß 2014). Im Anschluss an ein Treffen zwischen Fettes Brot und der Antilopen Gang entwickelte sich eine Zusammenarbeit und sowohl die Antilopen Gang als auch Fatoni begleiteten die Band auf der Tour als Support (vgl. Husemann 2015). In der Analyse dieses Beitrags geht es um eine Inhaltsanalyse hauptsächlich des Song-Textes sowie seiner intermedialen Verweise. Diese Verweise vollziehen sich nicht nur intratextuell durch Bezug auf die anderen Versionen des Songs sowie allgemeine gesellschaftliche Diskurse über Vorurteile, sondern auch auf Text-Bild-Bezüge.

2. ANALYSE

Die Songs *Vorurteile* in ihren drei verschiedenen Parts nehmen das Thema Vorurteile – oder wissenschaftlicher gesprochen: Stereotype – explizit in den Blick. Unter Heterostereotyp versteht man die Vorstellung, die ich mir von anderen mache. Daneben existieren Autostereotype, also die Vorstellungen, die ich mir von mir selbst mache. Davon ausgehend lassen sich dann Metastereotype beschreiben, etwa die Vorstellungen, die ich mir davon mache, wie der andere mich sieht (vermutetes Heterostereotyp); die Vorstellung, die ich mir davon mache, wie der andere denkt, dass ich mich selbst sehe (vermutetes Autostereotyp) etc. (vgl. Thiele 2015: 30) *Vorurteile Pt. III* ist als Antwort auf die jeweils vorhergehenden Versionen zu verstehen. Deswegen kann eine Analyse des Songs *Vorurteile Part III* sinnvollerweise nur auf einer vorhergehenden Analyse von Part I und II basieren.

2.1 Heterostereotype Sozialfiguren

Alle drei Parts bestehen aus einem Refrain, der Vorurteile thematisiert, sowie jeweils aus einer Strophe von jedem der beteiligten Rapper. Das vordergründige Thema sind Vorurteile gegenüber anderen Gruppen, also Heterostereotypen. Da sich diese auf eine bestimmte soziale Gruppe beziehen, sollen diese als Sozialfiguren bezeichnet werden (vgl. Moebius/Schroer 2010: 8f.).

Die zweite Strophe von Doktor Renz spricht so mehrere dieser Sozialfiguren an: »Deine Mutter liebt diesen Timberlake und dein Vater heißt Mike. Kleiner, ich halte dich für einen Justin« adressiert, mit Bourdieu gesprochen, einen Typus mit geringem kulturellen Kapital, mit einem Faible für kommerzielle Popmusik. Der Name Justin steht dabei stellvertretend für die ganze Sozialfigur und verweist einerseits auf den erwähnten Künstler Justin Timberlake, insinuiert andererseits aber auch, dass diese Sozialfiguren/Gruppen in der Namenswahl fantasielos sind und wenig kulturelles Kapital aufweisen (vgl. Trenkamp 2009). Eine ähnliche Kritik findet sich bereits in Jan Delays Song »Ich möchte nicht, dass ihr meine Lieder singt«, in dem sich von den Fans, welche »Sonnenbank-Funk« und »Talkshow-

Soul« mögen, distanziert wird (vgl. Hörner 2012; Burkhart 2016). Auch hier stehen Sonnenbank und Talkshow-Konsum für Vorlieben, die mit niedrigem kulturellen Kapital verknüpft sind.[1]

Der zweite Teil der zweiten Strophe bricht allerdings mit dieser stereotypen Zuordnung: »Du guckst den neuesten Transformers-Teil am ersten Abend gleich zweimal« verweist ebenso auf Konsumvorlieben mit wenig kulturellem Kapital; die adressierte Person wird aber für einen »Cineasten« gehalten. Dass man unter Cineast einen Kenner der Filmgeschichte sowie der künstlerischen Qualitäten des Kinos (vgl. Wulff o.J.) versteht, konterkariert das Faible für den Hollywood-Actionfilm *Transformers* (2007). Lesbar wird dieser Kommentar insofern als ironischer Spott im Sinne eines Overstatements. Denn eigentlich wird man noch nicht zu einem Cineasten, wenn man einen Actionfilm zweimal hintereinander schaut. In der Strophe wird aber auch deutlich, dass sich Fettes Brot selbst nicht zu den Bildungsbürgern zählen möchten: »Fatoni rollt mit seinem Skateboard direkt vor unseren Nightliner, / wir halten auch für Gymnasiasten«. Hier wird dem Rapperkollegen Fatoni also ein Schulabschluss unterstellt, der ein bildungsbürgerlicher (Mindest-)Standard ist und von dem sich Fettes Brot so rhetorisch abgrenzen. Durch das intramediale Zitat auf den Auto-Aufkleber »Ich bremse auch für Tiere« stünden Gymnasiasten demnach in der Hierarchie der Verkehrsteilnehmer ähnlich weit unten wie Tiere. Dass Fatoni gar keinen gymnasialen Abschluss hat (Husemann 2015), anders als wiederum Fettes Brot selbst, die sich auf dem Gymnasium in Schenefeld kennengelernt haben, deutet auf die Selbstironie hin, die zentraler Bestandteil dieser Lines ist. Die Abgrenzung von institutionalisiertem kulturellen Kapital (Abitur am Gymnasium) wird ironisch gebrochen, zumindest für den Zuhörer, welcher das erforderliche Kontextwissen hat. Dieses Verfahren ist auch als ein Bezug auf *Pt. II* zu sehen, der ähnlich funktioniert. Dort wird ein Fan dafür kritisiert, dass er zu dem eigenen Song der Antilopen Gang *Fick die Uni* (2009) tanzt, ein Song, der selbst wiederum mit heterostereotypen Vorstellungen über Studierende spielt und insofern auch in sich bereits selbstironisch ist, da Teile der Antilopen Gang selbst studiert haben.

Auch die dritte Strophe von König Boris bedient sich Heterostereotypen, in diesem Fall in Bezug auf Social-Media-Prosumenten (vgl. Bruns 2010): »Unter jedem YouTube-Film steht ein Kommentar von dir [...].« In *Pt. I* bemüht Fatoni in der ersten Strophe ähnliche Heterostereotype von BWL-Studenten (arbeitet für große, ethisch umstrittene Firmen, mag Mario Barth, abonniert die *FAZ*, geht zum Bund, wählt FDP).

---

1 Vgl. zu inszenierten Lebensstilentwürfen rund um den Proletenkult Nils Lehnerts Beitrag in diesem Band.

Im *Pt. II* werden, neben den später ausführlicher zu behandelnden Hipster-Stereotypen, auch weitere Sozialfiguren heterostereotypisiert, wie Verschwörungstheoretiker (»Du hast Angst vor Chemtrails, bist ein sogenannter Truther, ich halte dich für einen Spasten«), Umweltbewegte (»Du spendest für den Regenwald und bedrohte Orang-Utans«) oder Esoteriker (»Du hältst dich für auserwählt wie Harry Potter oder Jesus«). Die Zeile (»Ey, du beginnst deine Sätze gerne mit: ›Ich bin kein Rassist, aber…‹, ich halte dich für einen Rassisten«), bricht mit der Erwartungshaltung, indem nicht das Wort ›Spast‹ fällt, dafür allerdings eine Stereotypisierung, welche die angesprochene Person selbst von sich weisen möchte. Stereotypentechnisch gesprochen formuliert die Liedzeile also die Erfahrung, dass Leute, die ein vermutetes Heterostereotyp vorweg entkräften wollen (»damit der andere nicht denkt, ich sei Rassist, sage ich, dass ich es nicht bin«), dann oftmals doch rassistische Stereotypen äußern werden. Der Versuch der Entkräftung eines vermuteten Heterostereotyps in Bezug auf Rassismus wird dann selbst wiederum stereotypisiert im Sinne von »Alle Menschen, die ihre Sätze mit, ›Ich bin kein Rassist, aber…‹ anfangen«, sagen dann eben doch etwas Rassistisches.

In den ersten beiden Parts werden diese Sozialfiguren, in der Regel wie in einer Art Coda, als »Spast« bezeichnet, zumeist in der wiederholten Formulierung »Ich halte dich für einen Spasten«, also einem groben, politisch-unkorrekten, aber im Hip-Hop durchaus gängigen Schimpfwort, das sich von Spastiker ableitet.

Fettes Brot verzichtet auf ›Spast‹ als Reimwort, bezieht sich aber in der Reimstruktur implizit darauf. Denn alle Zeilenenden der Strophe bilden einen Reim oder zumindest eine Assonanz auf -asten:

1. Strophe: Basken, übernachten, wachsen, Fakten
2. Strophe: Justin, Cineasten, krass bin, Gymnasiasten
3. Strophe: quatschen, Spatzen, Katzen

Die Bedeutung dieser Reime ist nur vor dem Kontext der vorhergehenden Parts bedeutsam, insofern als sie auf das für die anderen Parts zentrale verwendete Wort »Spasten« verweist, aber mit der Erwartung dieses Reimwortes bricht.

Bereits in *Pt. I* zeigen sich erste Variationen, in dem auf »Soldaten« – »Spaten« und auf »Freie Demokraten« – »raten« gereimt wird, oder in Bezug auf den Biertrinker nicht von ›Spasten‹, sondern »Kasten« die Rede ist. Auch in *Pt. II* wird insofern schon variiert, als andere Reimwörter gefunden werden (»Meine Freundin ist sehr hübsch und bringt mir Schnitzel und ein Hähnchen, ich halte wirklich nichts von Fasten«) oder die Struktur umgedreht wird (»Du bist ein aggressiver Spast und hast daraus ein Job gemacht, ich halte dich für ein Polizisten«).

Die Funktion dieser Beschimpfungen lässt sich verstehen, wenn man davon ausgeht, dass es neben diesem direkt mit Du angesprochenen Adressaten einen weiteren Empfänger gibt. Spricht Elizabeth Wheeler in Bezug auf frühen US-Rap Grandmaster Flash oder Public Enemy von einer versteckten Polemik, bei welcher der Rapper einen Zuhörer direkt und einen anderen indirekt in provozierender Absicht anspricht (Wheeler 1991: 193), ist dies hier genau umgekehrt. Ein Zuhörer, bzw. hier genauer: eine Sozialfigur, wird direkt polemisch angegangen und somit ein anderer Zuhörer indirekt adressiert, der sich mit dieser heterostereotypen Kritik an der Sozialfigur identifizieren kann.

Dies gilt nicht nur für die Heterostereotypen des Bankers etc., sondern auch für die Kritik an anderen Rappern. *Pt. II* ist hier explizit: »Früher warst du Esperanto, heute Voice of Germany, offensichtlich bist du arm« bezieht sich auf Max Herre, den Sänger von Freundeskreis,[2] der mittlerweile in der Jury der besagten Casting-Show sitzt und dem so kommerzielle Interessen unterstellt werden.»Du hast Kay One gegen Bushido und Shindy verteidigt« rekurriert auf die Auseinandersetzung zwischen den beiden Rappern, welche sich in zwei Songs äußert, wobei es hier also um Kritik an der Unterstützung der Kritik von Kay One gegen Bushido geht.»Du schiebst deine Brille hoch und machst Tracks mit Silbermond« meint vermutlich Curse, der mit der Band Silbermond Songs wie *Bis zum Schluss* (2008) und *Vielleicht* (2008) aufgenommen hat, »Du gehst ans Mic und nennst dich dort ganz dreist Don Fly« verweist auf den gleichnamigen Rapper, gegen den Fatoni in einem Battle angetreten ist (Fatoni/Juse Ju 2011b).

Andere »evaluierte« Rapper wie Don Fly oder Curse werden also direkt adressiert und somit in den Worten Caldwells (2008) evaluiert. Gleichzeitig wird indirekt der Zuhörer angesprochen, der diese Kritik teilt.

Vor diesem Hintergrund sind die Verweise auf Personengruppen durch die Formulierung »die aus München« sowie »die aus Hamburg« als Rudimente dieser Art von Fremdevaluation zu lesen, beziehen sich diese beiden Städte doch auf zwei prägende Hip-Hop-Schulen, wobei Fettes Brot selbst zu Letzterer gezählt werden kann.

Auffällig sind ferner in *Pt. III* die Fremdevaluationen der Schöpfer der beiden vorhergehenden Parts. Neben dem erwähnten Verweis auf Fatoni (»Fatoni rollt mit seinem Skateboard direkt vor unseren Nightliner«) wird auch die Antilopen Gang evaluiert, ein Vorgang, der die gesamte erste Strophe einnimmt: »Du trägst deine Kappe derbe schräg auf dem Kopf, / ich halte dich für einen Basken« bezieht sich insofern auf das Auftreten von Panik Panzer in *Pt. II*.

---

2 Vgl. zu Max Herre und Freundeskreis den Beitrag von Annika Meyer in diesem Band.

Abbildung 1: Screenshot aus Vorurteile Pt. III *(0:13) bei »Basken«*

Quelle: Fettes Brot (2014a)

Abbildung 2: Screenshot aus Vorurteile Pt. II *(0:08) bei »Oberlippenbart«*

Quelle: Fatoni feat. Antilopen Gang & Juse Ju (2014)

Auch Danger Dan wird adressiert: »Danger Dan sieht im Video genauso aus wie ich. / Er ließ sich einen Schnurrbart wachsen. / Vermutlich dachte Dendemann dasselbe über mich, / doch halten wir uns an die Fakten.«

Hier zeigt sich bereits das durchgängige Prinzip der drei Parts, dass Fremdevaluationen eben auch in ironisch gebrochene Selbstevaluationen münden. Der Vorwurf an Danger Dan, wenig originell zu sein und sich den Schnurrbart abgeschaut zu haben, wird gleichzeitig wieder gebrochen, indem Björn Beton dem Vorbild Dendemann huldigt.

2.2 Autostereotype

Paradigmatisch für diese Brechung ist die Logik des Refrains, der in allen drei Parts nach dem gleichen Muster vollzogen wird: »Was, das sind nur Vorurteile? / Ich habe keine Vorurteile, / nur die aus München haben Vorurteile.« Im Refrain erfolgt ein ironisches Metastereotyp in Form eines vermuteten vermuteten Heterostereotyps, also eine Äußerung über die Vorstellung, die der Sprecher sich davon macht, wie die adressierte Person denkt, dass der Sprecher andere Leute sieht.

»Was das sind nur Vorurteile?« fasst zunächst das vermutete vermutete Heterostereotyp zusammen. Das lyrische Ich, der Refrain wird von den Rappern gemeinsam gerappt, erkennt die eigene Stereotypie der Vorurteile und gibt diese Kritik an den eigenen Stereotypen in Form einer Art erlebten Rede wieder. Dieser Satz, sprechakttheoretisch gesprochen, ist ein Phänomen der *dual voice* bei der sich zwei Stimmen überlagern (Pascal 1977): die des lyrischen Ichs sowie die eines anderen Sprechers als das lyrische Ich, welche das Aufzählen von Heterostereotypen durch das lyrische Ich kritisiert.

Auf diese in der *dual voice* vorgetragen Kritik antwortet das lyrische Ich dann mit der Versicherung »Ich habe keine Vorurteile.« Diese Behauptung wird sogleich allerdings wieder ironisch gebrochen durch die Ergänzung »nur die aus München haben Vorurteile«, an anderen Stellen sind es Amerikaner, Japaner, Russen, Busfahrer, Chinesen oder Nazis etc., die Vorteile hätten. Mit anderen Worten: Das lyrische Ich baut so ein komplexes Heterostereotyp auf, nämlich, dass alle diese Gruppen selbst Heterostereotypen in negativer Form von Vorurteilen haben. So wird natürlich auch wieder deutlich, dass das lyrische Ich eben auch Vorurteile in Bezug auf die Vorurteilsbildung dieser Gruppen hat. Auf einer übergeordneten Ebene zeugt diese ironische Brechung durch die Rapper allerdings wieder von einem reflektierten und humorvollen Umgang mit Vorurteilen, oder anders gesagt: Die Rapper wenden sich eben nicht nur explizit an Personen, die ihnen vorwerfen, Vorurteile zu haben, sondern implizit eben auch an Fans, für die sie sich mit einem komplexen, auf mehreren Meta-Ebenen stattfindenden Reflexionsvorgang über Vorurteile als besonders originell und witzig inszenieren.

Der Refrain ist dabei ein intermedialer Verweis auf eine Folge der Simpsons, in der es heißt: »Ich habe keine Vorurteile, nur die Russen haben Vorurteile« (zit. n. Mittelstraß 2014). Die Band Moop Mama mit ihrem Rapper Keno, der früher mit Fatoni zusammengearbeitet hat, verwendete dies bereits in dem Song *Liebe* (2002): »Dabei muss ich schon sagen, Nächstenliebe mag ich gerne, würde sogar den Papst umarmen, wenn ich nicht so ein Arschloch wäre. Was, das sind nur Vorurteile? Ich? Ich habe keine Vorurteile, nur die Russen haben Vorurteile.«

Diese ironische Meta-Stereotypisierung wird insbesondere in *Pt. II* durchdekliniert. Insbesondere in Bezug auf den Begriff ›Spast‹, den Fettes Brot in *Pt. III* ja vermeidet: Neben der Evaluation anderer Rapper findet allerdings auch eine Selbstevaluation statt, die durchweg selbstironisch verläuft. »Du bist motorisch eingeschränkt und gelähmt und du sabberst, ich halte dich für einen Spasten« ist dann wiederum als eine, auch nicht sonderlich freundliche, aber medizinisch annähernd korrekte Beschreibung für Spastiker zu sehen. Hier ist der pejorative Begriff also ansatzweise richtig verwendet.

Eine zweite Ebene der Meta-Stereotypisierung fand bereits in der vorhergehenden Zeile statt: »Und dein Vokabular ist so behindertenfeindlich, ich halte dich für einen Spasten« ist zunächst also als Kritik an der Verwendung des Wortes ›Spast‹ zu sehen, weil es auf Stereotypen und herabwürdigenden Formulierungen gegenüber Nervenkrankheiten basiert. Dass die Verwender dieses behindertenfeindlichen Vokabulars allerdings selbst wieder als »Spast« bezeichnet werden, nimmt das lyrische Ich im Sinne der mehrfachen Brechung also selbst auch nicht aus der Kritik heraus. In der ersten Strophe hat Danger Dan dieses Prinzip ebenfalls angewendet: »Diskriminierung ist behindert, Spast zu sagen ist schwul, ich halte mich für ein Problem / denn ich hab es doch verstanden, doch ich denke es sei cool sowas zu sagen, obwohl ich mich dafür schäm. 4 Minus!« Hier mündet die Selbstevaluation sogar in einer Selbstbenotung bzw. eher eine Fremdbenotung, da das Wort hörbar von einem anderen Rapper gesprochen wird. Diese ironische Meta-Stereotypisierung aus dem Part II wird in Part III hauptsächlich visuell umgesetzt. Während der Stereotypisierung von Panik Panzer als Baske schiebt sich Björn Beton beim Rappen dieses Passus selbst seine Käppi schräg auf den Kopf.

Auch bei der Erwähnung des Schnurrbarts von Danger Dan setzt Björn Beton seinen eigenen Schnurrbart visuell in Szene. Dieser wurde bereits in Part II ironisch thematisiert: »Du bist ironisch und gewagt mit deinem Oberlippenbart, ich halte dich für einen Spasten.« Hier kritisiert Koljah also das Auftreten seines Bandkollegen Danger Dan mit Schnurrbart und markiert dieses gleichzeitig als Ironie, eine Ironie, die er allerdings auch gleichzeitig wieder in Frage stellt (0:08). Auf der ersten Ebene ist als eine Kritik von Koljah an seinem Bandkollegen Danger Dan zu lesen, der eben zu Zeiten dieses Songs einen solchen Oberlippenbart trug und explizit während dieser Zeilen auf diesen zeigt. Auf der zweiten Ebene wird aber auch die Kritik an dieser Kritik wieder kritisiert: »Du findest Hipster dumm und denkst, das wurde noch nie gesagt, ich halte dich für einen Spasten«. Hier findet nicht nur die Kritik der Hipster-Kritik statt. Das Heterostereotyp der Hipster sieht diese mit Oberlippenbart. Hier werden aber nicht die Hipster angeprangert, sondern die Kritik an den Hipstern, weil diese eben auch schon nicht mehr originell sind.

3. FAZIT

Insofern ist es nicht verwunderlich, dass Björn Beton während der Schnurrbart-Passage augenzwinkernd in die Kamera blickt, während er den besungenen Schnurrbart präsentiert. Das Augenzwinkern (vgl. Geertz 1983: 10f.) richtet sich an den Zuschauer und macht deutlich: Das Spiel mit metastereotypen Zuschreibungen setzt aufmerksame ZuhörerInnen und ZuschauerInnen voraus, welche die komplexen intermedialen Verweise entschlüsseln können.

Erst dann lässt sich die ganze Tragweite des analysierten Tracks erkennen, geht es doch nicht einfach um eine grundlegende Kritik an Vorurteilsbildungen, sondern vielmehr um eine subtile Subversion der dabei wirksamen Mechanismen. Wie gezeigt werden konnte, unterläuft *Pt. III* sowohl hinsichtlich der Hetero- als auch der Autostereotype nämlich in sich selbst und mit Bezug auf die Vorgänger-Tracks den hegemonialen Deutungsanspruch aus überlegener Position und stellt kunstvoll performativ die Fehlbarkeit und Vorurteilsbehaftetheit aller Metastereotype aus.

LITERATUR

Bruns, Axel (2010): »Vom Prosumenten zum Produtzer«, in: Birgit Blättel-Mink (Hg.), Prosumer revisited. Zur Aktualität einer Debatte, Wiesbaden: VS, S. 191-205.

Burkhart, Benjamin: »Ich möchte nicht, dass ihr meine Lieder singt (Jan Delay)«, in: Michael Fischer/Fernand Hörner/Christofer Jost (Hg.), Songlexikon. Encyclopedia of Songs. http://www.songlexikon.de/songs/ichmoechtenichtdelay vom 30.09.2019.

Caldwell, David (2008): »The Rhetoric of Rap: A Challenge to Dominant Forces?«, in: Bridging Discourses, ASFLA 2007 Online Proceedings, S. 1-15.

Fatoni feat. Antilopen Gang & Juse Ju (2014): Vorurteile Pt. II. https://www.youtube.com/watch?v=XgOuibCvKNo vom 30.09.2019.

Fatoni/Juse Ju (2011a): »Ich habe keine Vorurteile«, in: Solange Früher Alles Besser War, CD, München: Kopfhörer Recordings.

Fatoni/Juse Ju (2011b): Ich habe keine Vorurteile. https://genius.com/2425188 vom 30.09.2019.

Fettes Brot (2014a): Vorurteile Pt. III. https://www.youtube.com/watch?v=D-5f-A-lN2M vom 30.09.2019.

Fettes Brot (2014b): Was, das sind nur Vorurteile? http://fettesbrot.de/2014/07/18/was-das-sind-nur-vorurteile/ vom 30.09.2019.

Geertz, Clifford (1983): Dichte Beschreibung. Beiträge zum Verstehen kultureller Systeme, Frankfurt a.M: Suhrkamp.

Hörner, Fernand (2012): »Kaufhaus-Punk auf youtube. Mediale Kontrolle zwischen Musiker und Fans am Beispiel von Jan Delay«, in: Stephan Packard (Hg.), Mediale Kontrolle unter Beobachtung. http://www.medialekontrolle.de/wp-content/uploads/2012/04/Hoerner-Fernand-2012-4.pdf vom 30.09.2019.

Husemann, Tina: »Unterhaltung mit Haltung!«, Interview mit Fettes Brot am 12.11.2015. https://thedorf.de/kultur/musik/besuch-von-fettes-brot/ vom 30.09.2019.

Klein, Gabriele/Friedrich, Malte (2003): Is this real? Die Kultur des HipHop, Frankfurt a.M.: Suhrkamp.

Menrath, Stefanie (2001): Represent what ... Performativität von Identitäten im HipHop, Hamburg: Argument.

Mittelstraß, Ann-Kathrin: Fettes Brot covern »Vorurteile«, Interview mit Fatoni am 17.07.2014. https://www.br.de/puls/musik/aktuell/fatoni-interview-vorurteile-fettes-brot-100.html vom 30.09.2019.

Moebius, Stephan/Schroer, Markus (2010): »Einleitung«, in: Stephan Moebius/Markus Schroer (Hg.), Diven, Hacker, Spekulanten. Sozialfiguren der Gegenwart, Berlin: Suhrkamp, S. 7-11.

Pascal, Roy (1977): The dual voice. Free indirect speech and its functioning in the nineteenth-century European novel, Manchester: Manchester University Press.

Thiele, Martina (2015): Medien und Stereotype. Konturen eines Forschungsfeldes, Bielefeld: transcript.

Trenkamp, Oliver (2009): Ungerechte Grundschullehrer. »Kevin ist kein Name, sondern eine Diagnose«. https://www.spiegel.de/lebenundlernen/schule/ungerechte-grundschullehrer-kevin-ist-kein-name-sondern-eine-diagnose-a-649421.html vom 30.09.2019.

Wheeler, Elizabeth A. (1991): »Most of My Heroes Don't Appear on No Stamps. The Dialogics of Rap Music«, in: Black music research journal 11 (2), S. 193-216.

Wulff, Hans J. (o.J.): »Cineast/Cineasmus«, in: Hans J. Wulff/Theo Bender (Hg.), Lexikon der Filmbegriffe. https://filmlexikon.uni-kiel.de/index.php?action=lexikon&tag=det&id=980 vom 30.09.2019.

Sex | Gender | Soziale Position

»Das ist ein Hotel und alle Nutten müssen auschecken«

Eine framesemantische Analyse von Edgar Wassers *Bad Boy* (2014)

Sina Lautenschläger

> »Hip-Hop ist ein Spiegel der Gesellschaft
> und darin sieht man halt scheiße aus
> wenn man das weibliche Geschlecht hat«
> *Edgar Wasser:* Bad Boy

1. EINLEITUNG

Im Hip-Hop sind »Frauen bloße sexuelle Reizobjekte und Wegwerfware für den Mann«, sie »werden mit verächtlichen Begriffen wie ›Nutten‹ oder ›Huren‹ bezeichnet« (Carus/Hannak-Mayer/Staufer 2016: 18) und »[sind], wenn sie in Rap-Videos von männlichen Rappern auftreten, meist nur sexistisches, schmückendes Beiwerk« (Güler Saied 2012: 51) – was oftmals als generalisierende Aussage über ›das‹ Frauenbild in ›dem‹ Hip-Hop begegnet, wird auch in Edgar Wassers Track *Bad Boy* (*Tourette Syndrom*-EP, 2014) aufgegriffen.

Anzumerken ist an dieser Stelle, dass es ›den‹ Hip-Hop genauso wenig gibt, wie es ›den‹ Mann oder ›die‹ Frau gibt – nichtsdestotrotz existieren vereinfachende, die heterogene Komplexität verschiedener Phänomene auf ein scheinbar homogenes Gefüge herunterbrechende Vorstellungen, die sich als dominant bezeichnen lassen: »Die konkurrierenden Diskurse über einen Gegenstand [...] sind demnach nicht gleichberechtigt, sondern weisen eine Hierarchie auf.« (Frank 1996: 191) So ist die massenmediale, öffentliche Auseinandersetzung mit deutschem Rap maßgeblich geprägt vom Gangsta-Rap, der sich durch die Glorifizierung des *Pimps* – nicht nur verstanden als Zuhälter, sondern als generalisierter Vertreter eines auf Prunk und Protz basierenden, exklusiven Lebensstils – ebenso auszeichnet wie durch Misogynie und Homophobie (vgl. Güler Saied 2012: 41).

In *Bad Boy* greift Edgar Wasser auf ironische Weise die Frauenfeindlichkeit im deutschen (Gangsta-)Rap auf und entlarvt dabei gängige Argumentationen als unzulänglich. Der Track zeichnet sich dabei neben Ironie insbesondere durch seine Referenz auf als bekannt vorausgesetzte Wissensbestände aus: Neben expliziten sowie generalisierten intertextuellen Verweisen auf andere Rapper*innen begegnen auch Bezugnahmen auf Geschlechterstereotype inner- und außerhalb der Szene. Ebenjene Präsuppositionen lassen sich framesemantisch als Standardwerte fassen, die – ebenso wie Argumentationsmuster – Aufschluss geben über das in einer Gesellschaft vorhandene und gültige Wissen.

Über Sprache bzw. Sprachgebrauch lässt sich stets ein Rückschluss auf die Sprachgemeinschaft und ihr *verstehensrelevantes Wissen* (Busse 1997) ziehen, und ebendieses komplexe »Geflecht von Wissenselementen« (Busse 2009: 85) soll im Folgenden linguistisch analysiert werden. Dazu erfolgt in gebotener Kürze die Darstellung typischer sprachlich-stilistischer Charakteristika von deutschen Rap-Texten im Allgemeinen sowie im direkten Zuschnitt auf *Bad Boy* und eine knappe Darlegung der Frame- und Toposanalyse. Im direkten Zusammenhang mit diesen theoretischen Erörterungen findet die Analyse des Tracks statt, sodass ein gesonderter Analyse-Abschnitt entfällt. Der Fokus liegt dabei auf dem Text, und obwohl multimodale Aspekte bedeutsam sind (vgl. Klug 2016), können sie nur an wenigen Stellen einbezogen werden.

2. SPRACHLICH-STILISTISCHE MERKMALE

Wird im Folgenden von Hip-Hop gesprochen, so beziehen sich die Ausführungen lediglich auf die Rap- und somit auf die Textkomponente. Ein generelles Merkmal ist dabei das sogenannte *Signifyin'*, bei dem es darum geht, »[g]enau das nicht zu sagen, was eigentlich gemeint ist, also Aussagen verzerrt oder umgekehrt beziehungsweise übertrieben darzustellen« (Güler Saied 2012: 18). Neben *Boasting* und *Dissing* – also der (übertriebenen) Überhöhung der eigenen Fähigkeiten/Eigenschaften und dem Beleidigen anderer Rapper*innen (vgl. Gruber 2017) – lässt sich hier auch die Ironie (s.u.) zuordnen.

Außerdem sind der kreative Umgang mit Sprache und die Komplexität der Texte salient, die ein gewisses Maß an Sprachkompetenz voraussetzen. Derartiges Sprachvermögen äußert sich durch bestimmte Stilmittel wie Doppeldeutigkeit,

Metapher oder Vergleich (vgl. Bayer 2004: 452). Die Doppeldeutigkeiten manifestieren sich etwa durch den gezielten Einsatz polysemer Verben (z.B. *anziehen*: »[...] wenn sie als Frauen angezogen sind / von einer Szene, in der Frauen meist nicht angezogen sind / dann hat das schon 'nen Grund [...]«[1]). Mit dem Vergleich »Ich mein' das gar nicht böse, sondern ehrlich / das heißt, ich zeige eigentlich wahre Größe wie mein' Penis«, der ein Beispiel für Boasting ist, verweist Edgar Wasser auf dreierlei: 1. sein Penis ist groß (und er ist deshalb besonders männlich), 2. seine charakterliche Größe ist ebenso groß wie sein Penis, 3. zeigt er seine charakterliche Größe ebenso häufig/deutlich wie er sein Genital zeigt und suggeriert damit rege sexuelle Aktivität oder zumindest Freizügigkeit.

Diese Trias kann als ironische Bezugnahme auf die (multimodale) Konstruktion von Männlichkeit innerhalb des (Gangsta-)Raps verstanden werden (s.u.). Auch sind Metaphern auffällig, bei denen wie bei Vergleichen ein X_1 mit einem X_2 bezüglich der Merkmale y in Relation gesetzt wird (vgl. Kohl 2007), etwa in den Lines »Das ist ein Hotel und alle Nutten müssen auschecken« oder »Hip-Hop ist ein Spiegel der Gesellschaft / und darin sieht man halt scheiße aus / wenn man das weibliche Geschlecht hat«. Am ersten Beispiel ist zunächst erkennbar, dass 1. die Bezeichnung *Nutte* als Substitut für *Frau* verwendet wird, was wiederum mit der intertextuellen Ausgerichtetheit in Zusammenhang steht, wodurch 2. die zumindest im Gangsta-Rap ›gängige‹ Bezeichnungspraxis (kritisch) aufgenommen wird (vgl. den Bezug zu Kollegah; Abschnitt 3). 3. zeigt sich, dass mit dem anadeiktischen Ausdruck *das* (»*Das* ist ein Hotel«) in Form einer innovativen Metapher ein Bezug zum Hip-Hop hergestellt wird, in dem nur für bestimmte Gäste (= Männer) Platz ist, und Frauen daher »auschecken« müssen. Auch im zweiten Beispiel liegt eine (klischeehafte) Metapher vor, bei der letztlich die Metaphorizität insofern gebrochen wird, als nicht mehr Bezug genommen wird auf einen metaphorischen, sondern wortwörtlich gemeinten Spiegel, in dem man »scheiße aus[sieht]«, wenn man eine Frau ist. Zugleich offenbart sich durch die Spiegel-Metaphorik eine gängige Argumentationspraxis, auf die noch eingegangen wird.

Daneben ist die bereits erwähnte Intertextualität stark ausgeprägt: Rap-Texte sind »nicht als isolierte sprachliche Gebilde« zu verstehen, sondern als »*auf jeweils aktuelle kulturelle Kontexte bezogen*« (Bayer 2004: 458), d.h. »bestehende Diskurse werden aufgegriffen und interaktionistisch verhandelt« (Güler Saied 2012: 67). Dies manifestiert sich nicht zuletzt in den sogenannten *Answer-Songs*

---

1   Im Folgenden werden die Zitate, die aus dem analysierten Track *Bad Boy* stammen, nicht mehr mit einem Quellenhinweis versehen.

(vgl. ebd.: 33), d.h., dass Bezug genommen wird auf Tracks oder ganze Images[2] anderer Künstler*innen. Das kann ganz explizit mit namentlicher Nennung geschehen (in *Bad Boy* mit Bezug auf Kollegah und diverse Rapperinnen[3]) oder aber mit einer generalisierten Referenz auf ›die gesamte‹ Szene (hier: die Darstellung von bzw. der Umgang mit Frauen im Rap).

Ebenfalls ein wichtiges Kennzeichen von Rap ist die (Selbst-)Inszenierung bzw. das Image der Künstler*innen, also das Repräsentieren von X (vgl. Androutsopoulos 2003: 274; Gruber 2017: 24). X steht dabei für ein Bündel kultureller Praktiken, wie ein bestimmter Lifestyle (als *Pimp* oder *real Gangster*), der sowohl eine bestimmte Haltung (z.b. die Konzeption von Frauen als Sexobjekte) als auch bestimmte optische Merkmale (z.b. tätowierte, muskulöse Oberarme) mit sich bringt und bestimmte Handlungen nahelegt (z.B. Drogenkonsum, Waffenbesitz). Dieses »das kulturelle Handeln leitende[] Schlüsselkonzept« (Androutsopoulos 2003: 274) wird unter Schlagwörtern wie *Authentizität*, *Realness* oder *Street-Credibility* (vgl. Gruber 2017) verhandelt und an bestimmten Leitbildern gemessen. Daher »verwundert es nicht, dass die mediale Inszenierung der Rap-Musik in den Videos sehr große Gemeinsamkeiten aufweisen [sic!]« und »häufig dieselben Muster anzutreffen [sind]«. (Güler Saied 2012: 81) Insbesondere *doing gender* (West/Zimmermann 1987), also die interaktive Konstruktion des soziokulturellen Geschlechts, das man nicht einfach *hat*, sondern im und als sozialen Prozess aktiv *herstellt*, und *doing being bad* (Bukop/Hüpper 2012) spielen dabei insbesondere in den Videos eine übergeordnete Rolle:

»Die Repräsentation von Männlichkeit ist hierbei ein Feld, das bei allen Künstlern Parallelen aufweist: Muskulöse Oberarme mit Tätowierungen, die demonstrativ in die Kamera gehalten werden, sind in der visuellen Inszenierung vieler Rap-Videos zu beobachten. Daneben sind Kampfhunde und Waffen sowie die Platzierung im eigenen urbanen Quartier von zentraler Bedeutung.« (Güler Saied 2012: 81)

Diese musterhafte Konstruktion von Männlichkeit wird von Edgar Wasser nicht nur verbal, sondern auch auf bildsprachlicher Ebene im Video (vgl. Edgar Wasser

---

2 Bei den Images handelt es sich um »das Ergebnis einer – überwiegend bewussten – Selbstinszenierung des Künstlers, ›einer *Fiktionalisierung seiner Selbst*‹ (Szillus 2012: 41)« (Gruber 2017: 24).

3 Diese Bezugnahme ist insofern wichtig, als er dort nur Rapperinnen aufzählt und sich selbst an letzter Stelle nennt, was bedeutet, dass er sich auf Seiten der Frauen in der Rap-Szene positioniert, was seinen Track entsprechend kontextualisiert und als Indikator für dessen Ironie (s.u.) angesehen werden kann.

2014b) aufgegriffen. Besonders hier zeigt sich die Notwendigkeit eines multimodalen Ansatzes, der aufzeigt, wie »sich die Zeichenmodalitäten im Rahmen der Bedeutungsbildung wechselseitig [...] fokussieren, ergänzen oder engführen« (Klug 2016: 174). Entsprechend karikiert der Rapper einerseits die stereotypische Männlichkeitskonstruktion durch seine eigene Darstellung als gelehrten »Dr. Wasser«[4] mit Rundbrille, Anzug und Aktentasche. Andererseits persifliert er die Geschlechterkonstruktion nicht nur durch den Songtext und die projizierten Folien im Video (wobei in Abb. 1 zudem die Wertschätzung von Kampfhunden aufgegriffen wird), sondern auch durch das gesamte Szenario: Das Video situiert den Rap-Text in einer Unterrichtssituation, in der die ausschließlich weibliche Klasse darüber belehrt wird, dass es »im Hip-Hop keine Frauenrechte [gibt]«, Frauen »die Klappe halten« und damit leben müssen, dass sie »Objekte und nicht die Künstler« sind. Sie sind also »hier nicht richtig«, es sei denn, sie sind gutaussehend, dann dürfen sie »ins Hotelzimmer rein und in die Musikvideos auch«, denn das »[reicht] zum Wichsen«.

Abbildung 1: Still aus dem Video zu Bad Boy

Quelle: Edgar Wasser (2014b: 01:50)

---

4 Zu Beginn des Videos (00:11) schreibt er seinen Namen als »Dr. Wasser« an die Tafel.

Die benannten Musterhaftigkeiten sedimentieren sich besonders deutlich im Gangsta-Rap, der in den Medien häufig als Repräsentant für ›den‹ Hip-Hop herangezogen wird. Edgar Wasser hingegen lässt sich dem als Gegenpol dazu bezeichneten *Conscious-Rap* zuordnen. Während dieser typischerweise Texte aufweist, »in denen politische und sozialkritische Botschaften formuliert sind« (Ismaiel-Wendt 2001: 260), fokussiert jener Themen »wie Prostitution, Gewalt, Drogenkonsum und Sex« (Wiegel 2010: 18).

Was sich neben der Sozialkritik als besonders bedeutsam für *Bad Boy* erweist, ist das rhetorische Stilmittel der Ironie. Ironisch-Sein bedeutet »Einstellungen oder Gefühle auszudrücken, die man nicht hat, und gleichzeitig zu verstehen zu geben, daß man sie nicht hat« (Lapp 1992: 141). Dabei ist es maßgeblich – und dies verweist zurück auf Edgar Wassers Image als Conscious-Rapper und die Voraussetzung, dass sich seine anti-sexistische Haltung als bekannter Standardwert versteht –,

»daß ironische Äußerungen vorwiegend dann verwendet werden, wenn die Bedingungen, sie als ironisch zu verstehen, optimal sind. Der Sprecher sagt etwas, das im Idealfall für den Eingeweihten *in evidenter Weise* mit der Situation oder dem Kontext kollidiert.« (Lapp 1992: 141)

Obwohl es vielerlei Bemühungen gab, bestimmte (para-)sprachliche Mittel als zuverlässigen Indikator für Ironie zu klassifizieren (vgl. Groeben/Scheele 1984: 58ff.), scheint insbesondere der Einbezug des kommunikativ-pragmatischen Rahmens (vgl. Gardt 2012) der beste zu sein, da »Ironie durchaus völlig ohne ›Signalisierung‹ geäußert werden kann – wenn z.B. ein genügend eindeutiger situativer Kontext vorliegt« (Groeben/Scheele 1984: 59). Der Kontext und die mit ihm einhergehenden Präsuppositionen sind also maßgeblich für den Einsatz und das Verstehen von Ironie, daher »[steigt] die Signalisierungs-Intensität in dem Maße, wie die situative Stützung schwächer wird.« (Ebd.: 61) Es gehört somit »zu den Erfolgsbedingungen ironischer Äußerungen, daß der Sprecher voraussetzen muß, daß der Hörer die wirkliche Einstellung des Sprechers kennt« (Lapp 1992: 148).

Dass *Bad Boy* ironisch aufzufassen ist, lässt sich daher durch den Text selbst nur schwer erschließen, sondern geht primär aus Edgar Wassers Image hervor. Er scheint zur Entschlüsselung der Ironie auf das Erkennen des »*Widerspruch[s] zu generellem Wissen über mögliche Sachverhalte*« und der »*Widersprüche aufgrund allgemeiner Werte und Normen*«[5] (Groeben/Scheele 1984: 71) vertraut zu haben, was offenbar missglückte, denn in seinem Track *14.11.14* äußert er mit Referenz auf *Bad Boy* explizit, dass dieser sich gegen Sexismus wende und dessen Ironie nicht verstanden wurde: »Ich schrieb einen Song namens ›Bad Boy‹, der gegen Sexismus ist / doch irgendwie verstanden die meisten Menschen die Message nicht / [...] ist halt so 'ne Sache mit Ironie«.

3. FRAMES UND TOPOI

Bei einem framesemantischen Ansatz werden Sprache, Wissen und (Be-)Deutung in sehr engen Bezug zueinander gesetzt: »Sprachliche Zeichen setzen in Kommunikationszusammenhängen Anhalts- und Markierungspunkte, die es ermöglichen, den Bedeutungsgehalt [...] im impliziten Rückgriff auf Weltwissen zu konstruieren.« (Busse 2009: 84) Wichtig ist also, dass nur so viel geäußert wird, wie es in der konkreten Situation als zum Verstehen notwendig erachtet wird – alles andere wird als bereits Gewusstes vorausgesetzt.

Über die Sprachverwendung ist es daher möglich, Rückschlüsse auf die Wissensrahmen (Frames) zu ziehen, die in einer Sprachgemeinschaft (nicht mehr) expliziert werden. Sie bestehen aus drei Strukturelementen: Slots, Füll- und Standardwerten. Während Slots das Prädikationspotenzial eines Frames in Form sinnvoll zu stellender Fragen anzeigen,[6] sind Füllwerte die in der Datenbasis vorhandenen Füllungen dieser Slots. Standardwerte sind verstehensrelevante, aber nicht gegebene, sondern vorausgesetzte und stereotypisch erwartbare Informationseinheiten (vgl. Lautenschläger 2018: 13).

Bedeutsam sind in diesem Zusammenhang und in Bezug auf *Bad Boy* Assoziationsstereotype. Sie zeichnen sich dadurch aus, dass sie »mit einem sprachlichen

---

5   Hierbei handelt es sich »z.b. um das Behaupten absurder Dinge, um übertriebene Beschreibungen« und darum, dass die »in der wörtlichen Bedeutung der Äußerung konstituierten/implizierten Werte, Bewertungen, Ziele, Normen allgemein anerkannten [widersprechen]« (Groeben/Scheele 1984: 71).

6   So verweisen diese Fragen auf zum Frame passende, aber nicht gefüllte Anschlussstellen. Die Slots der Äußerung *Ich esse* können z.B. sinnvoll mit *Was isst du? Wo isst du? Seit wann isst du?* usw. erfragt werden, nicht aber mit *Wen isst du?*, da Kannibalismus in unserem Kulturkreis weder gängig noch legal ist und daher als nicht sinnvoller (wenngleich nicht unmöglicher) Slot des *Essen-Frames* kategorisiert wird.

Ausdruck verbundene Bedeutungsassoziationen [erfassen] [...] [und] damit mentale Repräsentationen sozial geteilter Zuschreibungen [sind], welche die im engeren Sinn semantische Bedeutung ergänzen« (Stocker 2005: 72). So, wie man »mit *Blondine* Eigenschaften wie ›ist sexy‹, ›ist dumm‹ u.Ä. [assoziiert]« (ebd.), werden z.B. mit Frauen bestimmte Eigenschaften verbunden, etwa, dass sie das schöne Geschlecht sind, weshalb sie mitunter zu Sexobjekten stilisiert werden (sie sind »Objekte und nicht die Künstler«, sehen »geil aus« [...], »was zum Wichsen reicht«), oder, dass sie im häuslichen Bereich wirken (»[lesen] Kochrezepte«, »[machen] Wäsche«).

Stereotype im Allgemeinen haben positive wie negative Aspekte: Sie sind zum einen ein kognitiv notwendiges (Hilfs-)Mittel zur Vereinfachung und Reduktion der Informationsflut der sozialen Umwelt, zum anderen gelten sie aber auch »als emotional bewertend und weitgehend resistent gegen gesellschaftliche und individuelle Veränderungen.« (Stocker 2005: 57) Gerade in Bezug auf Geschlechterrollen zeigt sich diese Änderungsresistenz, die mitunter in *Bad Boy* aufgegriffen wird. Dabei wird auch mit Traditionen argumentiert, was sich mittels einer Toposanalyse (nach Wengeler 2003) aufzeigen lässt. Während es bei Frames ganz generell um das Geflecht aus Sprach- und Weltwissen geht, fokussiert die Toposanalyse Argumentationsmuster, die aber wiederum stark von gesellschaftlichem Wissen abhängen:

»In ihrem Zentrum steht das Enthymem, ein Schlussverfahren, [...] das [...] dem alltagspraktischen Argumentieren [dient]. Die mit seiner Hilfe gewonnenen Schlüsse sind nicht zwingend logisch ableitbar, da die in ihm angesetzten Prämissen nicht [...] aus sich selbst heraus verständlich sind, sondern erst vor dem Hintergrund gesellschaftlichen Wissens, gesellschaftlicher Überzeugungen Bestand haben.« (Gardt 2012: 70)

Besagtes Enthymem ist dreiteilig, es besteht aus einer strittigen These, die mittels eines stützenden Arguments zu einer anerkannten Konklusion werden soll, und der Schlussregel, die auch als Topos bezeichnet wird (vgl. ebd.: 71). Bedeutsam ist dabei, »dass über die Gültigkeit der Schlussregel [...] auf der Basis allgemeiner Erfahrungen [entschieden wird], die in den Bereich des gesellschaftlichen Lebens fallen.« (Ebd.: 70) Die Schlussregel muss daher nicht explizit werden, da sie sich – als Standardwert – wie von selbst versteht und vorausgesetzt werden kann.

Abbildung 2: Enthymem ohne und mit konkretem Beispiel

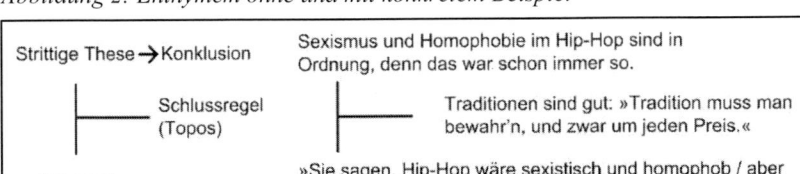

Quelle: eigene Darstellung

Bad Boy ist durchzogen von Argumentationsmustern, die auf Standardwerten basieren und stark diskursiv eingebettet sind. Als Beispiel sei neben dem in Abb. 2 aufgezeigten Traditions-Topos noch der Autoritäts-Topos genannt, der ebenso dazu dient, die sexistische Grundhaltung im Gangsta-Rap zu rechtfertigen. Beim Autoritäts-Topos liegt diese Schlussregel zugrunde: »Weil eine als Experte oder Autorität ausgewiesene Person [...] eine bestimmte Handlung befürwortet [...], sollte diese Handlung ausgeführt [...] werden.« (Wengeler 2003: 321) Dieser Topos äußert sich in der Line »Es ist nicht dumm, Frauen Huren zu nenn'n / das macht Kollegah auch, und der ist klug, der ist Jurastudent«, wobei mit dem Berufen auf Kollegah zugleich der Intelligenz-Topos durchscheint: Wenn eine Person Jura studiert (hat), gilt sie als intelligent. Daraus folgt auch, dass intelligente Personen kluge Entscheidungen treffen, die befürwortet werden sollten. Die Schlussfolgerung lautet hier entsprechend:

Kollegah hat Jura studiert und ist deswegen intelligent. Intelligente Personen verhalten sich klug. Wenn also eine intelligente Person wie Kollegah Frauen als Huren bezeichnet, dann ist das klug, weshalb diese Bezeichnungspraxis übernommen werden sollte.

Der Aufgriff des Sexismus-Diskurses – zum einen gibt es den öffentlich bekannten Vorwurf, dass ›der‹ Hip-Hop sexistisch sei (»*Sie* sagen, Hip-Hop wäre sexistisch [...]«), zum anderen die dazugehörige Abwehrargumentation, dass »[d]eutscher Rap nicht sexistischer [ist] als der Rest der Gesellschaft!« (Stracke 2016) – manifestiert sich z.B. in diesen Zeilen: »Hip-Hop ist ein Spiegel der Gesellschaft / und darin sieht man halt scheiße aus / wenn man das weibliche Geschlecht hat«. Es handelt sich also nicht nur um eine Metapher, sondern auch um eine komplexe und intertextuell ausgerichtete Argumentation, die folgende Elemente enthält:

1. Hip-Hop ist sexistisch und benachteiligt Frauen, aber
2. Hip-Hop ist nicht verantwortlich für den Sexismus, denn
3. er spiegelt lediglich gesamtgesellschaftliche (und tradierte) Verhältnisse, bringt sie aber nicht selbst hervor. Dadurch sind

4. die Rapper*innen der Verantwortung enthoben und können weiterhin (szeneintern) gängige Rollenbilder reproduzieren.

Und eben diese Grundannahmen und Praktiken prangert Edgar Wasser unter Einsatz von Ironie als unhaltbare Zustände an.

4. FAZIT

Wie gezeigt, besteht ›der‹ Hip-Hop nicht nur aus besonders medienpräsenten Skandal-Stars, deren Texte den Pimp-/Gangster-Lifestyle glorifizieren und die Frau als Sexobjekt degradieren. Rap kann, und dafür steht Edgar Wassers *Bad Boy*, sozialkritisch sein und diese Botschaften auf sprachlich komplexe und facettenreiche Weise transportieren. Dabei wird zum einen ein hohes Maß an Vorkenntnis spezieller (Szene-)Diskurse und persönlicher Positionierungen vorausgesetzt: Die Kontrastierung von Conscious- mit Gangsta-Rap vollzieht sich durch die Anwendung von Ironie, die nur im Hinblick auf Hintergrundwissen als solche erkannt werden und ihre Wirkung entfalten kann.

Diese benötigten Wissensbestände sind wiederum abhängig von der Kenntnis der Persönlichkeiten: Im Falle von *Bad Boy* wird insbesondere auf Kollegah referiert, der als Stellvertreter des Gangsta-Raps herangezogen wird und als Negativbeispiel fungiert, insbesondere, was das vertretene Frauenbild anbelangt. Neben diesen szenespezifischen intertextuellen Verweisen wird zudem auf gesamtgesellschaftlich vorhandene Wissensbestände wie z.B. Geschlechter(un)gerechtigkeit referiert, die sich als Standardwerte, auch innerhalb von Argumentationsmustern, manifestieren sowie greifen und kritisieren lassen.

LITERATUR

Androutsopoulos, Jannis (2003): »HipHop im Web: Zur Stilanalyse jugendkultureller Websites«, in: Stephan Habscheid/Ulla Fix (Hg.), Gruppenstile. Zur sprachlichen Inszenierung sozialer Zugehörigkeit, Frankfurt a.M.: Lang, S. 271-292.
Bayer, Klaus (2004): »Rap-Texte«, in: Mitteilungen des Deutschen Germanistenverbandes. Sprache und Bild I, 1/2004, Bielefeld: Aisthesis, S. 450-459.

Bukop, Marie-Louise/Hüpper, Dagmar (2012): »Geschlechterkonstruktionen im deutschsprachigen Porno-Rap«, in: Susanne Günthner/Dagmar Hüpper/Constanze Spieß (Hg.), Genderlinguistik. Sprachliche Konstruktionen von Geschlechtsidentität, Berlin/Boston: de Gruyter, S. 159-194.

Busse, Dietrich (1997): »Semantisches Wissen und sprachliche Information. Zur Abgrenzung und Typologie von Faktoren des Sprachverstehens«, in: Inge Pohl (Hg.), Methodologische Aspekte der Semantikforschung, Frankfurt a.M.: Lang, S. 13-34.

Busse, Dietrich (2009): Semantik. Eine Einführung, Paderborn: Fink.

Carus, Birgit/Hannak-Mayer, Martina/Staufer, Walter (2016): Hip-Hop-Musik in der Spruchpraxis der Bundesprüfstelle für jugendgefährdende Medien (BPjM) – Rechtliche Bewertung und medienpädagogischer Umgang. https://www.bundespruefstelle.de/blob/129476/157ac10f1f60cfbd2eaa4c4581ffec50/bpjm-thema-hip-hop-data.pdf vom 30.09.2019.

Edgar Wasser (2014a): Bad Boy. https://genius.com/Edgar-wasser-bad-boy-lyrics vom 30.09.2019.

Edgar Wasser (2014b): Bad Boy. https://www.youtube.com/watch?v=JGM5a6-77o4 vom 30.09.2019.

Frank, Karsta (1996): »Political Correctness: Ein Stigmawort«, in: Hajo Diekmannshenke/Josef Klein (Hg.), Wörter in der Politik. Analysen zur Lexemverwendung in der politischen Kommunikation, Opladen: Westdeutscher Verlag, S. 185-218.

Gardt, Andreas (2012): »Textsemantik. Methoden der Bedeutungserschließung«, in: Jochen A. Bär/Marcus Müller (Hg.), Geschichte der Sprache und Sprache der Geschichte. Probleme und Perspektiven der historischen Sprachwissenschaft des Deutschen. Oskar Reichmann zum 75. Geburtstag, Berlin: Akademie, S. 60-81.

Groeben, Norbert/Scheele, Brigitte (1984): Produktion und Rezeption von Ironie, Tübingen: Narr.

Gruber, Johannes (2017): Performative Lyrik und lyrische Performance. Profilbildung im deutschen Rap, Bielefeld: transcript.

Güler Saied, Ayla (2012): Rap in Deutschland. Musik als Interaktionsmedium zwischen Partykultur und urbanen Anerkennungskämpfen, Bielefeld: transcript.

Ismaiel-Wendt, Johannes (2011): Tracks'n'treks: Populäre Musik und postkoloniale Analyse, Münster: Unrast.

Klug, Nina-Maria (2016): »Multimodale Text- und Diskurssemantik«, in: Nina-Maria Klug/Hartmut Stöckl (Hg.), Handbuch Sprache im multimodalen Kontext, Berlin/Boston: de Gruyter, S. 165-190.

Kohl, Katrin (2007): Metapher, Stuttgart/Weimar: Metzler.

Lapp, Edgar (1992): Linguistik der Ironie, Tübingen: Narr.

Lautenschläger, Sina (2018): Geschlechtsspezifische Körper- und Rollenbilder. Eine korpuslinguistische Untersuchung, Berlin/Boston: de Gruyter.

Stocker, Christa (2005): Sprachgeprägte Frauenbilder. Soziale Stereotype im Mädchenbuch des 19. Jahrhunderts und ihre diskursive Konstituierung, Tübingen: Niemeyer.

Stracke, Yannik (2016): Deutscher Rap ist nicht sexistischer als der Rest der Gesellschaft! [Kommentar]. https://rap.de/meinung/90053-frauen-und-sexismus-im-deutschrap/ vom 30.09.2019.

Wengeler, Martin (2003): Topos und Diskurs. Begründung einer argumentationsanalytischen Methode und ihre Anwendung auf den Migrationsdiskurs (1960-1985), Tübingen: Niemeyer.

West, Candice/Zimmermann, Don (1987): »Doing Gender«, in: Gender and Society, Vol. 1, No. (2), S. 125-151.

Wiegel, Martin (2010): Deutscher Rap – eine Kunstform als Manifestation von Gewalt?, Marburg: Tectum.

»Wie dieses scheiß Verhalten / nur dazu führt, dass wir uns noch weiter spalten«
Verschwimmende (Geschlechter-)Dichotomien in Agent Olivia Oranges *Morpheus* (2013)

Sven Puschmann, Felix Woitkowski

1. EINLEITUNG

Agent Olivia Orange (im Folgenden AOO) ist nach den typischen Kennziffern keine repräsentative Größe der Hip-Hop-Szene: Sie hat keinen Label-Vertrag, kein Album veröffentlicht und sich nach einem Freestyle-Battle gegen DeeLah im Rahmen der 1on1-Tour 2009 sowie nur wenigen im Internet veröffentlichten Tracks und Features aus der Öffentlichkeit zurückgezogen. AOO ist somit ein Beispiel für zahlreiche Rapper_innen, die im szeneintern hochgelobten ›Underground‹ agieren und deren Musik ähnlich der ›grauen Literatur‹ nicht im kommerziellen Musikbetrieb stattfindet. AOOs kurze Schaffenszeit hat ausgereicht, um große Wertschätzung aus dem Feld deutscher Rapper_innen auf sich zu ziehen. So lobt Koljah, Mitglied der Antilopengang, auf seiner Facebook-Seite: »Natürlich ist Agent Olivia Orange die beste Rapperin, wer sonst?« (Kolja 2012)

Nicht nur AOOs Werk ist – aufgrund ihrer Publikationspraxis – schwer erfassbar, dies trifft auch auf AOO als Rapschaffende zu: So unterscheidet sie sich von anderen Female MCs wie SXTN, Hayiti, Schwesta Ewa oder Eunique in auffälliger Weise. Sie entzieht sich, wie noch zu zeigen sein wird, einer geschlechtsbezogenen Verortung und provoziert gerade deshalb auf ihr Geschlecht bezogene Reaktionen von Seiten der Fans. Gerade weil Fragen des Geschlechts »zu den entscheidenden Aspekten des persönlichen Lebens, der gesellschaftlichen Verhältnisse und der Kultur« gehören, gerät AOO durch ihre geschlechtsbezogene Unfassbarkeit in eine regelrechte »Arena, in der es um schwierige praktische Fragen der Gerechtigkeit, der Identität und selbst des Überlebens geht« (Connell 2013: 13). Die Schärfe der Fan-Reaktionen belegt dies, wie in Kap. 2 deutlich wird. Das Ziel des vorliegenden Beitrags ist daher die Greifbarmachung einer auf mehreren Ebenen ungreifbaren Künstlerin. Der eigentlichen Einzeltextanalyse vorgeschaltet sind zwei Kapitel, die sowohl die drastischen Reaktionen des Fantums auf AOO als auch die Ansätze aus der Rap-Forschung zur Kategorisierung weiblicher MCs darstellen. Beide Kapitel veranschaulichen, dass AOO sich Stereotypen und Stereotypenerwartungen entzieht. Die anschließende Analyse von *Morpheus* (2013)[1] zeigt darauf aufbauend, wie AOO sich in dichotomen Gesellschaftsbildern und starren Klassifikationssystemen selbst verortet.

2. DAS FANTUM

Trotz ihrer kurzen Schaffenszeit und ihrer Veröffentlichungspraxis hat AOO im Internet zahlreiche Reaktionen bei Rap-Fans hervorgerufen, wie im Thread *Politisch korrekter Schwuchtelkram in Baggypants* des Forums auf MZEE.com dokumentiert ist. Dieser Thread ist, soweit rekonstruierbar, durch eine der ersten Online-Veröffentlichungen eines Tracks von AOO motiviert. Die Reaktionen der Fans gehen über die Frage »Wer ist sie überhaupt :confused:« (MZEE.com/Fabolous_Back 04.01.2011) weit hinaus und weisen vor allem in vier Richtungen, die in auffallender Weise mit Fragen ihres Geschlechts zusammenhängen.

Erstens wird grundsätzlich in Frage gestellt, ob eine Frau rappen dürfe, und dabei auf Klischees traditioneller Geschlechterrollen Bezug genommen: »wieso rappt da ne frau!? wieso is die nich inner küche?!« (MZEE.com/Slowdown 04.01.2011) und »Meiner Meinung nach sollten Frauen nicht rappen sondern an den Herd. Und immer schön blasen und den Arsch hinhalten.« (MZEE.com/SiehWieIchFahre 08.01.2011)

Zweitens werden AOOs Können und ihre Qualität herausgestellt: »sie's richtig gut« (MZEE.com/FreshFroFizzle 05.01.2011). Dies geschieht auffallend häufig allerdings mit der Einschränkung, dass sie (nur) für eine Frau gut sei. Dabei wird ein dominant despektierlicher Stil genutzt: »die olle kann was« (MZEE.com/rantanplan 05.01.2011) und »für ne Dame is das aber besser als in die hohle Hand geschissen.« (MZEE.com/Kahle 04.01.2011)

---

1 Das genaue Release-Datum von *Morpheus* ist nicht mehr rekonstruierbar. Als Bezugsgröße dient für diesen Beitrag das Datum, an dem der Track auf dem YouTube-Kanal *m3n5chl1ch3rmu3ll*, auf dem auch andere Tracks von AOO zu finden sind, hochgeladen wurde: 18.02.2013.

Drittens wird AOO objektiviert und auf ihren Körper reduziert, indem ihr Aussehen und nicht ihre Musik in einer Weise Bedeutung verliehen wir, als handele es sich dabei um ein Qualitätskriterium für ihr Schaffen als Künstlerin: »gibts bilder von ihr?« (MZEE.com/r antanplan 05.01.2011) und »ODER shaked booty im video erst dann wärs real!« (MZEE.com/Slowdown 04.01.2011)

Viertens wird ihre Technik als männlich klassifiziert und in Frage gestellt, ob eine Frau auf diese Weise rappen sollte: »Aber diese Frau ist nicht als Frau zu erkennen. [...] So Leute sollten sich nicht präsentieren und schon gar nicht rappen. Das gehört sich nicht.« (MZEE.com/SiehWieIchFahre 08.01.2011) und:

»mir ist das egal ob ne frau rappt oder nicht, mir ist auch egal wieso ne frau rappt oder nicht. es kommt nur drauf an das ne frau kein typ sein will,darf,kann - maskulin auf der bühne rumschreit und LMS verlangt hab den track nicht zuende gehört weil ich sicher bin das solche zeilen folgen [...] trotzdem kann sies drauf haben keine frage. nur leider verachte ich frauen rap mit maskulinem gehabe zu sehr als das ich mich allzupositiv dazu äußern könnte. irgendwo muss die Grenze sein und wenn nicht bei sowas wo dann.. hip hop ist eh schon am arsch und zum fremdschämen verurteilt [...] da hat sowas grade noch gefehlt. wenn ich mir sowas anhören wollen würde - würde ich den ›club der tighten emanzen‹ wählen aber keinesfalls rap.« (MZEE.com/Slowdown 05.01.2011)

Die natürlich nur ausschnitthaft wiedergegebenen Reaktionen der Rezipierenden zeigen, wie sehr AOO durch ihre Musik in besonderer Weise als Frau in der dominant männlichen Rap-Szene wahrgenommen wird. Das geschieht allerdings gerade nicht dadurch, dass sie ihre Weiblichkeit textlich betont oder einen weiblichen Stil prägt, sondern indem sie körperlos (ohne sekundierende Fotos oder Videos) ihre Musik präsentiert und eine spezifische Rap-Technik einsetzt, die aus Sicht der Forennutzer eigentlich nur von männlichen MCs zu erwarten bzw. diesen sogar vorbehalten wäre. Weil AOO sich auf diese Weise offenbar nicht geschlechts- oder rollenadäquat verhält und sich der Kategorisierung entzieht, wird sie als Provokation wahrgenommen, stößt neben (eingeschränktem) Lob auch auf Ablehnung und wird sexistisch beleidigt.

Die Reaktionen auf MZEE.com sind ein markantes Beispiel dafür, dass auch auf Seiten des Rap-Fantums »Männlichkeit, Weiblichkeit und Geschlechterbeziehungen nur in den Kategorien des eigenen, lokalen Systems von Geschlecht« (Connell 2013: 13) gedacht werden und deshalb »die riesige Vielfalt der Formen und Verhältnisse von Geschlecht in unterschiedlichen Kulturen und historischen Zeiträumen« (ebd.) übersehen werden. Rapper_innen werden vor diesem Hintergrund nur dann positiv wahrgenommen, wenn sie den eigenen Vorstellungen szenetypischer Männlichkeit und Weiblichkeit entsprechen. AOO sprengt jedoch offenkundig diesen dichotomen Bezugsrahmen.

3. DIE WISSENSCHAFT

Nicht nur bezüglich der Fans sorgt AOOs Ambivalenz für Einordnungsschwierigkeiten – auch mit den in den letzten zwei Dekaden formulierten Kategorisierungsmodellen der Rap-Forschung lässt sich AOO nur unzureichend typisieren.

Baier arbeitet bereits 2006 den geringen Nutzen des ›klassischen‹, ursprünglich für die Untersuchung von US-Rap entwickelten Gegensatzpaares von Hure und Heilige (resp. Bitch vs. Lady oder Bitch vs. Queen) zur Typisierung von weiblichen MCs heraus. Sie merkt an, »dass eine eindeutige Zuordnung der einzelnen Rapperinnen zu den bestimmten Begriffen nicht möglich ist, sondern die Position der einzelnen Rapperinnen im gesamten Hip-Hop-Kontext komplexer ist« (Baier 2006). Dies trifft in besonderem Maße auf AOO zu.

Auch die von Völker/Menrath (2007) vorgeschlagene Typisierung von Female-MCs kann nicht ertragreich auf AOO angewendet werden: AOO stellt im Kern weder eine ›Queen Bitch‹ noch eine ›Soul Sista‹ oder ›Crew-Sahnehaube‹ dar. Treffend scheint angesichts der Textinhalte am ehesten die vierte Kategorie der ›Gangsta Rapperin‹ (vgl. Völker/Menrath 2007: 17f.) zu sein – allerdings mit der entscheidenden Einschränkung, dass AOO ihre Sexualität und Reize gerade nicht einsetzt, um ihr Standing in der Szene zu verbessern. Ähnlich lassen sich AOO auch anteilig Aspekte der ›True-School-MC‹ (vgl. ebd.: 18-20) zuschreiben; für eine vollständige Einordnung in diese Kategorie müssen bei AOO aber ebenfalls Abstriche gemacht werden. So kann zwar eine für ›True-School-MCs‹ typische Emanzipation dahingehend festgestellt werden, dass sie selbst und nicht Musik-labels ihr Image kontrollieren. Im Gegensatz zu anderen Rap-Schaffenden unterlässt sie es aber, ihre Ausnahmesituation als rappende Frau zu reflektieren, und verhandelt auch nicht, »dass es normal ist, als Frau im Hip-Hop eine eigenständige und kreative Funktion auszuüben« (ebd.: 20).[2] Dies ist für AOO offenbar eine nicht erwähnenswerte Selbstverständlichkeit. Dass sie sich jedoch trotzdem und genau dadurch selbstbewusst in der Sphäre geschlechtsbezogener Machtverhältnisse verortet, in der nach wie vor »der schwarze männliche HipHopper die zentrale mythische Gestalt« (Klein/Friedrich 2003: 30) darstellt, wird in Kapitel 4. deutlich.

---

2 Vgl. dazu auch die Beiträge von Matthias Ott und Fabian Wolbring in diesem Band.

Dieselben Probleme zeigen sich in Bezug auf das von Reger (2015) entwickelte, noch differenziertere Kategoriensystem.[3] Es bereitet große Schwierigkeiten, AOO und nicht das von Reger gewählte Beispiel Schwester Ewa in diesem System zu typisieren. Daran wird ein grundlegendes Problem von Rap als Untersuchungsgegenstand deutlich: Aufgrund der großen Verbreitung des popkulturellen Phänomens ›deutschsprachiger Rap‹ sowie dessen großer Heterogenität und Fluidität wird sich stets ein entsprechendes Gegenbeispiel für jeden Kategorisierungsvorschlag finden lassen. Das Ziel einer vergleichsweise starren Systematik, das sich in den Bemühungen der zitierten Autor_innen repräsentiert findet, ist deshalb von vornherein problematisch. Dies zeigt sich insbesondere an AOO, die nicht zuletzt aufgrund ihrer geringen medialen Sichtbarkeit ein Paradebeispiel für Rapschaffende ist, die einerseits das Phänomen in hohem Maße prägen, anderseits aber stets ›unter dem Radar‹ der Rap-Forschung zu laufen drohen.

Ein zentraler Grund dafür, dass sich AOO der von der Rap-Forschung angestrebten Typisierung entzieht, spiegelt sich in den zitierten Reaktionen des Fantums wider: AOOs Stimme unterscheidet sich markant von der anderer weiblicher MCs. Weder erscheint sie im Bezugssystem des deutschsprachigen Raps als typisch weiblich, noch kann ihr eine komplett männliche Stimmfarbe zugeschrieben werden. AOO entzieht sich bereits dadurch der Möglichkeit einer definitiven Zuordnung in einem geschlechtsbezogenen Binärsystem und lässt ›eine Tendenz zur Mitte‹ erkennen, die auch in zahlreichen anderen Fragen eine prototypen-orientierte Kategorisierung erschwert. Dabei etabliert sie allerdings keinen neuen, oppositionären Typus, sondern repräsentiert ein zwischen diesen dichotomen Punkten stehendes, an diesen Polen partizipierendes, gewissermaßen dynamisches Merkmalskonglomerat. Dies soll im Folgenden nicht weiter durch Sekundäräußerungen hergeleitet, sondern am Rap-Text von *Morpheus* und damit in den eigenen Worten von AOO veranschaulicht und konkretisiert werden.

4. DIE KÜNSTLERIN

Nachdem AOO bisher als vergleichsweise schwer greifbar dargestellt wurde, wird in diesem Abschnitt ein Gegenstand analysiert, der sich hervorragend fassen lässt:

---

3 Hierbei handelt es sich um eine Weiterentwicklung von Goßmann (2010) mit dem Ziel, dezidiert weibliche Inszenierungsstrategien erfassen zu können.

der Rap-Text von *Morpheus*, einem ihrer wenigen, nach wie vor im Internet auffindbaren Tracks.[4] Grundsätzlich sind in diesem Text wenige Muster erkennbar, die innerhalb des deutschsprachigen Rap-Diskurses so verbreitet sind, dass sie sich als ›Standardrepertoire‹ bezeichnen lassen können. Dazu zählt erstens die gehäufte Verwendung von Vulgarismen. Allerdings ist in *Morpheus* auffällig, dass AOO auch Termini verwendet, die im Rap-Diskurs eigentlich männerseitig zur Abwertung weiblicher Personen oder – im stereotyp-dichotomen Denken – unmännlicher Männer Verwendung finden, z.b.»Fotze« und »schwul«. Ein solches ›Rappen in männlicher Terminologie‹ ist auch in der textuellen Selbstbenennung »Oli« zu erkennen, die typischerweise eine Abkürzung des männlichen ›Oliver‹ und nicht der weiblichen ›Olivia‹ darstellt.

Als zweites typisches Muster ist die wiederholte Realisierung einer gruppenbezogenen Distinktion zu nennen: Die Trennung der Sphäre des Eigenen von der des Fremden wird sprachlich vor allem pronominal (»ich« vs. »du«/»ihr«) in direkter Adressatenansprache realisiert. Dabei geht – ebenfalls noch raptypisch – die Ansprache des anderen mit einer Abwertung einher:»du Fotze«,»Jetzt bist du 'n Psychopath«,»Was wollt ihr Spießer darstellen?«.

Eine vergleichbare Form der Ansprache ist auch Teil der Zeilen, die am ehesten als Hookline des Tracks bezeichnet werden können, und die ein Sample von Absztrakkts *Blüten & Dornen* (2009) darstellen: »Merk dir das! Merkst du was? Wie dieses scheiß Verhalten / nur dazu führt, dass wir uns noch weiter spalten?« Dabei geht es jedoch nicht mehr um die Abwertung des anderen, sondern darum, dass die rappende Seite etwas durchschaut hat und der angesprochenen Seite vor Augen führt. Doch was bemerkt werden soll und zu einer wie auch immer gearteten Spaltung beiträgt, wird erst mit Blick auf den gesamten Text deutlich.

Auffallend untypisch für einen deutschsprachigen Rap-Text ist die unspezifische, uneindeutige Selbstpositionierung des mit AOO identifizierten Ichs. Diese Art der Positionierung kann mithilfe von fünf Textstellen dargestellt und pointiert in fünf Thesen, welche die (scheinbaren) Positionierungs-Widersprüche offenlegen, formuliert werden:

(1) Das Ich ist verletzt und unverwundbar.

»Ein gespaltenes Herz kann man nie wieder verletzen
Ich renn' ins offene Schwert um meinen Krieg zu beenden.«

---

4 Da der Rap-Text nicht in Internet- oder Print-Quellen verfügbar ist, wird bei der Analyse des Tracks auf eine Transkription in literarischer Umschrift zurückgegriffen.

(2) Das Ich ist Mensch und Maschine, natürlich und künstlich.

»Sie schneiden mein Fleisch auf, treiben Schrauben in die Gelenke
Die kleinlaute Legende formt mega Lack auf staubigen Wänden
Der Kreislauf zeigt auf tausend Pfaden ins ausweglose Ende
Unter meiner Haut laufen Kabel, vernetzen mikroskopische Zentren«

(3) Das Ich ist, obwohl es nicht sein dürfte.

»Mein Dasein widersetzt sich logischen Gesetzen und philosophischen Grenzen«

(4) Das Ich erlangt Perfektion nicht in der Einheit, sondern im Widerspruch.

»Sobald ich Perfektion erreicht hab, zerfall ich zu Licht und roter Erde
Die unteilbare Einheit von reiner Weisheit, dreckiger Schönheit roher Härte
Ich bin auch nur 'ne lebende Leiche«

(5) Das weibliche Ich ist zu hart für die netten männlichen Anderen.

»Das ist für alle Jungs, alle, alle, die nicht wissen, wohin mit sich
Alle Brüder, die nicht mehr da sind, weil sie zu lieb waren für die kalte, irrationale Fotze
hier
Meine Schwester, Fabian, bleibt stark! – Lasst euch nicht kassieren von denen!
Faust hoch, nicht Kopf runter!«

Allein in der letzten Textstelle referiert die Selbstpositionierung explizit auf die männlich dominierte Rap-Szene, in der (Hyper-)Maskulinität mit Härte gleichgesetzt wird, Weiblichkeit mit beschützenswerter Schwäche und Weichheit. AOO stellt die Verhältnisse auf den Kopf und hält der raptypischen Perspektive eine umkehrte Wahrnehmung und Positionierung entgegen: Das weibliche Ich ist so hart, dass die harten Anderen weich erscheinen. Wie das Harte weich und das Weiche hart sein kann, findet jedoch keine Erklärung. Somit verweist AOO in dieser Textstelle, in der als einzige Fragen des Geschlechts in den Fokus rücken, wie auch in den vieren anderen auf ein dichotomes Denk- und Bezugssystem. In allen fünf Fällen tut sie dies, ohne eine Verortung in einem der Pole vorzunehmen, sondern gerade, um die Vereinbarkeit des Unvereinbaren im Ich herauszustellen. In *Morpheus* ist das Ich somit kein Individuum, sondern ein Dividuum und damit ein Beispiel dafür, dass die Bezugs-Widersprüche nur scheinbar sind. Dieses Selbstverständnis ist aber nicht dem Ich allein vorbehalten, wie die Textstelle (5)

als eine Art Fazit zeigt, aber auch schon in der dritten Textzeile des Tracks deutlich wird: »Wie kannst du Fotze mich ansehen, ohne dich wiederzuerkennen?«
  Entscheidend ist, dass in *Morpheus* diese Selbstpositionierung als Dividuum nicht isoliert realisiert, sondern in verschiedene Diskurse eingebunden ist. Offensichtlich betrifft dies erstens das Hookline-Sample, das eine raptypische Form der Bezugnahme zu anderen Tracks und der Eingliederung in den musikalischen Rap-Diskurs darstellt. Darüber hinaus wird zweitens explizit auf die philosophische Denktradition (3) referiert. In diesem Zusammenhang sei beispiel- und schlaglichthaft auf Nietzsches *Menschliches, Allzumenschliches* (1878) verwiesen: »In der Moral behandelt sich der Mensch nicht als individuum, sondern als dividuum.« (Nietzsche 1980: 76) Drittens, der Verweis auf literarische Diskurse, ist lediglich implizit realisiert. So stellt z.B. das Zitat (2) einen intertextuellen Bezug zu Erzählungen um künstliche Menschen und ein Aufgreifen des romantischen Automatenmotivs dar, wobei Hoffmanns *Der Sandmann* (1816) sich als ein möglicher Intertext aufdrängt.[5] In dieser Novelle heißt es: »Und damit fasste er mich gewaltig, dass die Gelenke knackten, und schrob mir die Hände ab und die Füße und setzte sie bald hier, bald dort wieder ein.« (Hoffmann 2004: 9f.)
  Neben der intertextuell-diskursiven ist eine gesellschaftliche Einbettung der Selbstpositionierung zu erkennen. Dabei referiert *Morpheus* auf gesellschaftliche Teilbereiche, die durch dichotomes Denken geprägt sind, und erzeugt erneut Widersprüche, die dieses dichotome Denken herausfordern. Dergleichen findet sich erstens in Bezug auf die Hip-Hop-Subkultur, wo Authentizität erst künstlich gekauft werden müsse, aber der Kauf nicht zur Authentizität führe: »Die anderen pachten die Realness beim Ticken / Aber für die paar Gramm würden die Bullen dich nichtmal mitnehmen«. Weitere Beispiele beschränken sich nicht auf die Subkultur, sondern betreffen u.a. Fragen der Religion und des Krieges:[6] »Der Gott, der alles erschuf, kommt zurück, um es niederzubrennen« und »Es klebt Kotze und Blut an deinen glücklichen Siegerhänden«. Wie der Text verdeutlicht, ist nicht nur das Denken über Einzelpersonen, sondern auch das Denken über die Gesellschaft von Dichotomien geprägt, und dies führt wiederum zu Widersprüchen.

---

5   Dass Hoffmanns *Der Sandmann* einen Intertext für AOOs *Morpheus* darstellt, erscheint auch deshalb naheliegend, weil die europäische Sagengestalt des Sandmanns durch Morpheus, den Gott des Schlafes und des Traumes der antiken griechischen Sagenwelt, inspiriert ist.

6   Auffällig ist, dass die religiöse und die militärische Referenzebene durch eine dem Hip-Hop durchaus vergleichbare Dominanz des Männlichen geprägt ist.

Sowohl die geistesgeschichtlich-diskursive als auch die gegenwartsgesellschaftliche Einbettung weist gemeinsam mit der wiederholten, expliziten Rezipierenden-Ansprache darauf hin, dass es sich bei *Morpheus* nicht um eine autobiographische Privatäußerung in Form eines Tracks handelt, sondern um einen gesellschaftspolitisch engagierten Beitrag zur Konstitution der sozialen Welt, zum ständigen Kampf »um den Sinn dieser Welt« (Bourdieu/Wacquant 2006: 101). Wenn es in dem Hookline-Sample heißt: »Merkst du was?«, dann ist das nicht als bloße Stilfigur im Kontext einer nur fingierten Kommunikationssituation zu verstehen, sondern als tatsächlicher Aufruf, das eigene Denken und die eigene Weltwahrnehmung zu reflektieren. Ausgangspunkt dazu ist das mit AAO identifizierte Ich selbst, das im eindimensionalen Koordinatensystem eines dichotomen Denkens und einer ebenso strukturierten Gesellschaft nur dann einen Platz findet, wenn es sich teilt. Deshalb muss diese dichotome Form der Weltwahrnehmung und -konstruktion überwunden werden – und zwar nicht nur wegen des einzelnen Ichs, sondern für alle, weil »dieses scheiß Verhalten / nur dazu führt, dass wir uns noch weiter spalten«. Anders als durch die Überwindung des Dichotomen und einem gesellschaftlichen Neudenken – so ließe sich mit den Worten Machs (2000) konstatieren – ist das ›unrettbare Ich‹ nicht mehr zu retten.

5. FAZIT

Der Beitrag hat sich mit Agent Olivia Orange nicht nur einer Rapschaffenden zugewendet, die sich dem klassischen Musikmarkt versperrt, sondern auch einer, die sich in auffallendem Maße rapspezifischen Erwartungshaltungen entzieht. Dies wurde mit drei Zugängen deutlich gemacht:

- AOOs Musik hat ihr Lob eingebracht, das sich in einem Forum formierte Fantum aber auch zu sexistischen Äußerungen motiviert. Gerade weil sie eine Frau ist, aber nicht typisch weiblich rappt und sich daher dichotomen Geschlechterbildern entzieht, erscheint jede Beleidigung legitim zu sein und ihre Musik nicht hörenswert.
- Die Rap-Forschung hat zwar erkannt, dass dichotome Klassifikationssysteme nur eingeschränkt erkenntnisfördernd sind. Die differenzierteren Alternativen zur Typisierung (weiblicher) Rap-Schaffender sind aber ebenfalls ungeeignet, um AOO und ihr Werk erfassen zu können. Dabei repräsentiert AOO keinen gänzlich neuen Rapperinnen-Typus, sondern partizipiert an unterschiedlichen Elementen der starren Kategorien.

- Während von Fantum und Wissenschaft in auffälliger Weise AOOs Geschlecht zum Ausgangspunkt der Kategorisierung und Bewertung gemacht wird, konnte an *Morpheus* (2013) gezeigt werden, dass AOO gerade nicht zu denjenigen Female-MCs gehört, die ihre Sonderrolle als rappende Frau thematisieren. Stattdessen positioniert sie sich als Person (und nicht als weibliche Rapschaffende oder als Frau) in einer durch Dichotomien geprägten und gedachten Gesellschaft. Den Platz, den sie sich selbst zuweist, kann sie dabei nur mittels Widersprüchen bestimmen. Wobei diese Widersprüche nur so lange Bedeutung haben, wie Dichotomien die zentralen Vorstellungskategorien bleiben.

Zusammenfassend lässt sich festhalten, dass AOOs Schaffen sowohl davon zeugt, dass Rap »in einem Zeitalter angekommen [ist], in dem die Existenz von nur zwei klar definierten Geschlechtern beständig in Frage gestellt wird« (Eismann 2016), als auch davon, dass diese zwei klar definierten Geschlechter bei der Beurteilung weiblicher Rap-Schaffender ungebrochen von zentraler Bedeutung sind. Doch damit ist ihr Werk sicherlich nicht erschöpfend erfasst, denn *Morpheus* transponiert diese zwei nur scheinbar widersprüchlichen Erkenntnisse noch auf eine höhere, eine allgemeingesellschaftliche Ebene und problematisiert dichotomes Denken generell in allen individuellen Denkbewegungen und gesellschaftlichen Belangen. Damit fordert AOO die gesamte Rap-Szene und Gegenwartsgesellschaft heraus und provoziert sie. Ob sie dies allerdings nur tun kann, weil sie eine Underground-Künstlerin ist, oder ob sie eine Underground-Künstlerin geblieben ist, weil sie dies tut, kann an dieser Stelle nicht beantwortet werden.

LITERATUR

Absztrakkt (2009): Blüten & Dornen. https://genius.com/12203440 vom 30.09.2019.

Agent Olivia Orange (2013): Morpheus. https://www.youtube.com/watch?v=lpGxJgYNOfY vom 30.09.2019.

Baier, Angelika (2006): »›Für 'ne Frau rappst du ganz gut‹ – Positionen von Frauen im deutschsprachigen Rap!?«, in: Internet-Zeitschrift für Kulturwissenschaften 16. http://www.inst.at/trans/16Nr/05_8/baier16.htm vom 30.09.2019.

Bourdieu, Pierre/Wacquant, Loïc J. D. (2006): Reflexive Anthropologie, Frankfurt a.M.: Suhrkamp.

Connell, Raewyn (2013): Gender. Übers. von Reinhart Kößler, Wiesbaden: Springer VS.
Eismann, Sonja (2016): Gender-Rap. Wider die Sexismen. https://www.goethe.de/ins/gb/de/kul/mag/20852118.html vom 30.09.2019.
Goßmann, Malte (2010): »Männlichkeitskonstruktionen in deutschsprachigen Rap-Texten«, in: Studentische Untersuchungen der Politikwissenschaften & Soziologie, 2(2), S 83-101.
Hoffmann, Ernst T. A. (2004): Der Sandmann, Stuttgart: Reclam.
Kolja (2012): Facebook-Post am 18.06.2012. https://www.facebook.com/koljahkolerikah/posts/387338434647013 vom 30.09.2019.
Mach, Ernst (2000): »Antimetaphysische Vorbemerkungen«, in: Gotthart Wunberg (Hg.), Die Wiener Moderne. Literatur, Kunst und Musik zwischen 1890 und 1910, Stuttgart: Reclam, S. 137-146.
MZEE.com (2011): Politisch korrekter Schwuchtelkram in Baggypants. https://www.mzee.com/forum/threads/politisch-korrekter-schwuchtelkram-in-baggypants.348423/ vom 30.09.2019.
Nietzsche, Friedrich (1980): »Moral als Selbstzerteilung des Menschen«, in: Friedrich Nietzsche, Menschliches, Allzumenschliches. Ein Buch für freie Geister (= Sämtliche Werke Bd. 2), München: dtv, S. 76.
Reger, Martin (2015): Männlichkeits- und Weiblichkeitskonstruktionen deutschsprachiger Rapper/-innen. Eine Untersuchung des Gangsta-Raps, Potsdam: Universitätsverlag. https://publishup.uni-potsdam.de/opus4-ubp/frontdoor/deliver/index/docId/8163/file/stos02.pdf vom 30.09.2019.
Völker, Clara/Menrath, Stefanie K. (2007): »Rap-Models. Das schmückende Beiwerk«, in: Anjela Schischmanjan/Michaela Wünsch (Hg.): Female HipHop. Realness, Roots und Rap-Models, Mainz: Ventil, S. 7-30.

Von Pavianen, Hurensöhnen und einfachen Strukturen

Juse Jus *Männer* (2019) im Kontext aktueller Geschlechterdiskurse

Matthias Ott

»Hip-Hop ist nicht nur quantitativ von Männern dominiert, er reproduziert einen Männlichkeitskult und eine traditionelle Geschlechterhierarchie, in der Frauen Männern untergeordnet sind.« (Klein/Friedrich 2003: 24) Diese Einordnung der Hip-Hop-Szene mag weder neu noch überraschend sein, dennoch trifft sie gerade in ihrer quantitativen Komponente nach wie vor zu. Zwar gibt es allerhand Gegenbeispiele, gerade außerhalb des medial überpräsenten Straßen- und Gangstaraps. Nichtsdestotrotz sind die Stimmen im Hip-Hop, die aktiv gegen diese traditionelle Geschlechterhierarchie arbeiten, auffällig leise.

Wie steht es also um die Selbstreflexion? Umfassend haben bisher nur wenige Künstler*innen das Männerbild im Rap und in der Gesellschaft thematisiert und kritisch hinterfragt. Und erst recht keine Männer innerhalb der Rap-Szene. Rollenbilder sind, wenn überhaupt, ein Thema der Female MCs, die ihre geschlechtliche Abweichung von der Hip-Hop-DIN-Norm erst einmal rechtfertigen, sich beweisen und selbst behaupten müssen. Sookee (selbst Female MC) spricht sogar davon, dass »[f]ast jede mir bekannte Rapperin einen Song veröffentlicht [hat], in dem sie sich gewissermaßen für ihr Geschlecht rechtfertigt und darüber rappt, dass sie rappt, obwohl sie eine Frau ist.« (Sookee 2007: 37) Und was haben die Male MCs[1] zu sagen?

---

1 Güler Saied (2012: 51) verweist darauf, dass im Breakdance »B-Boy und B-Girl nebeneinander als gleichberechtigte Termini existieren«, im Rap aber folgende Sprachregelung gilt: »Männer sind MCs, während Frauen an erster Stelle als ›female MCs‹ im

Zumindest Juse Ju hat einiges zu sagen und zwar in Form des Tracks *Männer* (2019), der sich so explizit (und kritisch) mit Männlichkeit befasst, wie es von einem Male MC bisher vielleicht noch nie geschehen ist, und der weit über die besagte Szene hinausweist. Die Selbstreflexion über Geschlechterrollen, die bisher gerade Male MCs vermissen ließen und maximal in vereinzelten Zeilen zu entdecken war, wird hier zum zentralen Thema. Dabei ist es kein Zufall, dass Juse Ju nur bedingt den klassischen Rap-Duktus bedient und für weite Teile des Songs in einen an das Chanson angelehnten Gesang wechselt. Schon darin liegt eine Form der Markiertheit, welche die textlichen Auffälligkeiten nochmals verstärkt. Der kritische Blick auf veraltete Rollenbilder lässt (im Hip-Hop) vielleicht sogar so etwas wie das Bild eines neuen Mannes entstehen, der dem veralteten Selbstbild nur noch ironisch begegnen kann. Juse Ju verweist auf aktuelle Theorien, Debatten und Konzepte, wobei ihm intertextuell niemand geringerer Pate steht als Herbert Grönemeyer. Im Folgenden dient das intertextuelle Verweisspiel als Fundament, um sowohl das gesellschaftskritische als auch das die Szene entlarvende Potenzial von Juse Jus Song herauszuarbeiten.

1. DIE VORLAGE: HERBERT GRÖNEMEYER FRAGT »WANN IST EIN MANN EIN MANN?«

Herbert Grönemeyer kann mit seiner Frage nach der Definition von Männlichkeit 1984 durchaus als progressiv gelten – gerade im Mainstream-Pop. Der Song *Männer* war ein Hit und zählt zu den beliebtesten und erfolgreichsten Veröffentlichungen in der Karriere des Sängers. Der Erfolg darf sicherlich auch auf die eingängige Melodie und das bis heute vorhandene Mitgröhl-Potenzial zurückgeführt werden. Doch auch textlich gibt es hier augenzwinkernde Identifikationsmöglichkeiten für jedermann und jede Frau. Allerdings ist das Lied nur auf den ersten Blick unrettbar in der Ironiefalle gefangen. Bei genauerem Hinsehen liegt hier eine durchaus ernstgemeinte Kritik an Rollenbildern vor, die auch heute noch anschlussfähig ist (und schließlich von Juse Ju auch so genutzt wird). Schon die dritte Zeile »Männer weinen heimlich« lässt sich mit der Theorie der Toxic Masculinity ausleuchten. Die Beschäftigung mit vermeintlich toxischen Verhaltensweisen geht auf die Männerbewegung der 1980er Jahre (vorwiegend in den USA) zurück, innerhalb welcher sich Männer zusammenschlossen, um das vorherrschende Rollenbild zu reflektieren und sich von den damit verbundenen Erwartungen und Zwängen zu

---

Geschlechterkontext kategorisiert werden.« Um dieser richtigen Feststellung Rechnung zu tragen, soll hier also im Folgenden auch von Male MCs gesprochen werden.

befreien. Der Begriff selbst wird vom Psychologen Shepherd Bliss geprägt (vgl. Sculos 2017), der schon 1987 in seinem innerhalb der Bewegung viel beachteten Artikel *Revisioning Masculinity* Handlungsanweisungen für ein verändertes Männerbild formulierte. Darunter finden sich z.B. Forderungen nach einem offeneren Umgang mit Gefühlen sowie der Hinweis auf die möglichen gesundheitlichen Probleme, die mit verschiedenen Verhaltensweisen einhergehen. Zwar wird beim heutigen Gebrauch des Begriffs eher selten auf diese Männerbewegung verwiesen (auch weil sogenannte Männerbewegungen aktuell verstärkt mit rechten und antifeministischen Tendenzen assoziiert werden, vgl. Sculos 2017), dennoch lässt sich die heutige, oftmals eher feuilletonistisch verhandelte Definition dieses Erklärungsmodells mühelos mit den Ideen von damals verbinden.

Die American Psychological Association hat 2019 Richtlinien zu diesem Thema veröffentlicht. In diesen wird (unter dem Verweis auf verschiedenste Studien) Männern ein toxisches und risikobehaftetes Verhalten attestiert, welches unter anderem folgende Aspekte beinhaltet: »substance abuse [...], less willingness to consult medical and mental health provider, [...] less utilization of preventive health care« (APA 2019: 16).[2]

Die Weigerung, Schwäche zu zeigen und Hilfe anzunehmen, selbst der hinausgezögerte Gang zum Arzt, all das liegt im sozialen Verhalten tradierter Männlichkeitsbilder verankert und schadet Männern selbst, welche dieses Rollenbild vertreten. Ein solches Verhalten kann in der Folge zu gesundheitlichen Risiken führen, die von Grönemeyer ebenfalls fast beiläufig erwähnt werden: »Männer kriegen 'nen Herzinfarkt«. Damit wird aber ein medizinisches Faktum benannt. Männer sind deutlich anfälliger für Herzinfarkte und verschiedene andere Krankheitsbilder. Die APA legt diesbezüglich in den bereits erwähnten Guidelines folgende Zahlen für die USA vor: »Men's age-adjusted death rates for heart disease and cancer [...] are 50 % and 80 % higher, respectively, than women's rates.« (APA 2019: 16) Und auch die eigentliche Ursache kommt bei Grönemeyer nicht zu kurz und wird exponiert im Refrain eingebaut: »Werden als Kind schon auf Mann geeicht«. Grönemeyer thematisiert also schon Mitte der 80er Jahre mundgerecht und zum Mitsingen serviert die Erziehung und gesellschaftliche Prägung.

---

2 Eine gewisse Kulturabhängigkeit der besprochenen Phänomene muss selbstverständlich berücksichtigt werden. Die APA reflektiert dies selbst, wenn es heißt: »[R]ural, working-class, adult, White masculinities may take a different form than urban, teenage, Mexican American masculinities« (APA 2019: 6). Die hier zitierten Verhaltensweisen und Statistiken können deshalb exemplarisch auch für einen europäischen oder deutschen Kulturraum stehen.

2. DIE AKTUALISIERUNG: JUSE JU SITZT »GANZ OBEN AUF DEM PAVIANFELSEN«

Während Herbert Grönemeyer jedwede Intention in seinen Texten nach eigener Aussage verneint und seine Zeilen sogar als »stulle« bezeichnet (Casati/Uslar 2007: 184), kann Juse Ju in jedem Fall der Wunsch unterstellt werden, an diesem speziellen gesellschaftlichen Diskurs teilzunehmen. Die intertextuellen Verknüpfungen zu Grönemeyers Song sind vielfältig. Da wäre die paratextuelle Ebene durch den Titel *Männer* und das damit verknüpfte Thema. Der Titel dient in beiden Liedern als strukturgebender Zeilenanfang im Stil einer Anapher, worauf eine Charakterisierung der »Männer« bzw. der »echten Männer« folgt. Juse Ju hat zudem unter dem dazugehörigen Musikvideo einen Shoutout (oder Gruß) an Grönemeyer hinterlassen und damit den intertextuellen Faden offengelegt.

Der sehr exponierte Gesang, der weite Teile des Songs prägt, lässt sich auf das französische Chanson und im Speziellen auf Jacques Brel zurückführen, wie Juse Ju sagt (vgl. McFly/HipHophand 2019: 25:45). Damit markiert der Song seine Andersartigkeit über den bloßen Text hinaus. Der Gesang schafft zunächst eine sofortige Distanz zum üblichen Sprechgesang im Rap, dessen tradierte Muster und Inszenierungsformen ja kritisiert werden sollen. Weiterhin verstärkt die pathetische Vortragsweise, typisch für das Chanson, die Ironie des Textes. Letztlich wird in der Kombination aus Text und Gesang (und Video) die größtmögliche ironische Distanzierung und damit die größtmögliche Fallhöhe für das im Hip-Hop vertretene Männerbild aufgebaut.

Zum expliziten Diskurs der Geschlechterrollen hat sich Juse Ju auch im Zuge der Veröffentlichung seiner EP *Untertreib nicht deine Rolle*, auf der der Song *Männer* erschienen ist, geäußert und angesprochen auf das im Rap vermeintlich spezielle Thema gesagt:

»Wie oft sagen diese Leute [Gangsta-Rapper; M.O.] in Interviews oder Videos ›Du musst ein Mann sein‹ oder ›Sei mal ein Mann‹ oder ›Was bist du für ein Mann‹ oder ›Du bist kein Mann‹ oder ›Du bist ein homosexueller Mann und das ist schlecht‹ oder ›Du bist eine Frau, das ist auch schlecht‹. Also eigentlich geht's den Rappern extrem viel um Geschlechterrollen […]. […] Das wird halt als normal hingenommen.« (McFly/HipHophand 2019: 16:14-17:18)

Juse Ju begegnet den tradierten Geschlechterrollen mit einer kritischen Auseinandersetzung. Im Folgenden werden die wichtigsten textlichen Auffälligkeiten in fünf Themenclustern zusammengefasst, kontextualisiert und analysiert.

3. MANSPLAINING

Mansplaining ist ein Erklärungsansatz, welcher auch dank des gängigen Terminus in den letzten Jahren stärker in den Fokus der Öffentlichkeit gerückt ist. Den Ursprung stellt der Essay *Men Explain Things to Me; Facts Didn't Geht in Their Way* von Rebecca Solnit dar, der 2008 in der *Los Angeles Times* gedruckt wurde. Darin beschreibt sie eine Situation auf einer Party, bei der sie der Gastgeber, ohne sich unterbrechen zu lassen, über eine Neuveröffentlichung belehrt, welche, wie sich herausstellt, von Solnit selbst geschrieben wurde. Den Begriff Mansplaining als solchen erwähnt Solnit nicht. Dieser geht (so wird vermutet, eine gesicherte Wortherkunft lässt sich nicht mehr nachverfolgen) auf den Kommentar eines Users in dem damals in den USA sehr beliebten Sozialen Netzwerk LiveJournal zurück (»Oh, gosh, thank you so much for mansplainig this to us.«, knowyourmeme.com 2017).[3]

Mansplaining definiert sich also über einen Mann, der einem Gegenüber, meist einer Frau, einen Sachverhalt erklärt, ohne zu wissen, ob er mehr als das Gegenüber weiß, nur in der intrinsischen Annahme, er wisse eben viel oder mindestens mehr. Man könnte hier von einer Art Mindset sprechen, welches Männern deutlich eher anerzogen und vorgelebt wird als Frauen. Verschiedene Studien stellen die Verbreitung weiter Verhaltensweisen wie diese heraus, so sprechen Männer z.B. mehr, wenn sie in der Überzahl sind (vgl. Hadfield 2013), und unterbrechen Frauen in Gruppen häufiger (vgl. Robb 2014). Juse Ju widmet diesem Phänomen gleich mehrere Zeilen und startet seinen Song sogar damit: »Ich bin ein Mann, ich kann dir die Welt erklären«.

Auffällig ist hierbei, dass Juse Ju außerhalb der Hook die Ich-Form verwendet. Dies kann durchaus als Selbstpositionierung verstanden werden. Er schließt sich nicht aus der Kritik aus und nimmt zugleich vorweg, dass nun erneut ein Mann mit Erklärungen zu einem bestimmten Thema auftritt – was einer gewissen Ironie nicht entbehrt. Zudem passt die Attitüde in das für Hip-Hop typische »überzeugte Sprechen« (Wolbring 2014: 178), welches zum männlichen Sprechen gehört und sich als permanentes »Ansage machen« (ebd.) beschreiben lässt. Weiterhin gibt es die Zeilen »Keinen Plan von Politik, doch eine Meinung aus Prinzip« sowie »Echte Männer können dir dein iPhone reparieren / Und können sie es nicht, dann war es scheiße fabriziert«. Beide Textstellen verweisen auf die (innerhalb der Theorie des Mansplainings) bei Männern häufiger anzutreffende Eigenart, sich für

---

3 Auch wenn die Seite knowyourmeme.com sicherlich nicht den üblichen wissenschaftlichen Standards entspricht, so verweisen doch alle relevanten Artikel (z.B. Rothman 2012) auf eben jene und ihre Erklärung zur Wortherkunft.

bestimmte, vermeintlich männliche Themengebiete (Politik, Technik) auch ohne nachweisbare Expertise die Deutungshoheit zuzusprechen.

4. VON HEILIGEN, HUREN, BITCHES UND MÜTTERN

Es ist ein alter Topos der Kulturgeschichte, der im Text von Juse Ju aufgegriffen wird und der doch erschreckend aktuell im Rap ist. Die Rede ist von der Einteilung der Frauenwelt in Heilige und Huren. So heißt es vor dem letzten Refrain: »Echte Männer teil'n Frauen ein in Heilige und Huren / Das sind einfach Strukturen / Es sei denn, eine Heilige will einfach nicht mehr tun / Was man ihr sagt, dann ist diese scheiß Bitch eine Hure«. Gerade im Straßen- und Gangstarap ist die Frau eben nur eines von beiden (vgl. Baier 2006).[4] Auch Güler Saied (2012: 51) stellt hierzu fest, dass »das Bild der Frau in männlichen Rap-Lyrics und [in] der visuellen Inszenierung von Rap-Videos oftmals auf zwei den Mainstream dominierenden Konzepten beruht, nämlich das der Bitch und das der Mutter«. Dies ist eine zweite Dichotomie – Bitch und Mutter –, welche mit denselben Grenzen arbeitet und ebenso häufig in Texten vertreten ist. Nicht umsonst ist die Klischee gewordene Redewendung ›Alles Schlampen außer Mutti‹ in der Rap-Szene immer noch beliebt. Wahlweise sind die verehrten Frauen wie bei Bushido auch *Wie ein Engel* (2001) oder ein *Schmetterling* (2004). Ein differenziertes Frauenbild findet textlich viel zu selten statt, weil Frauen (und Frauenrollen) außerhalb ihrer Funktion als Sexualpartnerin, Verehrte oder Mutter nicht thematisiert werden.[5]

5. GEWALT UND KRIEG

Die meisten körperlichen Gewalttaten gehen von Männern aus. Blickt man auf die Statistiken zu Mord, Totschlag und Tötung auf Verlangen von 2016 sind Tatverdächtige zu 87,9 Prozent Männer, nur zu 12,1 Prozent Frauen (vgl. Gensing 2018). Der Drang, Konflikte körperlich zu lösen, scheint also eine männliche Eigenart, oder differenzierter: eine toxisch-männliche Eigenart zu sein. Dass dies vollkommen irrationale Züge annehmen kann, zeigt Juse Ju auf: »Echte Männer hab'n das Recht / Für ein ›Hurensohn‹ dich umzulegen / Aber nennen sie dich so / Hast du das mal so hinzunehmen / Das ist nicht so einfach umzudreh'n«. Szenen dieser

---

4 Vgl. dazu den Beitrag von Sven Puschmann und Felix Woitkowski in diesem Band.
5 Wie Frauen selbst ihre Rolle innerhalb der Szene im Verlauf der Hip-Hop-Geschichte definiert haben, schildert Sookee (2007: 34ff.).

Art kommen sogar im Battle-Rap vor, wie Lippe (2019) zeigt und worauf Juse Ju sogar verweisen könnte.[6] Dass diese Form der irrationalen Konfliktlösung aber noch weitreichendere Folgen haben kann, legt eine andere Zeile nahe: »Und wahrscheinlich gibt es Krieg, ja, im Zweifel gibt es Krieg«, rappt Juse Ju in aggressivem Tonfall, um im Anschluss ein semantisches Feld um Schädel, Eisen und Granit zu öffnen, während er im Video dazu Stühle umwirft und sich in bedrohlichen Gesten übt. Wenn auch unausgesprochen, so scheint doch offensichtlich, dass mit dem Krieg auch eine politische Ebene gemeint ist. Gerade männliche und konservativ geprägte Politiker setzen auf eine Männlichkeit der Härte und Unnachgiebigkeit, welche im Zweifel eben auch den direkten Konflikt in Kauf nimmt, und weniger auf Methoden der Diplomatie zurückgreift, welche weniger zu einem traditionellen Männerbild passen würden.

6. DER ALTE WEIßE MANN

Der alte weiße Mann wird viel diskutiert. Kritiker sehen in dieser Bezeichnung einen feministischen Kampfbegriff, der spaltet, statt zu einen, und sogar Altersdiskriminierung und Rassismus in sich trägt (vgl. zu diesem Vorwurf Raether 2019), andere wiederum sehen darin das zugespitzte Symbol eines Patriarchats, das es zu verändern gilt. Zahlreiche Artikel im Feuilleton, ungezählte Kommentare im Internet und Sachbücher wie Sophie Passmanns *Alte weiße Männer* (2019) beschäftigen sich mit diesem Typus, der sich tatsächlich weniger über seine zwei mitgeführten Adjektive, als vielmehr über andere, explizit konservative Eigenschaften definiert. »Das Gefühl der Überlegenheit, gepaart mit der scheinbar völligen Blindheit für die eigenen Privilegien« (Passmann 2019: 10) macht diesen Typus nach Passmann aus. Zwar verwendet Juse Ju diesen vermeintlichen Kampfbegriff nicht, findet aber doch in der ironischen Überspitzung passende Um- und Beschreibungen: »Echte Männer stehen auf Ordnung und auf Regeln / Und ziehen Identität aus ihrer Volksgruppe und Ethnie«. Und weiter: »Sie wittern die Verschwörung, sobald sie mal verlier'n / Und sie twittern vor Empörung, wenn sie einer kritisiert«. Juse Ju sieht den alten weißen Mann klar im konservativen und rechten Lager verortet. Nicht umsonst zieht er im Interview selbst den Vergleich

---

6   Das dazugehörige Video (RAM 2012) zeigt zwei Kontrahenten eines Battles, bei dem der erste eine beleidigende Bemerkung bezüglich der Mutter des zweiten macht. Der zweite Teilnehmer erwidert diese schließlich, was den ersten Kontrahenten maßlos erzürnt, weshalb er seinen Gegner zur Rede stellt.

zu solchen »Trump-Typen« (Bauer 2019). Die exponierte Stellung von Volksgruppe und Ethnie lässt sich in den einschlägigen Parteien wie der AFD erkennen, die passenderweise einen auffallend hohen Anteil an männlichen Mitgliedern (87 % Männer zu 13 % Frauen), Abgeordneten (82 Männer und 10 Frauen im Bundestag) und Wählern (16 % der Männer wählten 2017 die AFD, nur 9 % der Frauen) aufweist (vgl. dpa 2019).

7. DIE MÄNNLICHE NATUR (UND DER PAVIAN IM MANNE)

Die zentrale Metapher des Songs ist offensichtlich der im Refrain platzierte Verweis auf den Pavian: »Und du hast gar nichts zu melden / Ich sitze ganz oben auf dem Pavianfelsen«. Der Pavian im Manne, sozusagen. Juse Ju setzt damit die skizzierten Verhaltensweisen, die sich allesamt aus einem tradierten Männerbild ableiten, mit denen eines Affen gleich, der seine Macht behaupten will. Ein wenig schmeichelhafter Vergleich, der als Witz getarnt (und doch gar nicht als Witz vorgetragen) darauf verweist, dass viele dieser Verhaltensweisen wenig mit einem modernen, zivilisierten Menschen gemein haben und häufig eher den animalischen Balz- und Revierverteidigungsritualen eines Tieres entsprechen. Der erhobene Zeigefinger, der sich in diesem Deutungsansatz wiederfindet, wird von Juse Ju aber eben nicht strapaziert. Alle Implikationen werden lediglich über den Vergleich von Mann und Affe ad absurdum geführt, im Text wird diese Metapher nicht weiter ausgedeutet, weil damit letztlich alles gesagt ist über den Zustand konventioneller oder toxischer Männlichkeit. Die Zeile fungiert als eine Art Punchline. Juse Ju selbst schließt sich übrigens nicht von seiner Männer-Kritik aus. Das Cover der EP zeigt einen comichaften Pavian im typischen Collegejacken-Outfit Juse Jus – er ist dieser Pavian, auch auf ihn lässt sich die Metapher übertragen. Damit wird ein größerer Zusammenhang illustriert: Ein Mann, der Männer kritisiert, ist immer noch selbst ein Mann, von der patriarchalen Gesellschaft geprägt, damit Teil des Systems und qua Geschlecht dessen Profiteur. Diese Erkenntnis wird immer wieder diskutiert, wenn es um die Frage geht, inwiefern sich Männer am Feminismus beteiligen oder inwiefern sie die Nachteile von Nicht-Männern nachvollziehen können.

8. FAZIT: »MEINE PROBLEME SIND SEIT JAHREN DIESELBEN«

Die Dichte gesellschaftlich diskutierter Theorien und Konzepte rund um Männlichkeit, die Juse Ju in *Männer* aufgreift, zeigt: Auch wenn sich die Hip-Hop-Szene angesprochen fühlen sollte – letztlich geht es hier um mehr. Es geht um einen aktuellen Diskursbeitrag, der so bisher kaum vom deutschen Rap zu erwarten war – erst recht nicht von einem männlichen Vertreter, der sich und seinen Geschlechtsgenossen den ganz großen Spiegel vorhält. Das Mittel der Wahl ist offensichtlich die ironische Überspitzung. Die Beschreibung, was Männer sind, zeigt eine Karikatur, die – wie es das Wesen der Karikatur ist – bei aller Übertreibung auf einen wahren Kern referiert. Die intertextuelle Vorlage von Herbert Grönemeyer darf in ihrer Rolle nicht unterschätzt werden. »Meine Probleme sind seit Jahren dieselben«, singt Juse Ju im Refrain und spinnt dabei gekonnt den Faden zurück ins Jahr 1984. Das Problematische, das mit gewissen Formen der Männlichkeit, heute toxische Männlichkeit genannt, einhergeht, existiert länger, als es die dafür passenden Begriffe des aktuellen Diskurses gibt, und selbst ein Mainstream-Star wie Herbert Grönemeyer hat hier schon vor über 30 Jahren den Finger, wenn auch unabsichtlich, in die Wunde gelegt.

»Es beschäftigt alle«, sagt Juse Ju zum Thema Geschlechterrollen im Rap. Dass sich hier und da auch bei den Male MCs zärtliche Reflexionsprozesse einstellen, zeigen in jüngerer Zeit zumindest vereinzelte Zeilen wie bei Dendemann (»Doch ich werde nicht müde mich dafür zu schämen / Wenn sich hier die Typen wie Affen benehmen« in *Müde* [2019]) oder Pöbel MC (»Viele Deppen verwechseln Feminismus mit Prüderie / Nur ging es nie um's ob, sondern immer nur um's wie / Konsens und Gleichheit sind kein Hindernis der Geilheit / Es knallt erst richtig, wenn ihr von dem Rollenscheiß befreit seid« in *Rammeln* [2019]). Die Anzeichen verdichten sich, dass der gesamtgesellschaftliche Diskurs, der 2019 landauf, landab die Gemüter erhitzt, auch erste Blüten in der deutschen Hip-Hop-Szene trägt.

LITERATUR

American Psychological Association (2018): APA Guidelines for Psychological Practice with Boys and Men. https://www.apa.org/about/policy/boys-men-practice-guidelines.pdf vom 30.09.2019.

Bauer, Steffen (2019): Juse Ju. Interview am 01.05.2019. https://www.mzee.com/2019/05/juse-ju-2/ vom 30.09.2019.

Baier, Angelika (2006): »›Für 'ne Frau rappst du ganz gut‹ – Positionen von Frauen im deutschsprachigen Rap!?«, in: Trans. Internetzeitschrift für Kulturwissenschaften 16. http://www.inst.at/trans/16Nr/05_8_/baier16.htm vom 30.09.2019.

Bliss, Shepherd (1987): »Revisioning Masculinity. A report on the growing men's movement«, in: In Context 17. https://www.context.org/iclib/ic16/bliss/ vom 30.09.2019.

Casati, Rebecca/Uslar, Moritz von (2007): »Musik muss gefährlich sein«, in: DER SPIEGEL 09/2007, S. 182-185.

dpa (2019): AfD als Partei von Männern für Männer: Nur die härtesten Frauen kommen durch. https://www.merkur.de/politik/afd-als-partei-von-maennern-fuer-maenner-nur-haertesten-frauen-kommen-durch-zr-9635568.html vom 30.09.2019.

Gensing, Patrick (2018): »Schwere Straftaten gegen Frauen. Die männliche Gewalt«. https://faktenfinder.tagesschau.de/inland/fakten-gewalt-gegen-frauen-101.html vom 30.09.2019.

Güler Saied, Ayla (2012): Rap in Deutschland. Musik als Interaktionsmedium zwischen Partykultur und urbanen Anerkennungskämpfen, Bielefeld: transcript.

Hadfield, Joseph G. (2013): Women speak up less when they're outnumbered. https://magazine.byu.edu/article/women-speak-up-less-when-theyre-outnumbered/ vom 30.09.2019.

Juse Ju (2019): Männer. https://genius.com/Juse-ju-manner-lyrics vom 30.09.2019.

Klein, Gabriele/Friedrich, Malte (2003): Is this real? Die Kultur des HipHop, Frankfurt a.M.: Suhrkamp.

Knowourmeme.com (2017): Mansplaining. https://knowyourmeme.com/memes/mansplaining vom 30.09.2019.

Lippe, Dominik (2019): »Friede den Rappern, Krieg der dummen Masse«. https://www.laut.de/Juse-Ju/Alben/Untertreib-Nicht-Deine-Rolle-111406 vom 30.09.2019.

McFly, Marten/HipHopHand (2019): Juse Ju über Merkels Muskeln, ein Major-Label-Angebot und seine neue EP. https://www.youtube.com/watch?v=JIx7E2z461Q vom 30.09.2019.

Passmann, Sophie (2019): Alte weiße Männer. Ein Schlichtungsversuch, Köln: Kiepenheuer & Witsch.

Raether, Till (2018): Hört auf zu jammern, alte weiße Männer. https://sz-magazin.sueddeutsche.de/leben-und-gesellschaft/hoert-auf-zu-jammern-alte-weisse-maenner-85975 vom 30.09.2019.

RAM (2012): RAP AM MITTWOCH: 01.02.12 BattleMania Vorrunde (2/4) GERMAN BATTLE. https://www.youtube.com/watch?v=_k-JZmw0N8U vom 30.09.2019.

Rothman, Lily (2012): A Cultural History of Mansplaining. https://www.theatlantic.com/sexes/archive/2012/11/a-cultural-history-of-mansplaining/264380/ vom 30.09.2019.

Robb, Alice (2014): Women get interrupted more – even by other women. https://newrepublic.com/article/117757/gender-language-differences-women-get-interrupted-more vom 30.09.2019.

Sculos, Bryant W. (2017): »Who's Afraid of ›Toxic Masculinity‹?«, in: Class, Race and Corporate Power: Vol. 5: Iss. 3, Article 6. https://digitalcommons.fiu.edu/classracecorporatepower/vol5/iss3/6 vom 30.09.2019.

Solnit, Rebecca (2008): Men Explain Things to Me; Facts Didn't Get in Their Way. https://www.commondreams.org/views/2008/04/13/men-explain-things-me-facts-didnt-get-their-way vom 30.09.2019.

Sookee (2007): »Sookee ist Quing. Rap aktuell und mehrheitlich«, in: Anjela Schischmanjan/Michaela Wünsch (Hg.), female hiphop. Realness, Roots und Rap Models, Mainz: Ventil, S. 35-40.

Wolbring, Fabian (2014): »›Rap ist Männersache!‹ – Hypermaskulinität und ›männliches‹ Sprechen im deutschsprachigen Rap«, in: Corinna Schlicht/Thomas Ernst (Hg.), Körperdiskurse. Gesellschaft, Geschlecht und Entgrenzungen in deutschsprachigen Liedtexten von der Weimarer Republik bis zur Gegenwart, Duisburg: Universitätsverlag Rhein-Ruhr, S. 169-184.

Religion | Fanatismus | Hass

Judenfeindschaft in Kollegahs *Apokalypse* (2016)[1]

Jakob Baier

1. EINLEITUNG

»This is a world destruction, your life ain't nothing.
The human race is becoming a disgrace.
Countries are fighting with chemical warfare.
Not giving a damn about the people who live.
Nostradamus predicts the coming of the Antichrist.
Hey, look out, the third world nations are on the rise.
The Democratic-Communist Relationship,
Won't stand in the way of the Islamic force.«
(Time Zone feat. John Lydon & Afrika Bambaataa
– *World Destruction*, 1984)

Als der amerikanische Rapper Afrika Bambaataa 1984 dieses Endzeitszenario in seinem Lied *World Destruction* zeichnete, war die Hip-Hop-Bewegung erst wenige Jahre alt. Mitte der 1980er Jahre waren bereits einige kommerziell erfolgreiche Rap-Projekte aus der noch jungen Subkultur hervorgegangen und schon in der ersten Phase ihrer Popularisierung fanden sich vereinzelt apokalyptische und verschwörungsideologische Motive in Rap-Liedern wieder.[2] Dass Afrika Bambaataa,

---

1 Es handelt sich hierbei um eine überarbeitete Version des Artikels »*Die Welt ist noch nicht gerettet... Aber der Widerstand erstarkt!« Antisemitische Verschwörungsmythen in der Populärkultur* (vgl. Baier i.V.).

2 Werner (2007) zeichnet in seiner Studie *Rapocalypse. Der Anfang des Rap und das Ende der Welt* die Kulturgeschichte apokalyptischer Erzählungen nach und analysiert

der als einer der Gründungsväter der Hip-Hop-Kultur gilt (vgl. Bradley/DuBois 2010: 15), und ihm nachfolgende Rap-Ikonen, wie die Formation Public Enemy oder die Gangsta-Rap-Pioniere um NWA, in ihrer Kritik an gesellschaftlichen Verhältnissen (vgl. Ogbar 2007: 146) zum Teil antisemitische Narrative bedienten, zeigt, dass Antisemitismus im Rap keineswegs ein neues Phänomen darstellt. So empfahl Afrika Bambaataas Hip-Hop-Kollektiv Zulu Nation das Buch *New World Order*[3] (1991) des Verschwörungsideologen Ralph Epperson seinen Fans als »must-read« (*Zulu Nation* zit. nach Keyes 2002: 181), Public Enemys Prof. Griff bezog sich in seinen judenfeindlichen Argumentationen auf das antisemitische Pamphlet *The International Jew* (1920) des US-Unternehmers und NS-Sympathisanten Henry Ford (vgl. Chang 2005: 284) und Mitglieder des Wu-Tang Clans rekurrierten in Textzeilen auf das konspirationistische Buch *Der Apokalyptische Reiter* (1991) des antisemitischen Verschwörungsideologen William Cooper (vgl. Jacobson 2018: 18).

In jüngster Zeit gerieten die Rap-Legende Jay-Z (2017) sowie der Nachwuchs-Rapper 21 Savage (2019) in die Kritik, nachdem sie in ihren Tracks das antisemitische Phantasma eines besonderen jüdischen Reichtums bedienten. Beide verstanden ihre Lines allerdings nicht als judenfeindlich, sondern erklärten, damit nur ihre Bewunderung für eine angeblich außergewöhnliche jüdische Geschäftstüchtigkeit zum Ausdruck bringen zu wollen (vgl. Blais-Billie 2018; Kim 2017).[4]

Im Unterschied zu den USA, wo die Textzeilen von Jay-Z und 21 Savage nur punktuell und kurzzeitig für Schlagzeilen sorgten, geriet das Phänomen Antisemi-

---

dessen Bedeutung für den amerikanischen Rap. Dabei verzichtet er jedoch auf eine Analyse des Verhältnisses von Judenfeindschaft und Apokalyptik im Rap (vgl. ebd.: 249ff.).

3   Das Kantor Center for the Studies of European Jewry (Tel Aviv University) stuft Eppersons Buch *New World Order* als antisemitisch ein (vgl. Kantor Center 2017: 4).

4   Jay-Z, der sich in der Kampagne ›We are one‹ (2006) bereits öffentlich gegen Antisemitismus aussprach (vgl. Jay-Z 2006), argumentierte, dass er im betreffenden Lied *The Story of O.J.* (2017) Vorurteile gegenüber Minderheiten thematisiere. Die Zeile »Do you know why Jews own all the property?« (Jay-Z 2017b) müsse daher im Kontext einer hyperbolischen Darstellung gesellschaftlicher Stereotype betrachtet werden (vgl. Jay-Z 2017a: 34:50). Sowohl die zentrale Aussage »Antisemitism is racism« der Kampagne ›We are one‹ als auch seine Reaktion auf die Kritik an *The Story of O.J.*, lassen auf ein verkürztes bzw. falsches Verständnis von Antisemitismus schließen, wonach der Antisemitismus fälschlicherweise als Vorurteilssystem oder als Form von Rassismus verstanden wird. Zum Verhältnis von Antisemitismus und Rassismus vgl. Salzborn (2016: 46f.).

tismus im Rap in Deutschland zuletzt zum Gegenstand einer breit geführten Mediendebatte. Die Diskussion um die ECHO-Verleihung an die beiden Gangsta-Rapper Kollegah und Farid Bang 2018 brachte schlagartig zum Vorschein, was bereits seit einigen Jahren fernab der öffentlichen Wahrnehmung zu beobachten gewesen war: eine auffällige Häufung antisemitischer Positionierungen im deutschsprachigen Rap, die so in keinem anderen Bereich der Populärkultur zu finden ist. Im Mittelpunkt der öffentlichen Debatte stand dabei Felix Blume alias Kollegah, in dessen Liedern, Musikvideos, Dokumentationen und Interviews sich der Antisemitismus als ideologische Konstante offenbart (vgl. Baier 2019: 112ff.). Doch erst in der Diskussion um judenfeindliche Textzeilen von Farid Bang auf dem gemeinsamen Album *JBG 3* (2018) gerieten auch ältere Lieder und Musikvideos von Kollegah in den Fokus der öffentlichen Aufmerksamkeit.

Insbesondere das Musikvideo *Apokalypse* (2016), das Kollegah bereits eineinhalb Jahre zuvor (am 9. November 2016) auf seinem YouTube-Kanal veröffentlicht hatte und das wenige Wochen nach der ECHO-Verleihung wieder von dort verschwand, wurde zum Gegenstand öffentlicher Kritik (vgl. Buß 2018; Hütt 2018). Im Stil eines Action-Comics erzählt *Apokalypse* die Geschichte der Menschheit als stetigen Kampf zwischen Gut und Böse und knüpft damit dramaturgisch an stereotype Erzählstrukturen apokalyptischer Schriften an (vgl. Mortimer 1988: 9f.): Kollegah, der sich in einer zerstörten Welt wiederfindet (Akt I *Postapokalypse*), wird die destruktive Kraft der ›schwarzen Magie‹ (vgl. Kollegah 2016) offenbart (Akt II *Die alten Mysterien*). Dazu auserwählt, die Menschheit zu retten, zieht er als Anführer einer Armee des Guten gegen eine Teufelsarmee in eine finale Schlacht (Akt III *Showdown*): Nur so kann der schwarzen Magie Einhalt geboten und durch einen Sieg gegen das Böse, Friede auf Erden hergestellt werden (Akt IV *Eden*).

Ausgehend von Kollegahs *Apokalypse* lässt sich fragen, auf welche Weise historisch tradierte apokalyptische Vorstellungen im zeitgenössischen Rap aufgegriffen und reproduziert werden. Welche Rolle spielen dabei judenfeindliche Repräsentationen und Mythen? Und in welchem Verhältnis stehen die Inhalte des Musikvideos zu zentralen Narrativen des deutschsprachigen Gangsta-Raps? Die zahlreichen theologischen und okkulten Bezugnahmen, Andeutungen und Verweise des Videos geben Anlass, die Rolle des Jüdischen und sein Verhältnis zu anderen Glaubensvorstellungen in *Apokalypse* zu untersuchen. Ausgehend von dieser Analyse werden die Funktion judenfeindlicher Darstellungen sowie der projektive Charakter antisemitischer Mythen in Kollegahs heilsgeschichtlicher Erzählung betrachtet.

2. ANTIJUDAISMUS

Im zweiten Akt von Kollegahs *Apokalypse* wird die schwarze Magie, nachdem sie durch den Niedergang Babylons ihre destruktive Kraft offenbart hat, von König Salomon unter dem Tempel in Jerusalem vergraben,[5] später von den Kreuzrittern jedoch wieder entnommen, nach Europa gebracht und dort von den Illuminaten[6] wieder genutzt und zur gewaltsamen Machterweiterung eingesetzt.

Der im weiteren Verlauf der okkulten Erzählung als Schalter und Walter des Bösen fungierende Zyklop, dessen Aufgabe es ist, bis zur Ankunft des Bösen »die Bevölkerung der Erde zu reduzieren« (Kollegah 2016: 07:14) und »die Menschheit mit aller Härte [zu] kontrollieren« (ebd.), wird durch das Tragen eines Davidstern-Rings eindeutig dem Jüdischen zugeordnet.[7] In der visuellen Darstellung bildet der Davidstern-Ring – wenn auch nur kurz zu sehen – das einzige bildliche Detail. Mit einem der gesamten Menschheit feindlich gesinnten Auftrag erscheint so das Jüdische in absoluter Negation zu einer freien und friedlichen Welt und dient auch im weiteren Verlauf des Videos – wenn auch weniger eindeutig – als negativer Referenzpunkt.

Über die jüdische Kollaboration hinaus werden in *Apokalypse* Bezüge zur islamischen *Ginn*-Mythologie hergestellt, die »aufgrund der Manifestation im Koran Bestandteil der orthodoxen [islamischen] Glaubenslehre« (Wieland 1994: 18) und als Glaubensvorstellung in modernen islamischen Gesellschaften weit ver-

---

5   Zur Mythologisierung der ursprünglich jüdische Figur Salomon in islamischen Quellen vgl. Nünlist (2015: 405).

6   Laut Perry und Schweitzer steht das konspirative Phantasma einer Geheimgesellschaft der Illuminaten in enger Verbindung mit antisemitisch-antikapitalistischen Verschwörungsideologien des frühen 20. Jahrhunderts (vgl. Perry/Schweitzer 2008: 147f.).

7   In einem späteren Interview bezeichnete Kollegah das Hexagramm am Ring lediglich als okkultes Symbol, das er losgelöst von seiner jüdischen Bedeutung betrachtet (vgl. Kollegah 2018). Grundsätzlich ist in der Analyse des Kommunikationsmaterials bzw. der Bildsprache nicht entscheidend, welche Aussagen von dem*der jeweiligen Künstler*in bewusst intendiert ist, sondern welche Assoziation die entsprechende Bildsprache nahelegt. Das Hexagramm wird heute eindeutig mit dem Judentum assoziiert. Durch die Verwendung der jüdischen Symbolik in der Bildsprache sowie durch den dazugehörigen Liedtext, der den gesellschaftlichen Zersetzungs-Auftrag des als jüdisch markierten Teufelsdieners beschreibt, handelt es sich bei dieser Szene um eine eindeutig antisemitische Darstellung.

breitet ist (vgl. ebd.; Nünlist 2015: 2). Eine weitere Verwendung alt- und neutestamentarischer sowie islamischer Theologiemotive erfolgt durch die Bezugnahme auf Gog und Magog,[8] die sich in *Apokalypse* als Anführer der Dämonen-Völker im Besitz der dunklen Magie befinden und vom Geheimbund entsendet werden. In *Apokalypse* erfolgt somit eine eklektische Bezugnahme auf theologische Bilder, die in eine kreislaufartige Erzählstruktur eingebettet werden.

Der zirkuläre Geschichtsverlauf, an dessen Ende immer das Böse siegt und in dem das Jüdische durch seine bösartige Komplizenschaft als Ausdruck weltlichen Unheils stilisiert wird, führt unweigerlich zu einer finalen Schlacht. Eine Überwindung des von Kollegah dargestellten historischen Kreislauf-Paradigmas kann erst durch einen Sieg im apokalyptischen Endkampf erfolgen und die Menschheit in die (vermeintliche) Erlösung führen. Obgleich Kollegah ganz zu Beginn den jüdischen Talmud (nicht die Tora) neben dem Koran und der Bibel als eine heilige Schrift der drei abrahamitischen Religionen erwähnt, herrscht nach dem Sieg in Ostjerusalem im letzten Akt des Musikvideos Weltfrieden zwischen Buddhisten, Muslimen und Christen. Die Existenz des Judentums – und damit der ältesten mit Jerusalem assoziierten abrahamitischen Religion – wird als solche nicht mehr benannt, wodurch eine Reinigung der Welt vom Jüdischen als eschatologische Interpretation explizit zugelassen wird.

3. GEMEINSCHAFTSIDEOLOGISCHE REINIGUNGSFANTASIEN

Die antijudaistisch aufgeladene Geschichtsmythologie wird in Akt III und IV um regressive Gemeinschaftsideologien erweitert. So wird mit der Repräsentation des Jüdischen als Komplize und Stellvertreter des dämonenhaften Bösen auf Erden ein Narrativ jüdischer Feindseligkeit bedient, welches in einen Endkampf zwischen der »Höllenarmee« und einer sich wehrenden »letzten Bastion der Menschheit« (Kollegah 2016: 09:38) mündet. Im manichäischen Kampf zwischen Gut und Böse erscheint das mit dem Jüdischen assoziierte Böse als historischer Feind, der sich in fundamentaler Opposition zu der von Kollegah angeführten Gemeinschaft

---

8 In der alttestamentarischen Darstellung stehen Gog und Magog symbolisch für die in Feindschaft zu Gott und seinen Anhängern stehenden bösartigen Mächte (vgl. van Donzel/Schmidt 2010: 3f., 51f., 55). Die neutestamentarische Bezugnahme erfolgt in der Johannes-Apokalypse, in der an die Vorstellung von Gog und Magog als satanische Kräfte angeknüpft wird (vgl. ebd.: 12) sowie u.a. in christlich-theologischen Schriften des späten Mittelalters (vgl. Heil 2006: 457).

der Rechtgläubigen befindet. Die weltanschauliche Grundannahme von homogenen, identitären und harmonischen Kollektiven, denen als Gegenkraft die prekäre, krisenhafte und dynamische (kapitalistische) Moderne gegenübersteht, ist eine meta-ideologische Konstante des modernen Antisemitismus (vgl. Rensmann 2004: 73). In Kollegahs *Apokalypse* wird dem (dämonischen) Zersetzungs-Attribut idealisierend das Gemeinschaftsprinzip und damit ein gemeinsamer, apokalyptischer Kampf zum Wohle der Allgemeinheit gegenübergestellt. Erst nachdem der finale Kampf gewonnen ist, findet die Gemeinschaft wieder zu einem friedlichen Miteinander, und das Zusammenleben erscheint in vollkommener Harmonie: »Jedes Dorf, jeder Ort, jeder Bezirk wird restauriert. / Seit Jahren wurd' kein einziger Mord mehr registriert.« (Kollegah 2016: 11:56)

Das modern-antisemitische Narrativ in *Apokalypse* bietet darüber hinaus ideologische Anknüpfungspunkte zur Gemeinschaftsideologie des Islamismus, dem ebenfalls eine Dichotomie von Gemeinschaft und Gesellschaft zugrunde liegt und der als projektiver Abwehrmechanismus gegenüber der Moderne fungiert (vgl. Marz 2014: 187; Grunberger/Dessuant 2000: 300). Die Gemeinschaft wird dabei als natürlich, traditionell und verbindend, die moderne Gesellschaft hingegen als abstrakt und zersetzend wahrgenommen. Wie in *Apokalypse* werden gesellschaftliche Zersetzungsprozesse der Moderne mit dem Jüdischen in Verbindung gebracht, auch, indem eine Territorialisierung des Kampfes zwischen Gut und Böse auf den Jerusalemer Tempelberg, die heiligste Stätte des Judentums und drittheiligste Stätte des Islams, vollzogen wird. Das zuvor mit der Kontrolle, Unterdrückung und Dezimierung der Weltbevölkerung beauftragte Jüdische – also die gemeinschaftszersetzende Kraft – wird im letzten Akt *Eden* in logischer Konsequenz nicht mehr als Teil des friedlichen gemeinschaftlichen Zusammenlebens erwähnt (vgl. Kollegah 2016). Durch eine Bücherverbrennung am Ende von *Apokalypse*, in der die Bücher der schwarzen Magie vernichtet werden sollen, wird das kulturelle Reinigungsbestreben symbolisch illustriert. Indem das Böse zuvor als jüdisch markiert wurde, drängt sich eine Assoziation mit der historischen Bücherverbrennung der Nationalsozialisten auf.

In seiner metaphorischen Deutung des Kampfes zwischen Gut und Böse beschreibt Kollegah den urbanen Raum als bösartiges, feindseliges sowie von Dämonen beherrschtes Terrain[9] und setzt diesem im letzten Akt *Eden* traditionelle,

---

9 So wird der urbane Raum in Akt III *Showdown*, wie folgt beschrieben: »Schon seh' ich die Stadt rauchverhangen vor mir / Seh', wie dunkle Wesen die Hausfassaden umspielen / während dumpfe Schläge wie Hauptschlagadern pulsieren. / Mystische Szenen, eine verwüstete Gegend / voll mit übelst düsteren Schemen und wütenden Schlägen eines stürmischen Bebens.« (Kollegah 2016: 08:00)

dörfliche Strukturen des gemeinschaftlichen Zusammenlebens idealisierend gegenüber. Die naturromantische Gegenüberstellung der industriell verkommenen und – durch die Dämonen in Person des teuflischen Bankers – vom Bösen beherrschten Großstadt auf der einen und der friedlichen Dorfgemeinschaft auf der anderen Seite erfolgt visuell in der Kontrastierung von dunklen, hauptsächlich in schwarz-weiß gehaltenen Großstadtbildern in Akt I *Postapokalypse* sowie Akt III *Showdown* und bunten, farbenfrohen Landschaftsaufnahmen im letzten Akt *Eden*. Darin wird die naturromantische Bildsprache in Akt IV *Eden*, die lediglich Landschaftsaufnahmen und keine urbanen Räume mehr zeigt, textlich unterstützt: »Jede Gegend hier erblüht, es gibt Fische auf den Weltmeer'n, Früchte auf den Feldern, der Planet wird wieder grün!« (Ebd.: 12:03) In der idealisierenden Betonung des natürlichen Lebens in Dorfstrukturen wird die Überlegenheit und Prädestination der eigenen Gemeinschaft illustriert.

Im manichäischen Kampf zwischen dem mit dem Jüdischen assoziierten Bösen (vgl. Pohl 2010: 54), in der Entgegensetzung von Gesellschaft und Gemeinschaft als Ordnungskonzept (vgl. Salzborn 2010: 339f.) sowie im Anti-Urbanismus bzw. in der agrarromantischen Betonung des natürlichen, dörflichen und friedfertigen Gemeinschaftslebens (vgl. Puschner 2010: 338ff.) wird *Apokalypse* in Akt III *Showdown* und insbesondere in Akt IV *Eden* über das antijudaistisch-antisemitische Narrativ in Akt II *Die alten Mysterien* hinaus um gemeinschaftsideologische Reinigungsfantasien erweitert.

4. VON DER CITY OF LONDON NACH OSTJERUSALEM

Die dunkle Magie wird von Beginn an von grausamen Machthabern oder Machteliten, deren Ziel die Ausbeutung einer schwachen Mehrheit ist, als Herrschaftsinstrument missbraucht. Somit äußert sich die destruktive Wirkung der ›dunklen Kraft‹ dadurch, dass sie als Mittel zur Ausbeutung und Machterweiterung fungiert, die im weiteren Verlauf in einem Elitenbündnis mündet. In der kreislaufparadigmatischen Geschichtsschreibung reproduzieren sich die Machteliten über Jahrhunderte hinweg, um die globale Wirtschaftsmacht untereinander aufzuteilen. Nachdem die Schaltstelle des Bösen, die vom Zyklopen als Stellvertreter der Dämonen verwaltet wird, zunächst noch abstrakt dargestellt wird und nicht zu verorten ist, erfolgt im letzten Akt des Videos eine konkrete geographische Zuordnung der vom Bösen kontrollierten Machtzentren: Ostjerusalem und der Londoner Finanzdistrikt. Dabei wird eine semantische Verbindung hergestellt zwischen einem

Befreiungskampf in Ostjerusalem,[10] der als heiliger Ort für Jüd*innen, Christ*innen und Muslim*innen und mit seinem umstrittenen Status im Nahostkonflikt eine in zweifacher Hinsicht bedeutsame Symbolik birgt, und einer – wenn auch gesichtslosen, also abstrakten – personifizierten Wirtschaftsmacht, die eben diese »Übermacht auf dem Tempelberg« (Kollegah 2016: 09:37) von einem zentralen Knotenpunkt im globalen Finanzhandel aus (City of London) anführt.

Ein Banker, der als »Kopf der Dämonen« (ebd.: 10:34) ausgewiesen wird, »beschwört die strömende Höllenarmee« (ebd.: 10:00) im finalen Kampf zwischen Gut und Böse. Als Herrscher über das Finanzwesen, über Ostjerusalem und damit über die gesamte Menschheit muss der im wahrsten Sinne *dämonisierte*, gesichtslose Banker – der Teufel im Anzug – als Personifikation der Macht des Bösen in letzter Konsequenz beseitigt werden, um eine Vergemeinschaftung in Weltfrieden wieder zu ermöglichen. Mit der semantischen Verknüpfung einer sakralen Schlacht um Ostjerusalem und dem Kampf gegen die dunkle Macht im Finanzwesen finden sich ideologische Parallelen zu islamistischen Weltdeutungen, deren zentraler Bestandteil der Antisemitismus ist (vgl. Salzborn 2018: 116ff.). Durch seinen einen regressiven Antimodernismus sowie seine verschwörungsideologische Widerspruchsverarbeitung abstrakter gesellschaftlicher Prozesse inkorporiert der Islamismus grundlegende Kernelemente eines antisemitischen Welterklärungsmodells (vgl. Marz 2014: 87f.). Islamistische Denker und Gruppierungen beziehen sich in ihrer Agitation häufig auf antisemitische Verschwörungserzählungen (vgl. Holz 2005: 27), in denen Jüd*innen »die Macht des Geldes und die Kräfte der Auflösung und Entwurzelung, der Entmoralisierung und Individualisierung« (ebd.) verkörpern.

In Kollegahs *Apokalypse* werden die weltweiten Ausbeutungsverhältnisse durch die gesichtslose und somit abstrakte Figur des Bankers, dem das weltumspannende Wirtschaftssystem als Unterdrückungsinstrument dient, personalisiert. Diese projektive Verantwortungszuweisung auf *den Banker* bzw. *den Teufel im Anzug* ist charakteristisch für einen antisemitischen Antikapitalismus, »der eben die Struktur der kapitalistischen Vergesellschaftung intellektuell nicht begreift, aber gerade deshalb infantil gegen sie rebelliert« (Salzborn 2014: 117). So korreliert die sowohl antijudaistische als auch modern-antisemitisch umrahmte Erlösungs-Erzählung in *Apokalypse* mit einer spezifischen Darstellung global-ökonomischer Machtverhältnisse, die in erster Linie einer personalen Herrschaft unterliegen. Kollegah knüpft damit an bereits zuvor getätigte Aussagen an, in denen er

---

10 Die visuelle Darstellung bezieht sich auf das moderne Jerusalem.

einer kleinen, elitären Gruppe die Kontrolle über das weltweite Finanzwesen zuweist (vgl. Kollegah 2014). In *Apokalypse* rekurriert er nun ein weiteres Mal auf den antisemitischen Mythos der Rothschild-Dynastie.[11]

5. FAZIT

Anders als in Afrika Bambaataas Musikvideo *World Destruction*, das den Konflikt der USA und der ehemaligen Sowjetunion als apokalyptisches Endzeitszenario überzeichnet und somit als subkulturelle Reaktion auf die weltweite Bedrohung durch einen atomaren Konflikt zweier Großmächte verstanden werden kann, beschreibt Kollegahs Musikvideo *Apokalypse* einen metaphysischen Dualismus zwischen Gut und Böse. In der deterministischen Geschichtsschreibung wird *das Jüdische* auf unterschiedliche Weise mit dem Bösen in Verbindung gebracht. Erst die Vernichtung des *jüdischen Bösen*, das im Verlauf der Geschichte als »metaphysisches Prinzip« (Sartre 2017: 27) erscheint, kann die gesamte Menschheit in die Erlösung führen. In der Zusammenführung unterschiedlicher Verschwörungsmythen zu einer konspirationistischen Großerzählung fungiert der Antisemitismus, genauer die jüdische Weltverschwörung, als zentraler Referenzpunkt.

Neben seiner eklektischen Bezugnahme auf islamische und christliche Erzählungen schöpft Kollegah aus einem judenfeindlichen Mythenhaushalt (Verweis auf den *Rothschild*-Mythos, *der Jude* als Teufelsdiener). Darüber hinaus greift er in seiner Darstellung globaler Herrschaftsverhältnisse auf Ideologiefragmente des modernen Antisemitismus zurück (regressive Gemeinschaftskonstruktionen und Reinigungsfantasien, semantische Verknüpfung Ostjerusalems mit dem internationalen Finanzhandel). Mit einer manichäischen Weltdeutung, einer Personalisierung des Bösen durch *den Juden* sowie mit der Betonung homogener, identitärer Kollektive bedient *Apokalypse* die zentralen Strukturprinzipien des modernen Antisemitismus (vgl. Beyer 2015: 576).

Somit handelt es sich bei *Apokalypse* um ein Beispiel für die popkulturelle Aufarbeitung von historisch tradierten Verschwörungserzählungen und -mythen im deutschsprachigen Rap. Damit knüpft Kollegah an eine kulturhistorische Tradition apokalyptischer Erzählungen im Rap an (vgl. Werner 2007: 249ff.), erweitert die heilsgeschichtlichen Endzeitphantasien jedoch um judenfeindliche Mythen und antisemitische Deutungspotenziale. Zwar weicht Kollegah in *Apokalypse* von einigen genretypischen Erzählungen des Gangsta-Raps ab (vgl. Szillius 2012:

---

11 Die Rothschild-Dynastie wird in *Apokalypse* als eine von 13 Familien genannt, die die Welt kaufmännisch lenken (vgl. Kollegah 2016).

41; Seeliger 2017: 56). Dennoch finden sich darin genretypische Narrative des deutschsprachigen Gangsta-Raps, darunter die hypermaskuline Selbstinszenierung (vgl. Wolbring 2015: 368ff.) oder die dichotome Einteilung der sozialen Umwelt in Oben und Unten (vgl. Dietrich/Seeliger 2017b: 25). Aufgrund der mystisch und religiös aufgeladenen, irreversiblen Entgegensetzung von Gut und Böse handelt es sich bei *Apokalypse* um eine Überzeichnung bzw. Transformation eines solchen Gesellschaftsbildes in eine manichäische Weltdeutung, die – wenn auch weniger stark überzeichnet – einer Vielzahl von sozialkritischen Liedern des Gangsta-Raps zugrunde liegt.[12]

Diese komplexitätsreduzierende Vorstellung von sozialer Ordnung sowie ein dominantes »Grundgefühl der Zukunftsverbautheit« (Bude 2016, zit. n. Rack 2016: 3) findet insbesondere bei der Inszenierung von Prekarisierungsdiskursen in Gangsta-Rap-Liedern Ausdruck (vgl. Lütten/Seeliger 2017: 98ff.). Wenn »Rap als System dauerhafter Bewährungsproben« (ebd.) begriffen wird, das als Projektionsfläche für Anerkennungskämpfe von Jugendlichen fungiert, und sich Gangsta-Rapper*innen als legitime Sprecher*innen von zum Teil prekarisierten oder verunsicherten Jugendlichen inszenieren, kann ein manichäisches Welterklärungsmodell eine sinnstiftende Funktion erfüllen. Aus der Annahme, *den Anderen* als das Böse ausgemacht zu haben, folgt die Selbstpositionierung auf der Seite der Guten. Eine antisemitisch-verschwörungsideologische Deutung gesellschaftlicher Herrschaftsverhältnisse erscheint in diesem Kontext als besonders attraktiv, da das antisemitische Weltbild die Schuldigen für alles Negative in der Gesellschaft ausmacht, die Auflösung von Unwägbarkeiten und Ambivalenzen der Moderne und somit einfache Antworten auf komplexe gesellschaftliche Prozesse verspricht.

Heute gehört die Propagierung eines verschwörungsideologischen Weltbildes mehr denn je zum Markenkern von Kollegah bzw. Felix Blume, der die Grenze zwischen Kunstfigur und realer Person mittlerweile gänzlich verworfen zu haben scheint. Auf seinem YouTube-Kanal *Felix Blume* verbreitet er weiterhin Verschwörungserzählungen und greift dabei wohl nicht zufällig auf die Musik des

---

12 Beispielhaft herauszustellen sind die Lieder bzw. Musikvideos *Parallelen* von Celo & Abdi feat. Haftbefehl (2012), *Contraband* von Fard & Snaga (2015), *Hang the Bankers* von Haftbefehl feat. Olexesh (2015), *TelVision* von KC Rebell feat. PA Sports, Kianush & Kollegah (2016).

antisemitischen Musikvideos *Apokalypse* zurück.[13] Auch in seinem Motivationsprogramm »Alpha Mentoring«, das sich offenbar vor allem an junge, verunsicherte Männer richtet, und das laut Verbraucherschutzexperten Radikalisierungspotenzial birgt, operiert er mit einem verschwörungsideologischen und manichäischen Weltbild (vgl. Drepper/Schwenn/Voigt 2019). »Zu Verschwörungstheorien gehören Vernichtungsfantasien«, stellt der Rapper Koljah der Antilopen Gang im Lied *Beate Zschäpe hört U2* (2014) treffend fest. Letztlich zielt die verschwörungsideologische Verhandlung von Krisenerscheinungen, die sich – wie auch in Kollegahs *Apokalypse* deutlich wird – in einer Rebellion gegen die als Verschwörer*innen ausgemachte Gruppe ausdrückt, auf deren Vernichtung ab. Erst die Vernichtung des Bestehenden kehrt das vermeintlich Gute hervor. Eine Kritik an solcherart popkulturell aufbereiteten Verschwörungserzählungen ist unabdingbar, um zu verhindern, dass antisemitische Vernichtungsfantasien im gesellschaftlichen Alltag Wirklichkeit werden.

LITERATUR

Baier, Jakob (2019): »Die Echo-Debatte: Antisemitismus im Rap«, in: Samuel Salzborn (Hg.), Antisemitismus seit 9/11. Ereignisse, Debatten, Kontroversen, Baden-Baden: Nomos, S. 109-132.

Baier, Jakob (i.V.): »›Die Welt ist noch nicht gerettet... Aber der Widerstand erstarkt!‹ Antisemitische Verschwörungsmythen in der Populärkultur«, in: Johannes Kuber et al. (Hg.), Von Hinterzimmern und geheimen Machenschaften. Verschwörungstheorien in Geschichte und Gegenwart, Stuttgart: Im Dialog. Beiträge aus der Akademie der Diözese Rottenburg-Stuttgart. https://ojs 2.uni-tuebingen.de/ojs/index.php/idadrs/ vom 30.09.2019.

Benz, Wolfgang (Hg.), Handbuch des Antisemitismus. Judenfeindschaft in Geschichte und Gegenwart, Band 3, Begriffe, Theorien, Ideologien, Berlin: de Gruyter.

Beyer, Heiko (2015): »Theorien des Antisemitismus: Eine Systematisierung«, in: Kölner Zeitschrift für Soziologie und Sozialpsychologie 67, S. 573-589.

---

13 So ist das Video *PARA?NORMAL! – Stonehenge, Kornkreise und Verschwörungstheorien* (2019), in dem Kollegah bzw. Felix Blume unterschiedliche Verschwörungserzählungen reproduziert, mit dem Beat von *Apokalypses* Akt III *Showdown*, unterlegt (vgl. Kollegah 2019).

Blais-Billie, Braudie (2018): 21 Savage Apologizes for »Jewish Money«. https://pitchfork.com/news/21-savage-apologizes-for-jewish-money-lyrics/ vom 30.09.2019.

Bradley, Adam/DuBois, Andrew (2010): The Anthology of Rap, New Haven: Yale University Press.

Bude, Heinz (2016): Das Gefühl der Welt. Über die Macht von Stimmungen, München: Hanser.

Buß, Christian (2018): Irrwega, Kollegah. http://www.spiegel.de/kultur/tv/kolle gah-und-farid-bang-wie-antisemitisch-ist-der-deutsche-rap-a-1203607.html vom 30.09.2019.

Chang, Jeffrey (2005): Can't Stop Won't Stop. A History of the Hiphop-Generation, New York: St. Martin's.

Dietrich, Marc/Seeliger, Martin (2017a) (Hg.), Deutscher Gangsta-Rap II. Popkultur als Kampf um Anerkennung und Integration, Bielefeld: transcript.

Dietrich, Marc/Seeliger, Martin (2017b): »Zur Einleitung: Gangsta-Rap-Analyse als Gesellschaftsanalyse«, in: Dietrich/Seeliger, Deutscher Gangsta-Rap II, S. 7-35.

Drepper, Daniel/Schwenn, Paul/Voigt, Johann (2019): Exklusiv: Undercover bei Kollegahs Alpha-Armee. https://www.vice.com/amp/de/article/43jkqb/alpha-mentoring-felix-blume-exklusiv-undercover-bei-kollegahs-alpha-armee?__twitter_impression=true vom 30.09.2019.

Fard & Snaga (2014): »Contraband«, in: Talion 2 – La Rabia, Album, Bonn: Ruhrpott Elite.

Gow, Andrew C. (2010): »Apokalyptik«, in: Benz, Handbuch des Antisemitismus, S. 25-28.

Grunberger, Béla/Dessuant, Pierre (2000): Narzißmus, Christentum, Antisemitismus, Stuttgart: Klett-Cotta.

Haftbefehl/Olexesh (2015): »Hang the Bankers«, in: Unzensiert, Album, Berlin: Urban/Universal Music.

Heil, Johannes (2006): »Gottesfeind« – »Menschenfeinde«. Die Vorstellung von jüdischer Weltverschwörung (13. bis 16. Jahrhundert), Essen: Klartext.

Holz, Klaus (2005): Die Gegenwart des Antisemitismus. Islamistische, demokratische und antizionistische Judenfeindschaft, Hamburg: Hamburger Edition.

Hütt, Hans (2018): Reim dich, oder ich fress dich. https://www.faz.net/aktuell/feuilleton/debatten/ard-tv-doku-die-dunkle-seite-des-deutschen-rap-15551359.html. vom 30.09.2019.

Jacobson, Mark (2018): Pale Horse Rider. William Cooper, the Rise of Conspiracy, and the Fall of Trust in America, New York: Blue Rider.

Jay-Z (2006): Jay-Z and Russel Simmons PSA. https://www.youtube.com/watch?v=j0VRp-ZcVJ8 vom 30.09.2019.

Jay-Z (2017): Jay-Z Rap Radar Podcast (Part 1). https://www.youtube.com/watch?v=-9vNRZ0s6XM vom 30.09.2019.

Jay-Z (2017a): »The Story of O.J«, in: 4:44, Album, New York: Roc Nation/Universal Music.

Kantor Center (2017): Report on manifestations of antisemitism in the Czech Republic (2016/2017). https://www.kantorcenter.tau.ac.il/sites/default/files/Czechia%20Report_2017.pdf vom 30.09.2019.

Keyes, Cheryl L. (2002): Rap Music and Street Consciousness, Chicago: University of Illinois Press.

Kim, Michelle (2017): Jay-Z Addresses Kanye Feud. https://pitchfork.com/news/jay-z-addresses-kanye-feud-solange-controversial-jewish-lyric-in-new-interview-watch/ vom 30.09.2019.

Kollegah (2014): Antwort auf Staigers Brief. Veröffentlicht auf der Facebookseite KOLLEGAH am 11.04.2014 vom 01.12.2018.

Kollegah (2016): Apokalypse. https://genius.com/Kollegah-apokalypse-annotated vom 30.09.2019.

Kollegah (2018): Kollegah im Realtalk-Interview. https://www.youtube.com/watch?v=0uSPPXMAOZk vom 30.09.2019.

Kollegah (2019): PARA?NORMAL! – Stonehenge, Kornkreise und Verschwörungstheorien. https://youtu.be/dxJMjJCHPks vom 30.09.2019.

Ley, Michael (2003): Kleine Geschichte des Antisemitismus, München: Fink.

Ley, Michael (2002): Holocaust als Menschenopfer: Vom Christentum zur politischen Religion des Nationalsozialismus, Münster: LIT.

Lütten, John/Seeliger, Martin (2017): »›Rede nicht von Liebe, gib' mir die Knete für die Miete!‹«, in: Dietrich/Seeliger, Deutscher Gangsta-Rap II, S. 89-104.

Marz, Ulrike (2014): Kritik des islamischen Antisemitismus. Zur gesellschaftlichen Genese und Semantik des Antisemitismus in der Islamischen Republik Iran, Berlin: LIT.

Nünlist, Tobias (2015): Dämonenglaube im Islam. Eine Untersuchung unter besonderer Berücksichtigung schriftlicher Quellen aus der vormodernen Zeit (600-1500), Berlin: de Gruyter.

Ostow, Mortimer (1986): »The Psychodynamics of Apocalyptic: Discussion of Papers on Identification and the Nazi Phenomenon«, in: The International Journal of Psycho-Analysis 67, S. 277-285.

Ostow, Mortimer (1988): »Apokalyptische Archetypen in Träumen, Phantasien und religiösen Schriften«, in: Jahrbuch der Psychoanalyse. Beiträge zur Theorie und Praxis 23, S. 9-25.

Ogbar, Jeffrey O. G. (2007): Hip-Hop Revolution. The Culture and Politics of Rap, Lawrence: University Press of Kansas.

Perry, Marvin/Schweitzer, Frederick (2008): Antisemitic Myths. A Historical and Contemporary Anthology, Bloomington: Indiana University Press.

Pohl, Rolf (2010): »Der antisemitische Wahn. Aktuelle Ansätze der Psychoanalyse einer sozialen Pathologie«, in: Wolfram Stender/Guido Follert/Mihri Özdogan (Hg.), Konstellationen des Antisemitismus. Antisemitismusforschung und sozialpädagogische Praxis, Wiesbaden: VS, S. 41-68.

Puschner, Manfred (2010): »Völkische Weltanschauung«, in: Benz, Handbuch des Antisemitismus, S. 338-341.

Rack, Jochen (2016): »Heinz Bude: Das Gefühl der Welt. Über die Macht von Stimmungen«, in: SWR2 Forum Buch, Manuskript der Sendung vom 22.05.2016, S. 2-5. https://www.swr.de/-/id=17234176/property=download/nid=658730/siej58/swr2-forum-buch-20160522.pdf vom 30.09.2019.

Rensmann, Lars (2004): Demokratie und Judenbild. Antisemitismus in der politischen Kultur der Bundesrepublik Deutschland, Wiesbaden: VS.

Salzborn, Samuel (2010): Antisemitismus als negative Leitidee der Moderne, Frankfurt a.M.: Campus.

Salzborn, Samuel (2014): Antisemitismus – Geschichte, Theorie, Empirie, Baden-Baden: Nomos.

Salzborn, Samuel (2016): »Weltanschauung und Leidenschaft«, in: Charlotte Busch/Martin Gehrlein/Tom D. Uhlig (Hg.), Schiefheilungen. Zeitgenössische Betrachtungen über Antisemitismus, Wiesbaden: VS, S. 37-58.

Salzborn, Samuel (2018): Globaler Antisemitismus. Eine Spurensuche in den Abgründen der Moderne, Weinheim: Beltz Juventa.

Sartre, Jean-Paul (2017): Überlegungen zur Judenfrage, Hamburg: Rowohlt.

Schleusener, Jan (2010): »Erlösungsantisemitismus«, in: Benz, Handbuch des Antisemitismus, S. 73-75.

Seeliger, Martin (2017): »Autobiographien deutscher Gangsta-Rapper im Vergleich«, in: Dietrich/Seeliger, Deutscher Gangsta-Rap II, S. 37-60.

Szillius, Stephan (2012): »Unser Leben – Gangsta-Rap in Deutschland. Ein popkulturell-historischer Abriss«, in: Marc Dietrich/Martin Seeliger (Hg.), Deutscher Gangsta-Rap. Sozial- und kulturwissenschaftliche Beiträge zu einem Pop-Phänomen, Bielefeld: transcript, S. 43-65.

Van Donzel, Emeri/Schmidt, Andrea (2010): Gog and Magog in Early Eastern Christian and Islamic Sources Salam's Quest for Alexander's Wall, Leiden: Koninklije Brill.

Wieland, Almut (1994): Studien zur Ginn-Vorstellung im modernen Ägypten, Würzburg: Ergon.

Werner, Florian (2007): Rapocalypse. Der Anfang des Rap und das Ende der Welt, Bielefeld: transcript.

Wolbring, Fabian (2015): Die Poetik des deutschsprachigen Rap, Göttingen: V&R.

Wyrwar, Ulrich (2010): »Moderner Antisemitismus« in: Benz, Handbuch des Antisemitismus, S. 211-214.

Mein Gott hat den Längsten (2008)

Alligatoahs Kritik des religiösen Fanatismus

Raphael Döhn

1. EINLEITUNG

»Mein Gott macht die Menschen selig / Mein Gott hat den längsten Penis!« lautet der Refrain von Alligatoahs *Mein Gott hat den Längsten* (2008). Innerhalb dieses Songs und des zugehörigen Videoclips treten religiöse Fanatiker, die jeweils durch Alligatoah (bürgerlich: Lukas Strobel) verkörpert werden, im Stil eines Rap-Battles gegeneinander an und streiten darum, wessen Gott – im doppelten Wortsinn – der potenteste Gott sei.

Während die Attribuierung Gottes mit dem ›längsten Penis‹ bereits erahnen lässt, dass hier in einer Art und Weise über Gott gesprochen wird, die zu irritieren vermag, stellt sich die Frage, ob es sich hier – wie zumindest einige Kommentare zu Song und Musikvideo proklamieren – um eine globale Religionskritik handelt. So merkt im Kommentarbereich auf YouTube[1] ein User an: »So lange versuche ich schon zu erklären, wieso Religionen Schwachsinn sind und dieses Video bringt alles auf den Punkt.« Ein anderer User schätzt *Mein Gott hat den Längsten* ähnlich ein, wobei er eine bejahende Einstellung gegenüber Religionen erkennen lässt: »Wie heftig er über Gott lästert, er sollte sich schämen und lernen, Respekt gegenüber Religionen zu haben!«[2] Alligatoah selbst hingegen hat angegeben, ein hiervon abweichendes Ziel verfolgt zu haben. Ihm zufolge handelt es sich bei *Mein Gott hat den Längsten* nicht um eine generalisierende Religionskritik, sondern vielmehr um eine Fanatismuskritik, die keineswegs alle gläubigen Menschen oder Religionen in ihrer Gesamtheit anprangert:

---

1 Das Musikvideo ist auf Alligatoahs YouTube-Kanal zu finden (vgl. Alligatoah 2008).
2 In beiden Zitaten finden sich Rechtschreibfehler, die hier korrigiert wurden.

»[D]enn ich habe ja sehr auf die satirischen Elemente auch Bedacht gegeben, dass man eigentlich nicht verfehlen kann, dass es sich um etwas Humoristisches handelt und um etwas nicht Religionskritisches, sondern etwas Fanatismuskritisches und gegen Gewalt sind ja die meisten Menschen.« (Alligatoah o.J.: 0:54).

Auffallend ist hier die enge Verbindung, die Alligatoah zwischen Fanatismus und Gewalt herstellt, was in ähnlicher Form z.B. auch in Murkens Definition des religiösen Fanatismus zu erkennen ist, die im Folgenden verwendet wird: »Im Fanatismus fallen also Idealismus, Begeisterungsfähigkeit und Hingabe mit Einengung der Wahrnehmung, Absolutheitsanspruch und Aggression zusammen.« (Murken 2000: Sp. 32) Zwar spricht Murken hier nicht explizit von einer Gewalttätigkeit des religiösen Fanatismus, aber ordnet ihm doch zumindest eine grundlegende Aggressivität zu.

Im vorliegenden Beitrag wird aufgezeigt, dass Alligatoah und nicht den beiden zitierten YouTube-Kommentaren zuzustimmen ist und daher folgende These verifiziert werden: Bei *Mein Gott hat den Längsten* handelt es sich um eine Fanatismuskritik, nicht um eine pauschale Kritik an allen religiösen Menschen. Hierzu werden zentrale Lines dieses Songs analysiert und interpretiert, wobei Schwerpunkte auf den Topoi ›Personenvielfalt und -einheit‹, ›Glaubens-Battle‹ und ›Hypermaskulines Gottesbild‹ liegen, da diese zum einen innerhalb von *Mein Gott hat den Längsten* vielfach aufgegriffen werden und zum anderen besonders gut geeignet erscheinen, um aufzuzeigen, dass und wie dieser Song gegen religiösen Fanatismus argumentiert. Auch auf das zugehörige Musikvideo sowie Charakteristika von Alligatoahs Betonung von Refrain und einzelnen Strophen wird an einigen Stellen Bezug genommen, wobei der Fokus der Analyse auf dem Songtext liegt. Der ›Topos‹-Begriff wird dabei im Folgenden in Anlehnung an Wolbring genutzt, der von verschiedenen ›Rap-Topoi‹ spricht, wobei er diesen Begriff »im rhetorischen Sinne unscharf als Gemeinplatz bzw. *locus communis* [verwendet], d.h. als etablierte, standardisierte und habitualisierte semantische Bezugs-Formel oder ›Denkgewohnheit‹.« (Wolbring 2015: 359-360)

2. DREI ZENTRALE TOPOI

Zu diesen Rap-Topoi zählt er u.a. den ›Wettbewerbs-Topos und battle‹ und den ›Hypermaskulinitäts-Topos‹ (vgl. Wolbring 2015: 359-364, 368-380). Im Rahmen der Toposanalyse wird untersucht, wo und wie Alligatoah diese Topoi aufgreift und wie er sie nutzt, um seine Fanatismuskritik zu formulieren. Zuvor wird aber der Topos ›Personenvielfalt und -einheit‹ betrachtet.

2.1 Personenvielfalt und -einheit

In *Mein Gott hat den Längsten* treten drei Personen auf, die jeweils die fanatische Ausprägung einer von drei Religionen bzw. religiösen Strömungen repräsentieren: des Islams, des Christentums und neureligiöser Strömungen. Ihre Verschiedenheit wird zum einen dadurch erkennbar, dass Alligatoah, der alle drei spricht, dies mit unterschiedlichen Stimmlagen und Betonungen tut. Zum anderen ist auf den zugehörigen Videoclip zu verweisen, in dem drei verschiedene Personen (gespielt durch Alligatoah) jeweils eine Strophe performen. Außerdem wird durch bestimmte von den auftretenden Personen verwendete Schlagworte und Formulierungen deutlich, dass hier verschiedene religiöse Strömungen gemeint sind.

Als Erstes tritt ein Vertreter des Islams auf, der sich u.a. durch die Selbstbeschreibung als ›Taliban‹ und die Line »Nur komme ich nicht klar auf Karikaturen« zu erkennen gibt, die an den sogenannten ›Karikaturenstreit‹ aus den Jahren 2005/2006 erinnert, bei dem die Abbildung von Mohammed-Karikaturen in einer dänischen Tageszeitung der Ausgangspunkt für eine internationale diplomatische Krise sowie gewaltsame Proteste mit Todesopfern weltweit war. Im Videoclip tritt er mit schwarzer Skimaske und Bombengürtel auf und weckt somit Erinnerungen an den islamistisch motivierten Terrorismus. Die zweite Person tritt im Video in der Kleidung eines christlichen Kreuzritters auf, was auf der Textebene mit der auf die Kreuzzüge verweisenden Line »Jetzt holen wir uns wieder die Oberhand im Gelobten Land« korrespondiert. Darüber hinaus nimmt er u.a. Bezug auf den Tod Jesu Christi am Kreuz und spielt mit der Line »Dafür ist es auch OK, wenn du's mit Messdienern treibst« auf sexuelle Missbrauchsfälle in der katholischen Kirche an. Die dritte Person verkörpert nicht eine einzelne Religion. Vielmehr wird hier auf verschiedene neureligiöse Strömungen verwiesen. Die Lines »Mit seinem Ufo verlassen wir den blauen Planeten« und »Wir ziehen uns aus der Affäre mit Massensuizid« können als Hinweis auf die neureligiöse Gemeinschaft ›Heaven's Gate‹ in den USA gelesen werden. Die Lines »Und deshalb ist es auch okay, wenn ich beim U-Bahnfahren / Giftbomben droppe, um euch zu vergasen« verweisen auf einen Anschlag in der U-Bahn Tokios im Jahre 1995, zu dem sich die neureligiöse Bewegung ›Aum Shinrikyo‹ bekannte.[3]

Trotz dieser Personenvielfalt (Islam, Christentum, verschiedene neureligiöse Strömungen) ist hier in einem bestimmten Sinne auch eine Einheit der Personen zu konstatieren: So legitimieren alle drei Religionsvertreter die Ausübung von Gewalt, wobei verschiedene Arten von Gewalt thematisiert werden; so ist in den obigen Ausführungen zu ausgewählten Lines und Elementen des Videoclips die Rede

---

3 Als Einführung zu Geschichte, Lehre und Rezeption dieser beiden neureligiösen Strömungen vgl. Chryssides (1999: 67-76) sowie Repp (1997).

von Gewalt gegen Andersgläubige (Kreuzzüge), von sexueller Gewalt gegen Anhänger der eigenen Religion (Messdiener), von Selbstmordanschlägen (Bombengürtel) sowie von Gewalt gegen die eigene Person (Massensuizid). Auch die von Murken in seiner Fanatismusdefinition genannte ›Hingabe‹ kann – in negativer Ausprägung – zumindest in den Verweisen auf Selbstmordanschläge und Massensuizid gefunden werden, in denen Menschen auch ihr eigenes Leben für ihre religiösen Überzeugungen ›hingeben‹.

Die Stimme, welche nach jeder Strophe den Refrain singt, kann keiner der drei auftretenden Personen zugeordnet werden, erinnert aber an alle drei, da Alligatoah seine Stimme zu keinem Zeitpunkt derart verstellt, dass nicht zu erahnen wäre, dass die drei Strophen und der Refrain jeweils von ihm performt werden; im Videoclip wird sogar gezeigt, wie die drei Personen den Refrain gemeinsam bzw. einander entgegensingen. Trotz der Betonung ihrer Überlegenheit bzw. der Überhöhung des jeweiligen Gottes zeigen sie sich also als Vertreter eines zumindest ähnlichen Denkmusters: des gewaltbereiten religiösen Fanatismus, dessen Vertreterinnen und Vertreter oftmals lautstark auf sich aufmerksam machen, aber wohl in allen Religionen eine Minderheitenposition einnehmen.[4] Dies ist ein Indiz dafür, dass Alligatoah keine generalisierende Kritik ausnahmslos aller religiösen Menschen vornimmt, sondern durch die Darstellung der rappenden Religionsfanatiker vielmehr nur eine bestimmte Gruppe religiöser Menschen vorführt.

Als eine Kritik aller religiösen Menschen wäre *Mein Gott hat den Längsten* also zum jetzigen Stand der Analyse nur dann zu verstehen, wenn man davon ausgeht, dass entweder tatsächlich alle religiösen Menschen durch die drei Repräsentanten von Islam, Christentum und neureligiöser Strömungen zutreffend als gewalttätige Fanatiker charakterisiert werden oder zumindest Song und Musikvideo aussagen, alle religiösen Menschen seien gewalttätige Fanatiker; auch dass alle Anhängerinnen und Anhänger der im Song thematisierten religiösen Strömungen kritisiert werden, wäre nur dann anzunehmen, wenn man jede und jeden von ihnen durch diese Vertreter repräsentiert sieht. Dass alle religiösen Menschen fanatisch sind, kann mit Blick auf die Heterogenität dieser Gruppe ausgeschlossen werden. Es wurde bisher in der Analyse von Song und Videoclip auch nicht ersichtlich, wieso davon auszugehen sein sollte, dass *Mein Gott hat den Längsten* die Botschaft enthält, alle religiösen Menschen seien Fanatiker; jedoch wurde bislang auch noch kein text- oder videoimmanenter Hinweis angeführt, der ausschließt,

---

4   Mit Fragen zu Gewaltaffinität, Friedensfähigkeit und dem Verhältnis zwischen den Anhängerschaften verschiedener Religionen setze ich mich – unter besonderer Berücksichtigung der Religionsphilosophie des jüdischen Philosophen und Verantwortungsethikers Hans Jonas – an anderer Stelle intensiver auseinander (vgl. Döhn 2018).

dass nicht doch alle religiösen Menschen oder zumindest alle Anhängerinnen und Anhänger der genannten Religionen gemeint sein könnten.

2.2 Glaubens-Battle

Stumpf und Kämmer merken an, dass ein zentraler Bestandteil der Hip-Hop-Kultur das Battlen sei. Beim Battle-Rap gehe es darum, »verbale Attacken auf einen Gegner zu verüben und die eigene Person im Gegensatz dazu zu erhöhen« (Stumpf/Kämmer 2017: 174), wobei zwei Sprechakte gemischt werden, um eine asymmetrische Beziehung zwischen den Interaktanten zu erreichen: Das ›Boasten‹ (Prahlerei und Selbstaufwertung) sowie das ›Dissen‹ (Verunglimpfung und Beleidigung des Gegners) (vgl. Stumpf/Kämmer 2017: 174, 180). Es liegt nahe, *Mein Gott hat den Längsten* als Beispiel für Battle-Rap anzuführen, wobei nicht nur die Line »Bei einem Battle wären eure Götter so klein mit Hut!« herangezogen werden kann. Vielmehr ist in diesem Song eine Vielzahl von Beispielen zu finden, wie die rappenden Religionsvertreter sich selbst oder ihren Gott erhöhen bzw. ihre Gegner und deren Götter erniedrigen; einige von ihnen werden weiter unten erläutert.

Dementsprechend können im Battle der Religionsvertreter durchaus Elemente einer ›interreligiösen Religionskritik‹ festgestellt werden. Diese ist laut von Stosch dadurch gekennzeichnet, dass sie »vom Standpunkt innerhalb einer bestimmten religiösen Tradition gegen eine andere Religion gerichtet ist« (von Stosch 2019: 30), wobei durch sie das Ziel verfolgt werde, »die eigene Religion als die bessere Alternative« (ebd.) herauszustellen. Aus theologischer Perspektive ist hier jedoch anzumerken, dass zumindest Vertreter von Islam und Christentum als Monotheisten im Grunde nicht die Überlegenheit des eigenen Gottes gegenüber einem anderen Gott betonen können, da sie somit den Rahmen des Monotheismus verlassen würden. Monotheisten verneinen schließlich die Existenz anderer Götter explizit, wobei im gegenwärtigen interreligiösen Dialog bisweilen inklusivistische sowie pluralistische Sichtweisen vertreten werden, denen zufolge Juden, Christen und Muslime (sowie teilweise auch die Anhängerinnen und Anhänger anderer Religionen) auf unterschiedliche Art und Weise an den einen Gott glauben (vgl. Wiese 2017: 3-4). Lines wie »Bei einem Battle wären eure Götter so klein mit Hut!« oder »Mein Gott hat den längsten Penis!« scheinen jedoch nahezulegen, dass der eigene Gott dem Gott des Gegenübers überlegen sei; eine explizite Anzweiflung der Existenz der fremden Götter findet sich hier aber nicht. Trotzdem kann innerhalb des Glaubens-Battles durchaus der von Murken genannte ›Absolutheitsanspruch‹ beobachtet werden, da der eigene Gott jeweils als derart überlegen dargestellt wird, dass es nicht sinnvoll erscheint, einen der anderen Götter zu verehren. Darüber hinaus muss hier angemerkt werden, dass *Mein Gott hat den Längsten* als Ganzes nicht als interreligiöse Religionskritik eingestuft werden darf, da Alligatoah sich mitnichten einer bestimmten religiösen Tradition zuordnet, von der aus er andere Religionen kritisiert. Der Song in seiner Gesamtheit wäre nach von Stosch daher scheinbar eher als ›externe Religionskritik‹ zu klassifizieren, da bei dieser Art der Religionskritik von einem nichtreligiösen bzw. atheistischen Standpunkt aus gegen jede Form von Religion argumentiert wird; dieser Form können u.a. die einschlägigen Religionskritiken von Feuerbach, Marx, Nietzsche und Freud zugerechnet werden (vgl. von Stosch 2019: 30f.). Jedoch wäre eine derartige Klassifizierung problematisch, da Alligatoah nicht explizit einen nichtreligiösen bzw. atheistischen Standpunkt einnimmt, sondern durch das Entwickeln eines fiktiven Battles, in dem er die drei von ihm verkörperten Religionsvertreter ›spielt‹, seine eigenen Überzeugungen nicht bekennt. Dies wird auch im Booklet des Albums deutlich, in dem sich Alligatoah selbst als »Schauspieler mit der Besonderheit, dass ich meine Geschichten mit hartem Battlerap erzähle« (Alligatoah 2013), bezeichnet.[5]

Zum anderen ist eine Einstufung als externe Religionskritik problematisch, da – wie bereits dargestellt – nicht zwingend davon auszugehen ist, dass in *Mein Gott hat den Längsten* Religion grundsätzlich kritisiert und zu ihrer Überwindung aufgerufen wird. Der Umstand, dass das Gespräch von Anhängerinnen und Anhängern verschiedener Religionen in der Realität keineswegs immer als ein Battle bzw. als kämpferische oder sogar gewalttätige Auseinandersetzung stattfindet, sondern interreligiöser Dialog auch wertschätzend, argumentativ, ohne Absolutheitsanspruch und ohne die Annahme der Beteiligten, den Willen Gottes jeweils genau zu kennen, geführt wird, macht wiederum deutlich, dass sich nicht alle religiösen Menschen von Alligatoahs Kritik angesprochen fühlen müssen.

Eine Besonderheit und Differenz zu anderen Battle-Rap-Songs besteht bei Alligatoah darin, dass viele der Erhöhungen, welche die von ihm verkörperten Protagonisten vornehmen, entweder nicht die eigene Person, sondern den eigenen Gott betreffen und auch Erhöhungen des eigenen Selbst über Verweise auf den eigenen Gott bzw. die eigene Gottesbeziehung erfolgen. Beispielhaft können hier die Lines »Denn er ist Boss, ich bin Taliban« oder »Und außerdem, sind wir auserwählt« angeführt werden. Jedoch wird die Überhöhung des eigenen Gottes, des eigenen Glaubens sowie des daraus folgenden Selbstbildes dadurch ironisch gebrochen, dass die Rapper unabsichtlich Aussagen über ihren Gott bzw. ihr Handeln treffen, welche normalerweise als kritisch oder sogar beleidigend aufgefasst werden müssten und somit wiederum die Unglaubwürdigkeit ihrer Ausführungen

---

5 Im Booklet des Albums wird Alligatoahs Alter Ego ›Kaliba 69‹ als Verfasser der Lyrics genannt (vgl. Alligatoah 2013).

und ihre mangelnde Reflexionsfähigkeit offenbaren; so z.b. die Lines »Würd' er sich in seiner Pracht zeigen, kriegst du Augenkrebs!« oder »Unschuldige Touristen zu köpfen mit Sensen / Ist mit Sicherheit der Wille des Schöpfers der Menschen«. Auch hier lässt sich wieder Murkens Fanatismus-Merkmal der ›Aggression‹ gegen andere feststellen. Darüber hinaus ist in dem Lob seiner ›Pracht‹ die ›Begeisterungsfähigkeit‹ für den eigenen Gott gut erkennbar. Die in der Line zum Köpfen von Touristen zum Ausdruck kommende unhinterfragte Identifizierung des eigenen Handelns als Gotteswille sowie die festgefügte Annahme, Widerspruch gegen die eigene Person sei ein Widerspruch gegen Gott (»Mein Bonus, ich arbeite in Gottes Namen / Stresst du mit mir, stresst du mit ihm«), können hingegen durchaus als ›Einengung der Wahrnehmung‹ klassifiziert werden, da die Religionsvertreter sich ihrer Sache so sicher sind, dass sie den Tod anderer oder ihrer selbst herbeiführen, was auch bereits in der Analyse des Topos ›Personenvielfalt und -einheit‹ behandelt wurde. Ein weiteres Aufzeigen der unbegründeten Überzeugung, den Willen Gottes zu kennen, findet im Videoclip statt: Hier wartet der Vertreter der neureligiösen Strömungen im Videoclip vergebens auf das Ufo, mit welchem er die Erde verlassen will, und verlässt schließlich frustriert seinen Warteplatz, wobei er weder im Song noch Videoclip aus dieser Enttäuschung Konsequenzen zieht, die z.b. in einem Hinterfragen der eigenen Sicherheit in seinen Glaubensaussagen bestehen könnte.

2.3 Hypermaskulines Gottesbild

Wolbring hält fest, dass im 21. Jahrhundert der Hypermaskulinitäts-Topos Einzug in den deutschsprachigen, harten Battle-Rap gehalten hat (vgl. Wolbring 2015: 373). Hypermaskulinität ist dabei eine Bezeichnung »für gesteigerte chauvinistische Männlichkeit« (ebd.: 368), bei der die Sprechinstanz zum einen »sich selbst Attribute einer solchen übersteigerten Männlichkeit zuspricht bzw. andichtet« (ebd.) und zum anderen »eine vehemente und abwertende Abgrenzung von Weiblichkeit und anderen Männlichkeiten« (Goßmann 2012: 102) vornimmt, »die eng mit der Verherrlichung von Gewalt verknüpft ist.« (Ebd.)[6] Alligatoah bedient diesen Topos, indem die battlenden Protagonisten ihrem jeweiligen Gott Attribute einer überhöhten Männlichkeit zusprechen, wohingegen die Männlichkeit der anderen Götter in Frage gestellt wird. So ruft der Vertreter des Christentums »Ey, unser Gott ist der mit dem großen Schwanz« und im Refrain, den – wie weiter oben gezeigt – jeder der drei Protagonisten performt, wird im Chor gesungen: »Mein Gott hat den längsten Penis«. An anderer Stelle heißt es: »Euer Gott wird

---

6   Vgl. weiterführend zur Hypermaskulinität Sina Lautenschlägers und Matthias Otts Artikel in diesem Sammelband.

von unserm in den Arsch gefickt«, wobei ›ficken‹ – sofern davon die Rede ist, dass ein männlicher Rapper einen anderen Mann penetriert – im Battle-Rap primär die Bedeutung ›fertig machen‹ hat und nicht wörtlich zu verstehen ist, da es ansonsten (im Battle-Rap zumeist negativ konnotierte) Homosexualität andeuten würde (vgl. Wolbring 2015: 370-372). Diese Line deutet zwar nicht direkt auf ein aggressives Verhalten von Menschen hin, das bereits als Merkmal des religiösen Fanatismus klassifiziert wurde; jedoch wird dem eigenen Gott ein aggressives Handeln gegenüber einem anderen Gott zugesprochen, welches mit dem Verhalten seiner Anhängerschaft gegenüber Andersgläubigen korrespondiert.

Alligatoah greift unter Zuhilfenahme des Hypermaskulinitäts-Topos indirekt ein zentrales religionskritisches Argument auf, das v.a. von Feuerbach popularisiert wurde. Es besagt, dass die Eigenschaften, welche Gläubige Gott zusprechen, die Perfektion positiver menschlicher Eigenschaften (z.B. Allmacht, Allwissenheit, Allgüte) bzw. das Gegenteil als negativ empfundener menschlicher Eigenschaften (z.B. Unsterblichkeit, Vollkommenheit) seien (vgl. Feuerbach 1976: 47-52). Die übliche Form dieser »*Projektionsthese*« in ihrer Orientierung an Feuerbach will darauf hinaus, »Gott sei nichts weiter als ein fiktives Wesen, das erfunden werde, um eine Projektionsfläche für menschliche Bedürfnisse zu haben.« (von Stosch 2019: 31) In *Mein Gott hat den Längsten* wird die Attribuierung Gottes durch Begriffe verformt, die eine männliche, körperliche, sexuelle Dominanz Gottes ausdrücken und somit – salopp gesagt – die ›All-Länge‹ des göttlichen Penis proklamieren. Ein Überraschungsmoment wird dadurch erreicht, dass Gott Eigenschaften zugesprochen werden, die ansonsten zumindest in den Gottesbildern von Islam und Christentum keine Rolle spielen, da diese Religionen Gott keine körperlich-sexuellen Attribute zusprechen.[7] Die Anhängerschaft von ›Aum Shinrikyo‹ hingegen verehrt den hinduistischen Gott Shiva, der oftmals in sexueller Vereinigung mit einer weiblichen Gottheit dargestellt wird (vgl. Repp 1997: 26f.).

Die Fokussierung auf die Penislänge Gottes kann als weiteres Indiz dafür gesehen werden, dass Alligatoah nicht pauschal alle Ausprägungen des Gottesglaubens kritisiert. Versteht man seine Rede von Gottes Penis nicht wörtlich, sondern in einem metaphorischen Sinne als Kritik an den menschlichen Vorstellungen zu Gottes Macht (bzw. Potenz), kann hier aus christlicher Perspektive entgegnet werden: Zwar ist die Rede von Gottes Macht zentral im christlichen Glauben, aber der Repräsentant des Christentums übersieht in seinem Preisen der Macht Gottes völlig, dass diese zum einen nicht als aggressive, verletzende Macht zu denken ist

---

7   Dass für den christlichen Glauben die Menschwerdung Gottes in Jesus Christus zentral ist, kann hier schon allein deswegen ignoriert werden, da die besondere Rolle Jesu Christi für den christlichen Glauben gerade nicht durch Verweis auf seine körperliche (oder gar sexuelle) Überlegenheit begründet wird.

und zum anderen nur in Zusammenhang mit der Rede von Gottes bedingungsloser Liebe für alle Menschen verstanden werden kann. Diese göttliche Liebe bewegt wiederum Menschen zum Tun von Werken der Liebe, was dieser fiktive Vertreter des Christentums ebenfalls ignoriert (vgl. Joest/ von Lüpke 2012: 150-152). Daher ist festzuhalten, dass Alligatoahs Kritik den Glauben und das Handeln all jener religiösen Menschen, deren Glaube kein einseitig auf Gottes Macht fokussiertes Gottesbild aufweist, und die aus Liebe zu ihren Mitmenschen handeln, nicht betrifft.

3. FAZIT

In der vorangegangenen Toposanalyse wurde gezeigt, dass und wie Alligatoah mit Hilfe der Topoi ›Personenvielfalt und -einheit‹, ›Glaubens-Battle‹ und ›Hypermaskulines Gottesbild‹ eine Fanatismuskritik entwickelt. Sein Fokus liegt dabei auf der Gewaltbereitschaft der religiösen Fanatiker, aber auch weitere Elemente des religiösen Fanatismus nach Murken – Begeisterungsfähigkeit, Hingabe, verengte Wahrnehmung, Absolutheitsanspruch – konnten bei den drei Religionsvertretern in *Mein Gott hat den Längsten* entdeckt werden. Obschon den drei religiösen Fanatikern keine Gegenbeispiele zur Seite gestellt werden, legt das Wissen um die Heterogenität der Gesamtheit der religiösen Menschen und auch innerhalb einzelner Religionsgemeinschaften nahe, *Mein Gott hat den Längsten* nicht als pauschale Religionskritik zu verstehen. Dass die drei rappenden Glaubensbattler nicht alle religiösen Menschen akkurat repräsentieren, wurde an verschiedenen Stellen aufgezeigt – u.a. in den Ausführungen zum interreligiösen Dialog sowie jenen zur göttlichen Liebe als Antrieb des zwischenmenschlichen Handelns. Aus christlicher Perspektive ist außerdem anzumerken, dass die Parallelisierung der beiden abrahamitischen Religionen Christentum und Islam mit den neureligiösen Strömungen ›Heaven's Gate‹ und ›Aum Shinrikyo‹, die in der öffentlichen Wahrnehmung primär mit Massensuizid bzw. einem Terroranschlag in Verbindung gebracht werden, nicht problematisch erscheint, wenn man *Mein Gott hat den Längsten* als Kritik und Parallelisierung der Fanatiker dieser und anderer Religionen und religiöser Bewegungen versteht und nicht als Parallelisierung aller Anhängerinnen und Anhänger dieser Religionen und religiösen Bewegungen.

Aus diesen Gründen kann der Einschätzung Alligatoahs, die in der Einleitung dieses Beitrags vorgestellt wurde, Recht gegeben werden, dass es sich bei *Mein Gott hat den Längsten* um »etwas nicht Religionskritisches, sondern etwas Fanatismuskritisches« (Alligatoah o.J.: 1:05) handelt.

LITERATUR

Alligatoah (o.J.): o.T. (= Video-Stellungnahme zu Mein Gott hat den Längsten.) https://genius.com/1853295 vom 30.09.2019.

Alligatoah (2008): Mein Gott hat den Längsten. https://www.youtube.com/watch?v=Q27BkaOXrpc vom 30.09.2019.

Alligatoah (2013): In Gottes Namen, Re-Release des Albums auf dem Label Trailerpark (2008 auf rappers.in erschienen).

Chryssides, George D. (1999): Exploring New Religions, London/New York: Continuum.

Döhn, Raphael (2018): »Krieg, Frieden und Religion(en) – Hans Jonas' *Reflections on Religious Aspects of Warlessness*«, in: Interdisciplinary Journal for Religion and Transformation in Contemporary Society 4/1, S. 189-206.

Feuerbach, Ludwig (1976): Werke in sechs Bänden, hrsg. von Erich Thies, Bd. 5, Das Wesen des Christentums (Leipzig 1841), Frankfurt a.M.: Suhrkamp.

Goßmann, Malte (2012): »›Witz schlägt Gewalt‹? Männlichkeit in Rap-Texten von *Bushido* und *K.I.Z.*«, in: Marc Dietrich/Martin Seeliger (Hg.), Deutscher Gangsta-Rap. Sozial- und kulturwissenschaftliche Beiträge zu einem Pop-Phänomen, Bielefeld: transcript, S. 85-107.

Joest, Wilfried/Lüpke, Johannes von (2012): Dogmatik II: Der Weg Gottes mit dem Menschen, 5. Aufl., Göttingen: V&R.

Murken, Sebastian (2000): »Fanatismus«, in: Hans D. Betz/Don S. Browning/Bernd Janowski/Eberhard Jüngel (Hg.), Religion in Geschichte und Gegenwart, Bd. 3, 4. Aufl., Tübingen: Mohr Siebeck, Sp. 32.

Repp, Martin (1997): Aum Shinrikyō. Ein Kapitel krimineller Religionsgeschichte, Marburg: diagonal.

Stosch, Klaus von (2019): Einführung in die Systematische Theologie, 4. Aufl., Paderborn: Schöningh.

Stumpf, Sören/Kämmer, Viola (2017): »Battle-Rap: Holistische Textsortenanalyse und soziolinguistische Verortung«, in: Muttersprache 127/3, S. 173-196.

Wiese, Christian (2017): »Einleitung. ›Religiöse Positionierung‹ im Spannungsfeld von Diversität, Differenz und Dialogizität – eine Problemskizze«, in: Christian Wiese/Stefan Alkier/Michael Schneider (Hg.), Diversität – Differenz – Dialogizität. Religion in pluralen Kontexten, Berlin: de Gruyter, S. 1-26.

Wolbring, Fabian (2015): Die Poetik des deutschsprachigen Rap, Göttingen: V&R.

Zweifelnde Gottessehnsucht?

Tuas *Kyrie Eleison* (2009)

Manuel Raabe

1. KRITISCHE ZEITGENOSSENSCHAFT

Wann immer religiöse und speziell christliche Themen im Kulturbetrieb verarbeitet werden, sollte sich auch die (katholische) Theologie in besonderer Weise angesprochen fühlen. Nicht um den Kultur-Studien einen religiösen Sinn überzustülpen oder zu erklären, dass es sich inhaltlich-theologisch ja ganz anders verhält, sondern aus zwei anderen Gründen. Den Ersten bildet die kritische Zeitgenossenschaft: Für die Pastoralkonstitution des Zweiten Vatikanischen Konzils *Gaudium et Spes* stellen die »Freude und Hoffnung, Trauer und Angst der Menschen von heute, besonders der Armen und Bedrängten aller Art, […] auch Freude und Hoffnung, Trauer und Angst der Jünger Christi« (Denzinger 2017: 4301) dar. Daraus ergibt sich die Pflicht, nach den Zeichen der Zeit zu forschen und sie im Licht des Evangeliums zu deuten. Von hier ist der zweite Grund zu verstehen. Dabei geht es in besonderer Weise darum, Augenmerk auf die Modi der Glaubensreflexion, deren Begründungen und Verstehensweisen zu legen. Mit anderen Worten: Wie wird Theologie als Rede von Gott außerhalb der Religion oder der christlichen Denominationen wahrgenommen und reflektiert?

Wie noch zu zeigen sein wird, haben diese Gottesbilder auch einen besonderen Bezug zum Selbstverständnis des Menschen. Daher befragt die folgende Analyse von Tuas *Kyrie Eleison* (2009) die dort inszenierten Gottes- und Menschenbilder und versucht deren Begründungsweisen nachzuzeichnen.

2. METHODE

Songtexte mit religiösen Anleihen bieten neben der Chance, die eben erwähnte Fragestellung zu beantworten, vor allem Gelegenheit, sie gegensätzlich zu interpretieren. Ein Beispiel hierfür bietet ein Song aus einem anderen Genre. Black Sabbath' *After Forever* (1971) ist in der theologischen Fachliteratur mehrfach besprochen worden. Mal wurden darin satanische Bekenntnisse erspäht (vgl. Bäumer 1992: 14ff.), ein anderes Mal eine affirmativ-christliche Gerichtspredigt (vgl. Berndt 2012: 100ff.). In beiden Interpretationen fehlten jedoch eine genauere Betrachtung der personalen Bezüge und eine dezidierte Besprechung der rhetorischen Figuren, die die innere Spannung des Songs deutlich macht (vgl. Raabe 2018: 164-167). Dieses Beispiel legt offen, welche methodischen Schritte notwendig sind, um einen geeigneten Zugang zu Tuas Track *Kyrie Eleison* zu suchen.

Um den theologischen Gehalt des Stücks herauszuarbeiten, erfolgt der methodische Zugang zum Song über die Gedichtanalyse. Das bietet sich aufgrund der strukturellen Gemeinsamkeiten zwischen Songtext und Gedicht an. Die Gemeinsamkeiten bestehen z.b. in der Konzisheit des Textes oder in der Abweichung von der Alltagssprache (z.B. Versform). Hinzu kommt ein hohes Maß an Selbstreflexivität, die sowohl Gedichte als auch Songs aufgrund ihrer formal-sprachlichen und strukturellen Beschaffenheit besitzen (vgl. Burdorf 2015: 21-32). Die Abweichung von der Alltagssprache unterstreicht das Bewusstwerden personaler Individualität und situativer Einzigartigkeit, die auf diese Weise sprachlich verbürgt bzw. verortet sind (vgl. Felsner/Helbig/Manz 2012: 13f.). Ein damit verknüpftes Merkmal ist die direkte Ansprache des Lesenden durch die Verwendung der ersten und zweiten Person. In diesem Zusammenhang sind ein »besonders verdichteter, durch Wiederholungen (Leitmotive) und gezielte Variationen gekennzeichneter Wortgebrauch und eine große Bedeutung der Bildlichkeit (Metapher, Allegorie, Symbol)« (Burdorf 2015: 21) als weitere Gemeinsamkeit zu nennen. Zusammen mit der Beschreibung der personalen Bezüge bilden sie die Grundlage der Gedichtanalyse und der darauf aufbauenden Texthermeneutik.

Burdorf (ebd.: 194) folgend wird mit Blick auf die personalen Bezüge das artikulierte Ich (im Folgenden: a.I.) als eine zunächst eigenständige Figur des Textes begriffen. Zwischen dem a.I. und dem empirischen Autor steht allerdings eine weitere Instanz, die Burdorf (ebd.: 194-197) als Textsubjekt bezeichnet. Damit benennt er eine Art Gestaltungsimpuls des Autors. Der Begriff umschreibt, wie der Text in seiner bestimmten Form, mit seinen personalen Bezügen und den Sprachbildern angelegt ist. Die vor uns liegende Textbesprechung begreift den Track als offenes Deutungsangebot und als eine Momentaufnahme des Autors, die mit verschiedenen Aspekten begründet ist. Die Kategorie des Textsubjekts ermöglicht es, die Begründungsfiguren dieser Aufnahme aufzuspüren, ohne die Autorenintention aufdecken zu wollen.

Hinzu kommt die Besprechung eines artikulierten Du (im Folgenden: a.D.) als Gegenüber und Adressat der Apostrophen.

3. PERSONALE UND KOMMUNIKATIVE STRUKTUR

Die personale und kommunikative Struktur von Tuas *Kyrie Eleison* gestaltet sich recht komplex, weshalb eine genauere Betrachtung für die Texthermeneutik angeraten ist. Insgesamt fällt auf, dass in der ersten Strophe bis einschließlich Vers 8 das a.I. allein in der ersten Person Plural vorkommt: (5)

»Vater, du hast Gesetze gegeben, du hast Gebote gebracht
Doch sie wurden verloren und missachtet, von uns verlogenem Pack
Vater, vergib uns, denn wir wissen nicht was wir tun, vor dir
Sodass wir, dass es beschissen ist, was wir tun, ignoriern«

Auf diese Weise nimmt das Textsubjekt Bezug auf eine über das a.I. hinausgehende Gruppe. In den Blick kommen dabei sowohl der Rezipient als auch die Menschheit als abstrakte Größe. Damit beschreibt das Textsubjekt ein allgemeindeviantes und *sündiges* Verhalten der gesamten Menschheit einschließlich des a.I. und des Rezipienten. Ausgehend von dieser Diagnose fordert das a.I. mit Hilfe des Stücktitels den *Herrn auf, sich zu erbarmen* (Kyrie Eleison).

Daneben fällt die Apostrophe des fünften Strophenverses auf, der mit einer Anrede des *Vaters* beginnt. Das a.D. ist so als angeredetes Gegenüber und Ziel der Kommunikation bestimmbar. Im Gesamtkontext des Songs liegt nahe, dass Gott angesprochen ist. Dieses kommunikative Bezugsverhältnis wechselt jedoch zum Teil zum Rezipienten hinüber, der bspw. in Vers 14 mit einer rhetorischen Frage konfrontiert wird: »Wie willst du deinen Nächsten lieben, wenn hier nur Hass für dich selbst ist?« In der letzten Strophe verwendet das Textsubjekt in den Versen 47-53 erneut dieses Stilmittel. Es beginnt in der Anrede des Rezipienten-Du, wodurch es, bezogen auf den Inhalt, vor allem apokalyptische und damit paränetische Züge gewinnt:

(47) »Denn am Ende bist du tot
Ob arm oder reich
Gut oder Böse

Papst oder heilig
Ob Zar oder Scheich
Vor dem Vater doch gleich
Jehova, Gott, Allah, wie du meinst.«

Das Ganze rundet das Textsubjekt dadurch ab, dass es im Anschluss an diese Anrede erneut ein sich selbst und das Rezipienten-Du einschließendes *uns* verwendet, bevor es sich in Vers 56 mit einer Apostrophe erneut an den *Größten der Größten* wendet. Ob jeweils Gott oder der Rezipient gemeint ist, wird in der Besprechung der rhetorischen Mittel geklärt.

Neben diesem Wechsel des a.D. gibt es noch weitere bestimmbare personale Größen. Sie beziehen sie auf die dritte Person Singular und Plural und kommen in der zweiten Strophe vor. Im Singular spricht das a.I. in Vers 31 von einer konkreten Person: (31) »Vesna wird auf Hero sterben, glaube ich, seitdem ich sie sah […]«. Häufiger wird der Plural der dritten Person verwendet. Die zweite Strophe beginnt in dieser Hinsicht und im weitesten Sinne mit einer Anapher oder einer Symploke: (26) »Sie sagen du bist überall, in jedem Atmen und Schnaufen / Bei Nacht und bei Tag und sie sagen, du bist da wenn wir's brauchen«. Die Form der Informationsvergabe durch Dritte kommt ebenfalls in den Versen 30 und 34 mit dem Pronomen »man« und dem Verb »sagt« vor. Neben dieser personalisierten Form der Informationsvergabe inszeniert das Textsubjekt in Vers 45 mit der *Bibel* eine religiöse Instanz, die Spielraum für Assoziationen und Interpretationen freigibt. Im Zusammenhang gelesen wird sie als kritisches Korrektiv und erkenntnisleitend gegenüber der Informationsvergabe durch die dritten Personen inszeniert.

4. RHETORISCHE FIGUREN UND HERMENEUTIK DER BILDSPRACHE

Der Text lässt sich grob in drei Themenbereiche gliedern, denen im Folgenden nachgegangen wird. Dabei dreht sich der Inhalt der ersten beiden Strophen vor allem um das Verhältnis zwischen Gott und dem von Sünde und Leid belasteten Menschen. Die dritte Strophe kann als eine Art Fazit gelesen werden und bemüht sich um eine Vermittlung zwischen den vorherigen Spannungen zwischen leidendem, aber sündigem Menschen und abwesendem Gott.

4.1 Der sündige Mensch

Bereits die erste Strophe nimmt Bezug auf das Verhältnis zwischen Gott und Menschen im Horizont der Sünde, und sie beginnt mit einer Apostrophe an den *Vater*. Dass dieser *Vater* Gesetze und Gebote gebracht hat, ist ein erster Hinweis, dass Gott gemeint ist. Diese Annahme erhärtet sich mit Vers 10: »Dein Sohn am Kreuz, blutet und stirbt.« Während der Begriff *Gebote*[1] in Vers 5 an den Dekalog aus dem 2. Buch Mose erinnert, lenkt Vers 10 den Blick auf die christliche Vorstellung von Jesu Kreuzestod. Die Verse 5 bis 8 wechseln in ihrer Darstellung zwischen menschlicher Verfehlung und göttlicher Heteronomie. Auf der einen Seite charakterisiert das a.I. die Menschheit einschließlich sich selbst als grundsätzlich deviant. Demgegenüber bemüht es die Vorstellung einer Theonomie, gegen die der Mensch verstößt. Es wendet sich daher mit der Bitte um Vergebung an den *Vater*. Vers 7, »Denn wir wissen nicht was wir tun«, dient nicht nur als Motiv für die Bitte um Vergebung, sondern legt gleichsam den Blick auf die anthropologischen Hintergründe frei. Das Textsubjekt zeichnet ein Bild, das den Menschen einerseits als rücksichtslos charakterisiert, andererseits aber andeutet, dass er nicht anders kann, als die *Gebote und Gesetze zu missachten* – und das, obwohl das Textsubjekt in Vers 10 die Freiheit des Menschen betont.

Diese Selbsterkenntnis und -bestimmung zur Freiheit scheint vor allem durch Vers 9 motiviert zu sein, wenn es darin heißt, dass Gott »nicht hier [ist,] um uns gut zu regieren«. Der Hinweis auf die Gottesferne knüpft damit an die Hookline in Vers 1 an. Auf diese Weise wird der Gegensatz zwischen der Theonomie Gottes – also seiner autoritären Anwesenheit in religiösen Gesetzen und Vorschriften – und einer Ahnung von seiner physisch-eingreifenden Abwesenheit in den negativen Herausforderungen des Lebens deutlich gemacht. Das wird vor allem in Vers 11 unterstrichen: »So grau und mir mein ganzes Leben ist Sünde / Wenn ich Deine Augen spüre, glaube ich schier, ich leb nur für Sünde«. In der Synekdoche *Auge*, die im Zusammenhang mit dem Begriff *Sünde* steht, bringt das a.I. zum Ausdruck, dass es sich durch Gott beobachtet und bedrängt fühlt. Das a.I. zeichnet hier eine Vorstellung von Gott als jemanden, der peinlich genau auf die Verfehlungen der Menschen achtet und sie u.U. auch bestraft.

Damit knüpft Tua, wie sich mit Rückgriff auf Striet (2014: 28-30) sagen lässt, bewusst oder unbewusst an Nietzsche, der in diesem Zusammenhang von der *religiösen Neurose* spricht, und Mosers *Gottesvergiftung* (1976) an. Alle Autoren nehmen kritisch eine Gottesvorstellung in den Blick, in der Gott den Menschen überwacht und ihn für Sündenvergehen (eschatologisch) bestraft. Die Folge ist ein

---

1 In Vers 18 knüpft das Textsubjekt erneut an die Vorstellung über die Zehn Gebote an.

angst- und krankmachender Gott, der das Leben der Menschen lähmt und an dem der Mensch leidet.

Das Textsubjekt charakterisiert daran anschließend den Menschen als ein Wesen, das in seinem Handeln auf die Sünde ausgerichtet bleibt. Der Inszenierung liegt dabei ein auf Einzelvergehen ausgerichtetes Sündenverständnis zugrunde: (13) »Für ficken, saufen und ein Haufen Materielles«. Diesem Verständnis geht theologisch die Fixierung auf den formalen Aspekt des ›Ungehorsams‹ als Einzelübertretung der Gebote und der Verletzung des göttlichen Willens und der göttlichen Ehre einher. In dieser Lesart wird der Sinn der Gebote vom a.I. allein auf die Folgen ihrer Verletzung hin gelesen und gedeutet.[2] Das konkretisiert das a.I. in den Versen 17 und 18 und bringt im Anschluss daran die Universalität des auf die Sünde ausgerichteten Defizits zum Ausdruck: (17) »Ich bin am streiten und lästern / Von zehn Geboten brach ich die Hälfte alleine erst gestern / Wie auch am Tag davor, und so die Tage davor.« Das a.I. verweist dabei auf ein weitgehend ausgehöhltes Sündenbewusstsein, das den Menschen von seinem Defizit her denkt und Gott als souveränen Herrscher und Überwacher religiöser Normen vorstellt. Daneben relativiert es aber bereits in Vers 9 diese Sichtweise, wenn es demgegenüber die Abwesenheit des göttlichen Regenten betont.

In den Versen 34 bis 36 setzt das Textsubjekt thematisch erneut bei der Sünde an und lässt das a.I. eine Selbstcharakterisierung vornehmen. Damit knüpft es dem erkennbaren Sündenverständnis nach an die Verse 17 bis 20 an: (34) »Herr vergib mir die Schuld, ich bin ein Sünder, doch man sagt mir, Gott hat tiefe Geduld / Shit, ich hab Leute geboxt, Leute gezockt und betrogen / Bin voller Hass gegen alles, mit einem Kopf voller Drogen.« Dass die Schuld für das beschriebene deviante Verhalten allein von den Opfern vergeben werden kann, übersieht das a.I. entweder oder delegiert es bewusst an den *Herrn*, um das Sündenverständnis, als Einzelübertretung der göttlichen Gebote, zu desavouieren. Für Letzteres spricht die Inszenierung der zweiten Hälfte von Vers 34, der mit »man sagt mir« auf die religiösen Gruppierungen und deren Rede von Gott Bezug nimmt. Daher kann das Eingeständnis, Sünder zu sein, eine ironische oder existenzielle Bedeutung für das a.I. haben. In beiden Fällen markiert es jedoch den Aspekt der Gottesferne.

---

2   Zu den kulturgeschichtlich-anthropologischen und theologischen Voraussetzungen, Hintergründen und Folgen dieses Sündenverständnisses vgl. auch Pröpper (2014: 913-916).

4.2 Der abwesende Gott

Mit der Teilüberschrift ist bereits eine Interpretation vorweggenommen, die sich am Beginn des Songs mit der Hookline anbahnt: Viermal wiederholt das Textsubjekt im Intro den Vers (1): »Der Himmel ist so weit fort«. Mit dem Begriff *Himmel* bezieht es sich nicht auf einen geographischen Aspekt, sondern auf einen theologischen. Das Textsubjekt kreist dabei um die kulturgeschichtliche Vorstellung vom Himmel als Paradies und Ziel theologischer Zukunftshoffnung.[3] Diese Hoffnung wird vor allem durch den Hinweis auf ihre geographische oder zeitliche Entfernung konterkariert. Der in den Strophen entfaltete Aspekt der Abwesenheit Gottes wird auf diese Weise von Anfang an eingeführt und durch die Wiederholung in den späteren Hooklines bekräftigt. Gleichzeitig präfiguriert das Textsubjekt einen wesentlichen Aspekt in Bezug auf das Gottesbild, der als Garant für den Himmel so weit entfernt scheint. Diese angedeutete Abwesenheit Gottes bezieht das Textsubjekt im Folgenden immer wieder und in unterschiedlicher Intensität auf den Menschen, dessen Sündigkeit und sein Leiden.

Die zweite Strophe beginnt mit der bereits in den personalen Bezügen beschriebenen Informationsvergabe eines unbestimmten Personenkreises, die gleichzeitig als Anapher Bezug auf Gott nimmt. Im Gesamtkontext gelesen beschreibt das a.I. womöglich religiöse Vertreter und Theologen, die von Gott sagen: (26) »[D]u bist überall, in jedem Atmen und Schnaufen / Bei Nacht und bei Tag und sie sagen, du bist da, wenn wir's brauchen.« Die Hinweise auf die Biologie des Atmens und auf den Tag-Nacht-Dualismus wollen dabei die ganzheitliche Nähe in der religiösen Rede von Gott unterstreichen. Diese behauptete universale Nähe konterkariert das a.I. mit zwei sich anschließenden rhetorischen Fragen: (28) »Doch bist du auch in diesen Straßen da draußen? / In tagelangem Saufen und Drogen verkaufen, Schlagen und Rauben?« In den gefahrvollen Erfahrungen auf den Straßen, dem damit verbunden drogeninduzierten Eskapismus und den devianten räuberischen Verhalten, erfährt das a.I. einen tiefen Widerspruch zur behaupteten Gegenwart Gottes.

Dagegen fordert das a.I. aber Gott auf, Präsenz zu zeigen, auch (32) »da, wo der Glaube nicht da ist«. Diesen Zusammenhang konkretisiert das a.I. mit einem Namen: (31) »Vesna wird auf Hero sterben, glaube ich, seitdem ich sie sah ohne Haare und Farben in den Augen.« Der Name ist slawischen Ursprungs und bezieht sich in seiner Bedeutung womöglich als Kollektivsingular auf *die Jugend*. Im Kontext gelesen ist daher nicht nur das sterbliche Ende einer einzelnen Person gemeint, sondern die schwindende Zukunftshoffnung ganzer Generationen. Die

---

3 Zur Vorstellung vom *Himmel* als Paradies vgl. auch Rahner (2010: 284-289, 295-302).

Symptomatik des Haarausfalls im Kontext eines nahenden Todes lässt an jemanden denken, der unter den Folgen einer Chemotherapie, zur Bekämpfung einer Krebserkrankung, leidet. Die Allegorie der fehlenden Farbe in den Augen deutet dabei auf den Verlust von Lebenskraft hin. Daher ergänzt das a.I. in einer an Gott gerichteten Apostrophe die *nachdrückliche* Aufforderung nach Nähe und Hilfe: (32) »Vater wir brauchen Dich hart«. Der Mensch braucht Gottes Hilfe vor allem dort, wo der Glaube eben nicht zu erkennen ist oder wo er im Angesicht von Krankheit und Tod zu zerbrechen droht.

Daher reagiert das a.I. auch emotional auf die beschriebenen Situationen: Der *Hass* des a.I. *gegen alles* (36) kann als holistische Ablehnung der bestehenden Verhältnisse einschließlich der Unrechts-, aber auch der Rechtsverhältnisse gelesen werden. Gleichzeitig ist diese Ablehnungshaltung durch eine drogeninduzierte Wirklichkeitsverzerrung geprägt. Seine Interpretation der Wirklichkeit ergänzt das a.I. in den Versen 37 bis 40 mit der Feststellung, dass es, verstärkt durch einen Vulgarismus, verlassen in der Welt und ihrer Wirklichkeit ist: »Ich bin so scheiß allein, Vater, von dem, wo ich steh / Scheint dieser Himmel, von dem sie erzählen, so unglaublich weit zu sein / Und es schleichen sich Zweifel ein, shit, ich sag, gottverdammt / Und ich weiß nicht, wie ich es mein«. Das a.I. wendet sich in einer Apostrophe erneut an Gott und berichtet ihm selbstoffenbarend, dass die Situation des a.I. mit all den eigenen Verfehlungen und im Horizont der Herausforderungen des Lebens die Botschaft eines liebenden Gottes und einer vergebenden Erlösung als unerreichbare Utopie erscheint. Für das a.I. erwachsen daraus erhebliche Zweifel am Gottesglauben, wenngleich es sich in Vers 40 auch darüber unsicher ist.

4.3 Was bleibt, ist Freiheit

(45) »Die Bibel sagt mir, die Strafe für Erkenntnis ist Freiheit«. Damit deutet das a.I. die Geschichte vom Baum der Erkenntnis aus Gen 3 an und stellt so einen Bezug zur Bibel her. Auf diese Weise thematisiert das es im dritten Part indirekt das Verhältnis zwischen Gott und Mensch. Die Erkenntnis von Gut und Böse wird vom a.I. sowohl als Auszeichnung gesehen, da sie den Menschen zur Freiheit und Autonomie führt, was dem menschlichen Sein Würde und Verantwortung verleiht (vgl. Metz 2012: 16). Gleichzeitig bemüht es den Gedanken, dass diese Auszeichnung auch Strafe ist, denn sie belässt den Menschen in einer ständigen Selbstverantwortung, wodurch sich Gott der Leidensgeschichte der Welt entziehen kann. Die göttliche Bestimmung zur gleichwerten Freiheit des Menschen denkt das a.I. nicht nur irdisch, sondern auch eschatologisch: (46) »Allein das Mensch-Sein führt zu einem Ende in Gleichheit / Denn am Ende bist du tot / Ob arm oder reich / Gut oder Böse / Papst oder heilig / Ob Zar oder Scheich«.

Die konstruierten Gegensätze dienen dazu, die soziologischen Unterschiede des Menschen zu unterstreichen. Sie kommen vor allem in der religiösen Diversität in den Blick. Der Mensch selbst aber, als ein geschaffenes und zur Freiheit bestimmtes Wesen, bleibt in dieser Bestimmung zur Freiheit gleich, egal welchen Namen Gott trägt: »Vor dem Vater doch gleich / Jehova/Gott/Allah, wie du meinst«. Die inhaltliche Klammer bildet für das a.I. erneut die menschliche Autonomie und die damit einhergehende Möglichkeit zur Sünde. Sie ist damit Auszeichnung und Bürde zugleich: »Eins in der Sünde, weil eins in der Freiheit«. Weil sie eine Auszeichnung ist, muss der Mensch, um sich selbst zu respektieren, die Freiheit anderer Menschen und hier vor allem Andersgläubiger achten. Die unterschiedlichen Lebensentwürfe sind nämlich unter der Voraussetzung theonom gesetzter menschlicher Freiheit auch gottgewollt. Daran kann kein vernünftiger Glaubender zweifeln. Als wesentliche Voraussetzung zur Sünde ist menschliche Freiheit aber auch eine Bürde. Damit sind nicht nur die Selbstverfehlungen des Menschen im Sinne der Einzelübertretungen göttlicher Gesetze gemeint, sondern das a.I. versteht darunter möglicherweise zusätzlich den Kern des Arguments der *free-will-defense*.

Eine Bedingung dieses Arguments ist, dass sich Gott nicht in die Geschicke der Menschen einmischen darf, da er dann die Freiheit des Menschen verletzen würde (vgl. Kreiner 2005: 219ff.). Zynisch gesagt, bleibt die Sünde der Preis der Freiheit. Damit aber versucht das a.I., die vorherigen Spannungen zwischen Theonomie und Sünde sowie der Abwesenheit Gottes in der Leidensgeschichte der Welt zu versöhnen. Dennoch bleibt es für das a.I. in Gottes Verantwortung, die Dinge in Ordnung zu bringen, weshalb es sich in einer letzten Apostrophe an *den Größten der Größten* wendet und um Erlösung vom Bösen bittet. Spekulativ bleibt dabei der Modus der Umsetzung dieser Befreiung vom Bösen. Im Horizont des a.I. kann es, wie gezeigt, kein numinoser Eingriff Gottes in die Geschicke der Welt sein. Möglicherweise visiert das a.I. aber eine von Gott bewirkte Befreiung des Menschen aus seiner zerstörerischen Selbstsucht, der Sünde, an.

5. ZWEIFELNDE GOTTESSEHNSUCHT

Das Textsubjekt von Tuas *Kyrie Eleison* versetzt das a.I. und auch den Rezipienten in die Spannung zwischen Gotteszweifel und Gottessehnsucht. Sie entsteht einerseits aus der Vorstellung von Macht und Größe, von denen der Mensch glaubt, dass sie zu Gott gehören und andererseits den Erfahrungen von Leid und Übeln. Die Theodizeefrage, als Frage nach dem Verbleib Gottes angesichts der Leidensgeschichte der Welt (vgl. Metz 2012: 3f., 24ff.), kennt viele Facetten in ihrer Problembeschreibung und ebenso viele Versuche, den offenkundigen Widerspruch aufzulösen (vgl. Striet 2014: 19f.; Kreiner 2005). Das von Tua gewählte Stück nimmt ähnliche Widersprüche auf, ohne im Versuch zu enden, sie aufzulösen, wenngleich sie versöhnt werden sollen.

Von Beginn an betont das Textsubjekt die Einsicht des a.I. über dessen Sündigkeit. Demgegenüber zeichnet es ein Gottesbild, dass inklusive der mitgedachten göttlichen Vorschriften groß und mächtig erscheint. Gott zeigt sich im Horizont des a.I. allein in seinen Geboten erfahrbar. Dagegen setzt es eine Erzählung, die Gottes Abwesenheit schmerzlich aufzeigt. Dazu wird mit *Vesna* ganz konkret das Leiden eines Menschen skizziert, das jedoch geschickt für eine holistische Deutung offen bleibt. Die Bitte, dass Gott dort *hart gebraucht wird*, knüpft an die biblische Theodizeefrage *Wo bist Du, Gott?* an (vgl. Metz 2012: 8ff.). Das Textsubjekt arbeitet diese Frage immer wieder unterschwellig in den Text ein. Vor allem auch dann, wenn es um die anthropologischen Grunderfahrungen des a.I. in Bezug auf Gott geht. Zunächst herrscht Einsicht des a.I. in dessen Sündigkeit. Gleichzeitig stellt es aber in der Abwesenheit Gottes die Freiheit des Menschen fest und mokiert, dass der Mensch nicht anders kann, als Sünder zu sein, denn es fehlt der, der *uns gut regiert*.

Daher *schleichen sich Zweifel ein*, ob Gott wirklich überall ist, wie in den Versen 26 und 27 behauptet. Dennoch setzt das Textsubjekt dem Zweifel im a.I. auch ein Wollen, ein *trotzdem* im Glauben an den helfenden, den liebenden und fürsorgenden Gott entgegen. Dieses *trotzdem* äußert sich vor allem in der steten Rückkehr zum Gottesgedanken. Dabei kreist das a.I. nicht allein um den Gedanken der Gottespräsenz in der göttlich-religiösen Normierung (*10 Gebote*) und ihrer Überwachung, sondern delegiert sie an eine Gruppe. Von ihr verspricht sich das a.I. Antworten auf seine drängenden Sinnfragen. Dennoch läuft auch dieser Versuch ins Leere, indem der Zweifel innerhalb dieser Gruppe religiöser Vertreter in einem *Noch-mehr-an-Glauben* (V. 30) aufgelöst wird.

Daher gewinnt im a.I. die Einsicht Oberhand, dass der Mensch allein auf sich gestellt bleibt. Nur der Blick auf das Ende des Seins wird Gewissheit über die Gottesfrage bringen – egal, um welchen Gott und um welchen Menschen es sich auch handeln mag (V. 47-55). Das Textsubjekt versteht daher das Sünder-sein im Sinne der Ermöglichung von Freiheit nicht als Defizit, sondern als Auszeichnung und hält die Grundspannung zwischen Sünde und Gott in der abschließenden Bitte aus: (56) »Erlöse uns von dem Bösen, Größter der Größten.«

LITERATUR

Bäumer, Ulrich (1993): Wir wollen nur deine Seele. Rockszene und Okkultismus: Daten – Fakten – Hintergründe, Bielefeld: CLV.

Berndt, Sebastian (2012): Gott haßt die Jünger der Lüge. Ein Versuch über Metal und Christentum: Metal als gesellschaftliches Phänomen mit ethischen und religiösen Implikationen, Hamburg: tredition.

Burdorf, Dieter (2015): Einführung in die Gedichtanalyse, 3. akt. u. erw. Aufl., Stuttgart: Metzler.

Denzinger, Heinrich (2017): Kompendium der Glaubensbekenntnisse und kirchlichen Lehrentscheidungen, verbess., erw., ins Deutsche übertr. und unter Mitarbeit von Helmut Hoping hg. v. Peter Hünermann, 45. Aufl., Freiburg i.Br.: Herder, GS 1, 4301.

Felsner, Kristin/Helbig, Holger/Manz, Therese (2012): Arbeitsbuch Lyrik, 2. akt. Aufl., Berlin: Akademie.

Kreiner, Armin (2005): Gott im Leid. Zur Stichhaltigkeit der Theodizee-Argumente, Freiburg i.Br.: Herder.

Metz, Johann Baptist (2012): Memoria passionis. Ein provozierendes Gedächtnis in pluralistischer Gesellschaft, 3. durchges. u. korr. Aufl., Freiburg i.Br.: Herder.

Moser, Tillmann (1980): Gottesvergiftung, Ulm: Suhrkamp.

Pröpper, Thomas (2011): Theologische Anthropologie, Band II., Sonderausgabe 2015, Freiburg i.Br.: Herder.

Raabe, Manuel (2018): »God Was Never On Your Side!« Gottesbilder und Religionskritik in der Rock- und Metal-Musik, unveröffentlichte Dissertation, Kassel.

Rahner, Johanna (2010): Einführung in die Eschatologie, Freiburg i.Br.: Herder.

Striet, Magnus (2014): In der Gottesschleife. Von religiöser Sehnsucht in der Moderne, Freiburg i.Br.: Herder.

Tua (2009): Kyrie Eleison. https://genius.com/Tua-kyrie-eleison-lyrics vom 30.09.2019.

Philosophie | Anthropologie

Rap-gewordene Philosophie

Ein Versuch, aus der uneigentlichen Schale zu schlüpfen, am Beispiel von Pyranjas *So Oda So* (2004)

Jessica Bauer

1. EINLEITUNG

Laut *Duden* ist ein Piranha ein »kleiner Raubfisch mit sehr scharfen Zähnen, der in einem Schwarm jagt und seine Beute in kürzester Zeit bis auf das Skelett abfrisst« (Duden-Redaktion o.J.). Die Deutsch-Rapperin Anja Käckenmeister erschafft aus der herkömmlichen Fischbezeichnung den Neologismus Pyranja, der nicht nur ihren eigenen Vornamen beinhaltet, sondern durch die erste Silbe *Py-* eine zusätzliche semantische Verknüpfung mit Feuer und Hitze herstellt. So stilisiert sich Käckenmeister durch ihren Künstlernamen als gefährlich ernstzunehmende, nicht zu unterschätzende Konkurrenz auf dem Areal des deutschen Hip-Hops.

Im Oktober 2004 erscheint Pyranjas zweites Album mit dem Titel *Frauen & Technik*. Laut eines Interviews anlässlich der Veröffentlichung ihres Albums, setzt sie nach eigener Aussage »den Spruch ironisch ein, weil Rappen sehr viel mit Technik zu tun hat, nicht nur, was die Technik im Studio betrifft, sondern eben auch, was Styles, Flow und Texte angeht. [...] Für mich zählen Skills und nicht das Geschlecht« (pyranja.net).

Hinsichtlich des Geschlechts rappt Pyranja keineswegs in einem besonders polymorphen Schwarm: Noch immer wird der deutsche Hip-Hop vorwiegend von Männern dominiert. Auf die Frage, warum so wenige Frauen rappen, antwortet Käckenmeister mit ihrer 2008 an der Universität der Künste Berlin eingereichten Diplomarbeit: »Oft erschien es mir, als wäre mein Geschlecht in Bezug auf Hip-Hop und Rap für die Öffentlichkeit viel interessanter, als meine Musik und meine Fähigkeiten im Rap an sich.« (Käckenmeister 2008: 1) Im Anschluss arbeitet sie die Ursachen und Hintergründe für das Phänomen der mangelnden Repräsentanz von Frauen im Hip-Hop heraus. Vor dem Hintergrund eines unausgewogenen Geschlechterverhältnisses in der Hip-Hop-Szene sowie der persönlichen Erfahrungen von Käckenmeister als rappender Frau drängt es sich auf, ihre Texte mithilfe eines geschlechtertheoretischen Zugangs bzw. unter Gender-Perspektiven zu betrachten. Dem entzieht sich die folgende Analyse, da der Song unabhängig vom jeweiligen Geschlechtsempfinden Allgemeingültigkeit besitzt. Die Untersuchung orientiert sich daher an philosophischen Prämissen zum Wahrnehmungsdenken über Eigentlichkeit[1], Freiheit und Endlichkeit und widmet sich dem Entwurf postmoderner Zeit- und Zukunftskonzepte zu Beginn des 21. Jahrhunderts. Diese Aspekte werden anhand des zwölften Titels *So Oda So* (Pyranja 2004) vom oben genannten Album untersucht.

2. OHNE VERGANGENHEIT KEINE ZUKUNFT – EINFACH INS LEBEN GEWORFEN

Der Refrain enthält Handlungsmaximen, die zukünftiges Handeln betreffen, und zeigt den individuellen Umgang mit potenziellen Hindernissen. Die Textaussagen beziehen sich aber auch auf vorhersehbare Vorgänge wie Vergänglichkeit oder den astronomischen Zeitkreislauf. In diesem zirkulären Rahmen folgt zusätzlich die Auseinandersetzung mit Fremdbestimmungsaspekten, welche die eigene Existenz betreffen, und möglichen Handlungsoptionen, die sich durch die Auseinandersetzung mit der Vergangenheit und den daraus gezogenen Lehren, sprich Erfahrungswerten, ergeben.

»So oder so kann ich vieles in Kauf nehmen
So oder so gehört mein Leben nur mir
So oder so werd ich dann irgendwann draufgehen

---

1 Nach Henne (2015: 22) ist »*eigentlich* [...] ein Grundwort, das ins Wesentliche [in die Freiheit] führt«. Hiernach wohnt auch Wahrhaftigkeit in der Eigentlichkeit – nicht verwunderlich also, dass *eigentlich* als Abtönungspartikel häufig bei Entscheidungsfragen, wo es um den wirklich wahrhaftigen Kern geht, zum Einsatz kommt (vgl. ebd.: 23). Die Bedeutungskomponente des Wahren von *eigentlich* lässt sich auch sprachhistorisch ableiten (vgl. ebd.: 18ff.). Heidegger (1979: 42) versteht unter dem Terminus Eigentlichkeit die Möglichkeit des Seienden, »[sich] in seinem Sein [...] selbst ›wählen‹, gewinnen« zu können. Das Eigentliche verweist dabei stets auf das Uneigentliche, in welches das Seiende sich flüchten kann: die durchschnittliche Alltäglichkeit (vgl. ebd.: 43, 259).

So oder so hab ich nichts zu verlieren
So oder so werd ich Hürden in Kauf nehmen
So oder so gehört das morgen nur mir
So oder so wird die Sonne neu aufgehen
So oder so ham wir nichts zu verlieren«

Doch welches Zukunftskonzept wird entworfen? Kann von einem Plädoyer für eine futurisch ausgerichtete selbstbestimmte Lebensführung in absoluter Freiheit die Rede sein oder wird auf Basis eines gehobenen unspezifischen ›Rumjammerns‹ eine ungewisse diffus gestaltete Zukunftsvision geboten, bezüglich welcher das »So oder So«[2] eine Kapitulation vor der Freiheit darstellt? Über die wiederkehrenden Hook-Phrasen dekonstruiert Pyranja auf inhaltlicher Ebene ihre drei Strophen. Die zwei Adverbien zu Beginn jeder Line beschreiben einen irrelevanten Zusammenhang zwischen Erkenntnis und der daraus resultierenden Maxime für eine veränderte Lebensführung, kurz gesagt, es sei egal. Ob das in den Strophen Angestrebte erreicht wird, besitzt keine Bedeutung für die Endlichkeit des Lebens und dessen zeitlichen Kreislauf.

»Jetzt, wo ich schon mal da bin, frag ich nicht, was ich darf«

Das Jetzt, die Gegenwart, ist purer Zufall. Das Individuum sei einfach, ohne ersichtlichen Grund, und vor allem plötzlich da. Ausgehend von diesem vermeintlich zufälligen unbestimmten Dasein ohne Vergangenheitsbezug ergeht der Versuch, Handlungsoptionen sowie ein Zukunftskonzept zu entwerfen.
»Von ihm selbst als faktischem In-der-Welt-sein ist das Dasein als verfallendes schon abgefallen; und verfallen ist es […] an die Welt, die selbst zu seinem Sein gehört« (Heidegger 1979: 176). Idealerweise manifestiert sich in der ersten Strophe des Tracks das Moment des Verfallens, wie es bei Heidegger zu finden ist. Der Welt von Anfang an verfallen, stürzt das Daseiende stetig ab, ist eingespannt in die durchschnittliche Alltäglichkeit, in der es all seine potenziellen Möglichkeiten nicht ausschöpfen kann. Um im Heidegger'schen Wortlaut zu bleiben, offenbart sich diese Geworfenheit durch das wiederholte »Losreißen von der Eigentlichkeit und doch immer Vortäuschen derselben« (ebd.: 178).

»Ich will nicht mehr verstehen müssen
Will nicht mehr so viel nicht dürfen

---

2   Der Unterschied von »oder« und »Oda« resultiert aus der Annotation auf Genius.com (Pyranja 2004) einerseits und der Originalschreibung des Titels auf der CD andererseits.

[...]
Ich tu nur so, als wär mir alles egal
Belüg mich selbst und sag: Es ist ja nur Spaß«

Anhand der Abneigung, sich dem Alltäglichen fügen zu müssen, zeigt sich eben jene Fügung erst recht: etwas nicht tun wollen, es trotzdem tun, sich zunächst in Gedanken losreißen und versuchen, der verlogenen Uneigentlichkeit zu entkommen, um die Sphäre des wahrhaften Eigentlichen zu betreten. Nur in Gedanken lässt sich eine Idee des Eigentlichen, der absoluten Freiheit (in der ›man‹ eben nicht tut, was ›man‹ nun einmal tut), entwerfen. Nur lässt sich die Idee nicht in vollem Umfang in die Wirklichkeit transferieren. Kein Lebewesen, das in einem sozialen System interagiert, ist wirklich frei. Ist der Song also ein verzweifelter Versuch, die Vorstellung von vollumfänglicher Freiheit zumindest auf sprachlicher Ebene wahr werden zu lassen, um die zwangsläufige Verfallen- und Geworfenheit zu kompensieren?

»Ey, manchmal wach ich auf und seh mein Leben vorbeiziehen
Ich hab vielleicht schon was erreicht, doch kann nicht sagen, es reicht mir«

Die ersten Zeilen des Songs verdeutlichen eine gestörte Wahrnehmung von Sein und Zeit, nämlich ein körperinternes Auseinanderklaffen der organisch-psychischen Zeit. Im Vordergrund steht die Wahrnehmung des eigenen, am Selbst vorbeiziehenden Lebens, das nicht mehr zu greifen ist, obwohl sich das Textsubjekt zuvor in einer ruhevollen Phase des menschlichen Lebens befand. Zu Bewusstsein kommt der internen Textinstanz diese Wahrnehmungsauffassung nämlich im Prozess des Aufwachens – Schlaf funktioniert als der biologisch notwendige Entschleuniger, der in einer ewig wachen Welt zwangsweise einen Cut setzt, sich allerdings im Nachgang, beim Wieder-Erwachen aus der Todes-Vorerfahrung (vgl. Lübbe 1994: 361), als eine Quelle nervöser Emotionsgedanken herausstellt. Ob die gestörte Sein-Zeit-Wahrnehmung mit der, wie Heidegger sie nennt, Geworfenheit in Zusammenhang steht, durch moderne Zeitnutzungszwänge (vgl. ebd.: 359) verursacht ist oder einer angeborenen psychischen Komponente im Hinblick auf die menschliche Zeitwahrnehmung entspringt, kann hier nicht abschließend geklärt werden. Allerdings scheint mit der gestörten Sein-Zeit-Wahrnehmung auch die Fähigkeit einer zuverlässigen Selbsteinschätzung gelitten zu haben. Außerdem ist der innere Orientierungssinn auf der Suche nach einem unbestimmten Mehr (dem Eigentlichen?) verlorengegangen. Die interne Textinstanz weiß, dass ihr das vielleicht Erreichte nicht genügt und sie nach mehr sucht, ohne zu wissen, was der Gewinn sein soll. Gleichzeitig erscheinen ihr die eigenen Lebenswürfel als bereits gefallen (»seh mich und gefallene Würfel«).

»Dann kommt der große Knall, dem man sich nicht entziehen kann
Und alles fängt von vorne an. So läuft das Prinzip, Mann
Ich denke schon, dass eigentlich ein jeder mehr verdient hat
[...]
Ich seh zurück und merke, wirklich nichts war vergebens
Denn heute ist der erste Tag meines restlichen Lebens«

Das Gedankenexperiment in *So Oda So* schlussfolgert mehrere Erkenntnisleistungen. Die erste Erkenntnis: Der Vergangenheitsbezug. Was zu Beginn scheinbar ohne präteritale Verknüpfung ins Leben geworfen wurde, zeichnet sich nun als einzig mögliche Existenzform ab, die sich erst aus der Geschichte heraus entwickeln konnte. Die zweite Erkenntnis: Die individuelle Vergangenheit bildet die Voraussetzung, um die Gegenwart, das Heute, bewältigen zu können und konzeptuelle Strukturen für die Zukunft abzuleiten. Das Zurücksehen geht als eine Art Bestandsaufnahme des Gewesenen durch, das stets teleologisch auf einen bestimmten Zeitpunkt zustrebt. Dies sei der Zeitpunkt der großen Veränderung, die in der Gegenwart ihren Anfang und in Form von Gestaltungsoptionen in der Zukunft auf das restliche Leben Einfluss nimmt.

3. DIE IDEE VON FREIHEIT – DAS EIGENTLICH-WERDEN

Deutlich tritt in der ersten Strophe die Einsicht in die Akzeptanz des Lebens als zeitgebundenen Kreislauf von Emotionsbewältigung, Lernerfahrungen sowie der Aufstellung von Handlungsperspektiven hervor. Der »große Knall«, das Unumgängliche in der Zukunft, beschreibt Zeit mit Geisslers Worten als »eine Sache von Leben und Tod« (Geissler 2012: 81). Was meint das Textsubjekt nun mit der Anspielung, dass »eigentlich ein jeder mehr verdient hat«? Die Antwort lautet Freiheit. Die Freiheit als Besetzerin von zwei Bereichen: im Leben und im Tod. Auch im folgenden Teil wird der hohe Grad an Bewusstsein um die Endlichkeit der menschlichen Existenz offenbar, wobei das Textsubjekt die Chance auf Erkenntnisförderung und den entscheidenden Schritt zur absoluten Freiheit, in die »ewige Ferne«, erhöht, indem es dialogisierend auffordernd mit sich selbst spricht.

»Der Tiger sitzt im Käfig und träumt von der Steppe
Diese ewige Ferne würd er so gern entdecken
Das Gitter im Blickfeld, der Ausweg voller Ketten
Und dazu die Gewissheit: Niemand kommt um Dich zu retten
[...]
Komm, fühl die wichtigen Dinge, wie die Sonne, den Mond
Wie die Erde, das Wasser, begreif das Leben im Tod
Bitte liebe die Momente, die sich nie wiederholen
Sieh es einfach mal so: Nichts kann Dich wirklich bedrohen
(obwohl?)
Ich kann ja nicht mal sicher sagen, wonach ich wirklich suche
[...]
Entscheid für Dich allein und finde endlich raus, was Mut ist«

Obwohl die interne Textinstanz nicht sicher sagen kann, wonach sie sucht, unternimmt sie doch den sprachlichen Versuch, ihre Idee von Freiheit und Eigentlichkeit sinnbildlich auszudrücken. Auch ein Tiger, der noch nie die Steppe gesehen hat, kann eine Vorstellung von ihr und von sich selbst in ihr haben. Doch für das gefangene Tier ist es nicht möglich, sich selbst zu befreien, um die reale Form der Ahnung zu erleben – selbst wenn diese nur einen freien Blick nach draußen bedeutet. Rettung von außen ist nicht in Sicht. »Niemand kommt«, wohl auch kein göttliches Wesen. Es existiert kein klärendes Teilstück, das eine Anleitung zur Befreiung, zur sinnstiftenden Lebensführung gibt. Jeder ist allein in den unheimlichen Strukturen der Welt (vgl. Radchenko 2015: 61) gefangen, »die keinen Plan in sich enthält, wie das eigene Leben in seiner Begrenztheit zu führen ist« (ebd.). Auf diese Unheimlichkeit reagiert das Textsubjekt mit einer mystisch-romantischen Sprache: *Traum, Mythos, Glut, Sehnsucht, Mond, Geister, Leben, Tod*. Mit diesen Formeln aus dem Bereich des Vagen versucht es, sein leidenschaftliches Drängen nach Freiheit zu verarbeiten.

Dass aber die Suche nach Erkenntnis und Freiheit mit einer Gotteserfahrung verwoben sein können, wird im dritten und letzten Sprechpart nur auf der Metaebene angedeutet. Hier wird, ähnlich der Verwendung von ›romantischen‹ Begriffen, auf kontextuell mit Religion und Glauben verknüpfte Bezeichnungen zurückgegriffen: *Gebet, Ewigkeit(en), Tränen, Seele, Staub*. Selbst wenn Gott nicht benannt und sogar negiert wird, erfährt der Begriff ›Gott‹ in seiner Abwesenheit eine Neudeutung: Gott als innere und von allem Außen befreite Freiheit. Dieser Gott solle an die Stelle der Orientierungslosigkeit treten. Die enge Verknüpfung des Bewusstseins der Endlichkeit mit dem Leben führt die Einmaligkeit der eigenen Erlebnisse (»die Momente, die sich nie wiederholen«) sowie die Dringlichkeit einer Entscheidungsfindung (»Entscheid für Dich allein«) vor (vgl. ebd.). Eine angestrebte unio mystica, die Vereinigung der Seele mit jenem Gott, die sich manifestiert im Spüren und Fühlen der vermeintlich wichtigen Dinge, wie Sonne, Erde und Wasser, könne die Sehnsucht nach nur einem einzigen Tropfen beschreiben. Das Verlangen nach einer höheren bedeutsamen Erfahrung, die das Selbst mittels eines inneren Erlebnisses aus den uneigentlichen Angeln hebt, ihm die Verbundenheit mit der Welt, im Prinzip seine Verfallenheit, unmittelbar vorführt und intensiv direkt erlebbar macht. Erst durch jenes Fühlen des Daseins als endliches, aber befreites Stück Welt lässt sich eine tatsächlich selbstbestimmte Lebensführung ausbilden (vgl. ebd.: 21).

4. DIE ENTSCHEIDUNG ODER DAS KNACKEN DER SCHALE

Wie lässt sich eine wahrhaft losgelöste Existenz mit absoluter Selbstbestimmung erreichen? Zum Ende des Songs ist die Forderung nach einer persönlichen mutigen Entscheidung bedeutsam: Nicht wählen, sondern entscheiden! Dass eine Absage an die Geister, welche für eine mythische Denkform im Sinne eines naturhaft vorgegebenen Schicksals (vgl. Eilenberger 2018: 169) stehen können, gefordert wird, unterstreicht das Verlangen nach dieser Entscheidung. Erst sie ermöglicht, »vollumfänglich Verantwortung für die Konsequenzen [von] Handlungen zu übernehmen.« (Ebd.) Denn eine Entscheidung ginge nur mit Mythos-befreitem Denken und somit Wahrheit sich selbst gegenüber einher – keine Vorgaukelei einer »falsch erfaßten Freiheit« (Benjamin 2007: 75) als persönliches Schicksal.

Wählen ließe sich eine Seite, wenn gemeint ist, das Schicksal wolle es so, und die Wahl innerhalb der Konvention erfolgt, aber das andere sich noch immer wollen ließe. Eine Entscheidung jedoch, die sich jener Konvention entzieht und existentiell wird, deckt die wollende Seite ab, die zweite Wahloption verschwindet. Somit sei sie gewichtiger, wahrhaftiger, freier, weil sie von Schicksalsargumentation, die ein Netz von Ausreden bereithalte, und Schuld-Sühne-Verstrickung befreit ist (vgl. Eilenberger 2018: 169ff.). Aus dem sittlich-moralischen Man-Kodex heraus, der die starre Vorstellung einer Lebensführung bereits in sich hält, kann keine freie sinnliche Entscheidung und nichts Wahrhaftiges hervorgehen, sondern können nur Kräfte des Verfalls freigesetzt werden[3] (vgl. Benjamin 2007: 75).

---

3 Benjamin zur in den Roman eingebetteten Novelle *Die wunderlichen Nachbarskinder* in Goethes *Wahlverwandtschaften*: »Weil diese Menschen nicht um einer falsch erfaß-

Doch durch eine innere oder äußere Extremsituation kann der Mensch begreifen, dass selbst im Tod auch Leben steckt; »der Tod als die eigenste, unüberholbare Möglichkeit« (Heidegger 1979: 250) ist dann ein »ausgezeichneter Bevorstand« (ebd.: 251). Nur der Tod zeichnet den Menschen als lebendiges Geschöpf aus, ohne den ›das Leben‹ nichts Besonderes wäre. Werden in diesem Wissen alle Man-gelösten Möglichkeiten des Seins zum Ende ausgeschöpft (vgl. ebd.), so ist dies, wie Goethe in den »Wahlverwandtschaften« formuliert, eine anspruchsvolle psycho-physische Herausforderung.

»Sich vom Wasser zur Erde, vom Tode zum Leben, aus dem Familienkreise in eine Wildnis, aus der Verzweiflung zum Entzücken, aus der Gleichgültigkeit zur Neigung, zur Leidenschaft gefunden zu haben, alles in einem Augenblick – der Kopf wäre nicht hinreichend das zu fassen; er würde zerspringen oder sich verwirren. Hiebei muß das Herz das Beste tun, wenn eine solche Überraschung ertragen werden soll.« (Goethe 1956: 209)

Der Aufruf zur Ausschöpfung aller denkbaren Möglichkeiten, Freiheit nicht nur zu erlangen, sondern sie dann ebenso stabil zu halten bzw. sie verantwortungsvoll dauerhaft zu leben, ergeht zur Halbzeit des Songs. Der Text strebt auf die Klimax zu. Die Rezipierenden erwarten in der letzten Strophe das Erlangen von absoluter Freiheit des Textsubjekts, die endgültige Auflösung der Spannung. Schreit nämlich zu Beginn noch Unsicherheit aus jeder Line, erwartet man nach romantischen Ausflüchten und einer assoziativen Affinität zum Göttlichen nun das Seelenheil. Doch tritt dieses wirklich ein?

»Es ist ne Menge passiert in letzter Zeit
Ich denk oft, ich erfrier und bin es nur leid
[…]
Schlag den Kopf durch die Wand und fang an zu schreien
Du hast nur einen Weg und nur einen Versuch
Komm, verfass dein Gebet, sammel all deinen Mut
[…]
Du hast nur eine Chance, such dir deinen Weg und geh ihn

---

ten Freiheit willen alles wagen, fällt unter ihnen kein Opfer, sondern in ihnen die Entscheidung. […] Das chimärische Freiheitsstreben ist es, das über die Gestalten des Romans das Schicksal heraufbeschwört. Die Liebenden in der Novelle stehen jenseits von beiden und ihre mutige Entschließung genügt, ein Schicksal zu zerreißen, das sich über ihnen ballen, und eine Freiheit zu durchschauen, die sie in das Nichts der Wahl herabziehn wollte.« (Benjamin 2007: 75)

Verpass nicht den Moment, in dem sich Räder für dich drehen
[...]
Ich schau mich um und weiß, ich kann nicht einfach nur dabei sein.
Der Tau besiegt den Staub und ich die Grenzen meiner Freiheit.«

Zu Beginn des Schlussteils steht erneut die Reflexion über das, was in der Vergangenheit passiert ist. Die Selbstanalyse kommt zu folgendem Ergebnis: Dem Gefühlsurteil nach stehe das Textsubjekt unfrei und gebändigt in der Sitte, scheint die Hitze, die für das leidenschaftliche Freiheitsstreben und -leben steht, erstarrt. Gewaltvoll und laut versucht es, sich zu befreien: »Ich denk oft, ich erfrier«. Zieht sich der Mensch eine Erfrierung zu, wird die betroffene Stelle starr, blau und unbeweglich. Im Versuch, sie zu bewahren, muss sie behutsam erwärmt und der besseren Durchblutung wegen bewegt werden. Die Rettungsaktion tut weh, doch der Schmerz zeigt, es ist noch Leben darin. So geht es auch mit der Freiheit (»Schlag den Kopf durch die Wand«); das Erlangen jener kann im ersten Schritt nicht anders als schmerzhaft und brutal ablaufen.

In Ermahnung an die Unwiederholbarkeit von Momenten und damit parallel in Erinnerung an die Bedeutsamkeit jedes Schrittes vor dem Ende des Daseins (vgl. Radchenko 2015: 61) ergeht eine unmissverständliche Aufforderung an sich selbst: Bloß nicht stehenbleiben, sondern den Weg finden und beschreiten – dieser Appell folgt doppelt. Eilenberger bezieht sich auf Benjamin, wenn er feststellt, dass »jede Form der Stagnation doch nur eine versteckte Form des Verfallens [ist], die letztlich die mythischen Kräfte in all ihrer zerstörerischen Gewalt entfesselt« (Eilenberger 2018: 174). Um dem Stillstand zu entkommen, soll ein Gebet verfasst werden. Zunächst ließe sich annehmen, dass hiermit eine persönliche Handlungs- und Hoffnungsmaxime losgelöst vom Gottesglauben formuliert ist. Ein sprachlich-klangvoller Mutmacher, der nicht unbedingt und offenkundig religiöse Elemente enthalten und an eine Form gebunden sein muss. In diesem Sinne könnte der Song selbst als Gebet durchgehen, über den Rezipierende als Hoffnungsmacher verfügen können.

»Alles kann morgen vorbei sein oder Ewigkeiten leben«

Im religiösen Kontext ist die Vorstellung vom ewigen Leben in der Regel an einen Jenseitsentwurf gekoppelt. Bei Pyranja ist das Morgen nur vorbei, wenn das Sein zum Ende sein Potenzial nicht ausschöpft und der Freiheitsschlag misslingt. Gelingt er jedoch, kann alles »Ewigkeiten leben«, hat das Leben wieder einen Sinn, der auch über den Tod hinaus besteht. Die Philosophie Heideggers verzichtet laut Eilenberger gänzlich »auf jede Form eines Jenseits, einer Transzendenz und damit auch auf jede Religion. [...] Die Selbsterhellung der eigenen Faktizität ist eine, die sich im vollen Bewusstsein der eigenen Endlichkeit [...] zu vollziehen hat.« (Eilenberger 2018: 176). Doch für Benjamin besitzt jede Entscheidung einen transzendenten Charakter (Benjamin 2007: 93), da ein »quasireligiöser Sprung« (Eilenberger 2018: 177) ins Ungewisse Teil von ihr sei. Der Text oszilliert zwischen beiden Sphären. Pyranja versucht zwar, bei einzelnen Passagen den antireligiösen Schnitt zu setzen, und manchmal scheint es, als verzichte sie bewusst auf religiöse Elemente, dennoch schimmert durch die Anwendung einer mystisch-romantischen Sprache die transzendente Komponente durch.

»Vertrau dem, was du glaubst, und dem Traum aus Deiner Seele«

Das Was meint nicht das Woran und umgeht die Gretchenfrage, doch der Traum aus der Seele kann mit einer verschwommenen Vorstellung göttlicher Allmacht einhergehen und hoffnungsspendenden Glauben miteinschließen.

Des Weiteren wird im Song darauf aufmerksam gemacht, den richtigen Zeitpunkt im Leben nicht zu verpassen, was nach Geissler eine »Maxime [...] postmodernen Zeithandelns« (Geissler 2012: 94) ist. Den günstigen Moment abpassen und intuitiv-sinnlich sprichwörtlich die Gunst der Stunde nutzen. Im Umkehrschluss bedeutet dies, stets wachsam und in Bewegung zu sein, damit jener vermeintlich richtige Moment nicht verpasst wird. Plötzlich erscheint das Leben erneut in schicksalhaften Strängen, nämlich im verklärten Glauben an den einen richtigen Augenblick im Leben, der bloß nicht verfehlt werden dürfe. Am Ende des Songs existiert nur das reine Vorhaben, »aus dem Bewusstsein der eigenen Vergänglichkeit die Kraft für die Eigengestaltung des Lebens zu schöpfen« (Radchenko 2015: 15), das nur dann ein sinnerfülltes sein kann.

5. FAZIT

Der Text funktioniert als gebetsartig mantrahaftes Zukunftskonzept, da die »Grenzen der Freiheit« noch nicht besiegt sind und möglicherweise auch niemals überwunden werden können. Will der Mensch in einem Verbund mit Anderen leben und sein (vgl. Heidegger 1979: 250), sind Freiheitsgrenzen unabkömmlich. Hauptsächlich geht es darum, die Grenzen bewusst zu erfassen und in dem Rahmen, welcher ein Leben in der Sozialität weiterhin möglich macht, zu sprengen. Die Schale knackt, indem die Doppeldeutigkeit des Todes erfasst wird. Die Endlichkeit des Lebens begreifen, die Angst vor der Leere des Lebens bekämpfen, die

Unbestimmtheit des Todes akzeptieren und die potenzielle Angst vor dem Nichterreichen der Lebensziele abstellen (vgl. Radchenko 2015: 17f.). Dazu gehört, sich nicht länger mit den Mans dieser Welt zu vergleichen und somit in Versuchung zu geraten, es gleich allen anderen zu tun (»einfach nur dabei sein«) und weniger gleich den eigenen Gefühlen und Anschauungen entsprechend, sondern das innere mit dem äußeren Leben soweit es geht zu synchronisieren.

Schließlich »ham wir nichts zu verlieren«, außer die Eingebundenheit in alltägliche Höflichkeitsfloskeln und Entsprechungen, die erwartet werden. Oder, um es mit Strassers nihilistischer Polemik auszudrücken: »Mach, wovon du glaubst, es sei für dich das Beste! Denn es so zu machen, ist eben das Beste, was du tun kannst angesichts der essenziellen Gleichgültigkeit aller Dinge ...« (Strasser 2013: 114). So oder so?!

LITERATUR

Benjamin, Walter (2007): »Goethes Wahlverwandtschaften«, in: Walter Benjamin: Wahlverwandtschaften. Aufsätze und Reflexionen über deutschsprachige Literatur, Frankfurt a.M.: Suhrkamp, S. 33-104

Duden-Redaktion (o.J.): Piranha. https://www.duden.de/rechtschreibung/Piranha vom 30.09.2019.

Eilenberger, Wolfram (2018): Zeit der Zauberer. Das große Jahrzehnt der Philosophie 1919-1929, Stuttgart: Klett-Cotta.

Geissler, Karlheinz A. (2012): »z.Zt. – Eine kleine Geschichte der Zeit«, in: Peter Gendolla/Dietmar Schulte (Hg.), Was ist die Zeit?, München: Fink, S. 81-94.

Goethe, Johann W. von (1956): Die Wahlverwandtschaften. Ein Roman. Nachwort Benedikt Jeßing, Stuttgart: Reclam.

Heidegger, Martin (1979): Sein und Zeit, Tübingen: Niemeyer.

Henne, Helmut (2015): »Vom Eigentlichen und Uneigentlichen«, in: Claudia Brinker-von der Heyde/Nina Kalwa/Nina-Maria Klug/Paul Reszke (Hg.), Eigentlichkeit. Zum Verhältnis von Sprache, Sprechern und Welt, Berlin: de Gruyter, S. 18-23.

Käckenmeister, Anja (2008): Warum so wenig Frauen rappen. Ursachen, Hintergründe, Antworten, Saarbrücken: Müller.

Lübbe, Hermann (1994): Im Zug der Zeit. Verkürzter Aufenthalt in der Gegenwart, Berlin: Springer.

Pyranja (2004): So Oda So. https://genius.com/Pyranja-so-oder-so-lyrics vom 30.09.2019.

Pyranja.net (2004): Interview mit Pyranja. https://web.archive.org/web/200709
28202842/http://www.pyranja.net/downloads/Online/Aug2004_allesreal.de
.pdf vom 30.09.2019.

Radchenko, Pavel (2015): Zwischen Ende und Endlichkeit. Warum wir unseren Tod weder verdrängen noch beherrschen sollten, Marburg: Tectum.

Strasser, Peter (2013): Ratlosigkeit. Ein Stimmungsbericht, München: Fink.

Vom Rap ›als‹ zum Rap ›über‹ Therapie

Patientenkollektiv (2017) von der Antilopen Gang

Caroline Frank

1. ›GESUNDER‹ VERSUS ›KRANKER‹ RAP

»Mit 18 Jahren hatt' ich ständig Panikattacken / Als ich dachte, dass mein Atem anhält, kam ich in die Klapse« – so beginnt der Song *Patientenkollektiv* der Antilopen Gang, erschienen 2017 auf dem Album *Anarchie und Alltag*. Krankheiten im Allgemeinen und seelische Störungen im Speziellen haben nach wie vor im deutschen Rap nicht viel zu suchen: Um wie Bushido *Vom Bordstein zur Skyline* (2003) zu gelangen, muss das Rollen-Ich des zumeist männlichen Rappers ›gesund‹ im Sinne von viril sein. Im für viele Songs spezifischen Narrativ vom sozialen und monetären Aufstieg durch das eigene Rap-Talent, mit dem natürlich auch Erfolg bei den Frauen einhergeht, ist ›Krankheit‹ oft nur eine Metapher. Wenn Capital Bra in *Roli Glitzer Glitzer* (2018) rappt: »Du gibst dir Schlager, ich geb' mir Darbi STADA (na na na) // Bitches haben Cash im Kopf und Kokain im Tanga (ja) / Ich bin so'n richtig Kranker, ich misch' Codein mit Fanta«, dann verherrlicht seine Rollenprosa das positiv konnotierte Bild des drogenkonsumierenden und feierwütigen, in anderen Lines des Songs auch gewaltbereiten Rappers, dessen ›Krank‹-Sein als positiv konnotiertes ›Crazy‹-Sein zu verstehen ist. So wie Capital Bra beschreiben viele Gangsta-Rapper in ihren Songs illegalen Drogenmissbrauch,[1] seine Konsequenzen für das konsumierende Rollen-Ich werden jedoch nur selten und nie weitreichend problematisiert.

---

1 Kilian Bühling hat 2019 die in der Songtext-Datenbank Genius.com hinterlegten deutschen Rapsongs, die seit 2000 erschienen sind (ca. 22.000), auf Schlagworte für Cannabis und Kokain hin untersucht. Die Auswertung ergab, dass die Erwähnung von Kokain in Rapsongs stark angestiegen und die Anzahl von Textzeilen über Cannabis auf

Im Gegensatz dazu rappen die Rollen-Ichs in *Patientenkollektiv* in einzelnen Lines zwar auch darüber, in welchen Situationen sie Drogen nehmen. Diese stehen jedoch in direktem Zusammenhang zu längeren Beschreibungen von Phasen seelischer Dysbalance. Themen des Songs sind somit – wie im Folgenden gezeigt wird – unterschiedliche, häufig drogeninduzierte seelische Störungen, deren Auswirkungen auf die Persönlichkeitsentwicklung und die soziale Interaktion sowie mögliche Therapievarianten und Heilungsoptionen. In der Hook referiert der Song zudem auf das bekannte Oxymoron des kranken Gesunden bzw. des gesunden Kranken und nutzt dieses durch die Referenz auf eine psychiatriekritische Bewegung der 1970er Jahre für eine über die Beschreibungen der seelischen Störungen hinausweisende Gesellschaftskritik.

2. BEZUGSPUNKTE FÜR DAS RAPPEN ›ÜBER‹ THERAPIE

Dass Rap *als* Therapie fungieren kann, dürfte auf der Hand liegen: So bietet gerade das für den Gangsta-Rap spezifische Narrativ des crossover dreams, also des sozialen und monetären Aufstiegs[2] unter anderem durch das Suchen und Finden eigener Talente, vielfältige Orientierungspunkte im Besonderen für adoleszente Hörer*innen, die sich in seelischen Krisensituationen befinden. Wobei diese These durch die häufige Erwähnung von Gewalttätigkeit relativiert werden muss, die die Rollen-Ichs neben ihrem Talent zum Rappen mit ihrem Erfolg in Verbindung bringen.

Dass jedoch auch *über* Formen der (Psycho-)Therapie gerappt wird und dass damit zugleich seelische Störungen ausführlicher geschildert werden, ist im deutschsprachigen Raum ein Novum. Ein möglicher Einflussfaktor für den Song *Patientenkollektiv* könnte im US-amerikanischen Rap zu suchen sein. Eine Studie, die von der Marketing Agentur Take 5 durchgeführt und im *Guardian* vorgestellt wurde, belegt, dass im Jahr 1958 von 100 Singles, die in den Jahrescharts gelistet waren, 24 und im Jahr 2017 bereits 71 die seelische Gesundheit thematisierten. Die Auswertung dieser 71 Songs ergab zudem, dass der Anstieg in den letzten

---

hohem Niveau relativ gleichgeblieben ist: Zwischen 40 und 50 Prozent der in der Datenbank zu findenden Lyrics enthalten Lines über Cannabis (vgl. Bühling/Staiger 2019).

2   Dieses Narrativ rekurriert zudem häufig auf das Motiv des Ghettos, in dem sich der Rapper zum Gewinner stilisiert, weil er den Weg aus dem Ghetto geschafft hat (vgl. Klein/Friedrich 2003: 22).

Jahren im Besonderen auf die zunehmende Popularität des SoundCloud-Raps zurückzuführen ist:

»SoundCloud rap, characterised by sleepy, lo-fi production and named for the internet music-sharing platform through which stars came to prominence, has been defined by lyrics that speak openly about struggles with depression and the need for self-care.« (Iqbal 2017)

Während sich in den 2000er Jahren der Begriff *Emo* für eine ganze Stilbewegung – inspiriert durch den Emo-Punk und -Hardcore der 1980er Jahre – durchgesetzt hatte, war der Rap zu dieser Zeit, wie Felix Zwinzscher (2017) konstatiert, zumindest in den Charts hauptsächlich Gangsta-Rap: »Individuellen Schmerz hat das Genre, wenn es sich damit beschäftigt hat, meist politisiert und in eine systemische Rassismuskritik umgeleitet.« Ausnahmen gab es natürlich zu dieser Zeit wie auch schon in den 1990er Jahren. Man denke etwa an *Suicidal Thoughts*, einen Track von 1994, in dem Notorious B.I.G. über Depression und Selbstmord rappt. Erst etwa 20 Jahre später sind es dann jedoch zahlreiche Künstler wie Kendrick Lamar, Kanye West und SoundCloud Rapper Lil Peep, deren Rollen-Ichs sich – vermutlich von eigenen Erfahrungen inspiriert – zu seelischen Störungen bekennen. Während Kanye West sein rappendes Alter-Ego zu einer genialischen Figur stilisiert und damit in gewisser Weise auf das aristotelische Topos des zwischen Genie und Wahnsinn oszillierenden Künstlers referiert, ist bei den SoundCloud-Rappern die Thematisierung von psychischer Instabilität nach wie vor mit einer impliziten Verherrlichung von Drogenkonsum verbunden – auch wenn es sich bei den Drogen jetzt nicht mehr um Cannabis und Kokain, sondern um mit der seelischen Störung in Verbindung stehende Medikamente wie Antidepressiva oder Schmerzmittel handelt.

Dass nunmehr im Rap seelische Störungen zum Thema werden, führt A.D. Carson, Assistant Professor für ›Hip-Hop and the Global South‹ an der Virginia University, darauf zurück, dass Hip-Hop immer schon Schmerzen verschiedener Art thematisiert habe. Zudem stellt er fest:

»If you look at the ways the conversation around depression has changed in the larger cultural context, take the accessibility to remedies which are more available and mainstream, then of course you will see it reflected in the music of people making it. That's to say, this is not new in rap – what is new is how we culturally deal with mental health.« (Iqbal 2019)

Weil sich die Diskursregeln geändert haben, kann nunmehr also – auch im Rap und auch von Männern – offener über seelische Störungen, Therapievarianten und Heilungsoptionen gesprochen werden. Der deutsche Rap reagiert auf diesen

›Trend‹ aus dem Mutterland des Hip-Hops, der zur De-Essentialisierung des Bildes vom hypermaskulinen Rapper[3] beiträgt, wie auch in anderen Fällen mit einer gewissen Latenz.

Dass die Antilopen Gang in ihrem Song *Patientenkollektiv* über seelische Störungen und Therapie rappt, ist zudem auf eigene Erfahrungen der Bandmitglieder zurückzuführen. Danger Dan etwa spricht in Interviews offen über Phasen seelischer Instabilität, über die bei ihm in der Vergangenheit diagnostizierte Polytoxikomanie, eine daraus resultierende Panikstörung sowie über anschließende Psychotherapien (vgl. Dillmann/Danger Dan 2018). Auch der Selbstmord des Bandmitglieds Jakob Wich, a.k.a. NMZS, aufgrund einer schweren Depression kann mit der offenen Auseinandersetzung der Antilopen mit seelischen Störungen in Verbindung gebracht werden. Mit *ALF* ist übrigens noch ein weiterer Song des Albums *Anarchie und Alltag* im Themenspektrum von seelischer Dysbalance anzusiedeln.[4] Der Track *Patientenkollektiv* ist jedoch in der Auseinandersetzung mit dem Thema in zweifacher Hinsicht radikaler: Zum einen bekennen sich hier alle drei Rollen-Ichs zu verschiedenen seelischen Störungen, zum anderen wird die für beide Songs charakteristische ironische Sprechhaltung in *Patientenkollektiv* deutlicher für eine andere Aussageabsicht instrumentalisiert. In *ALF* wird in der Hook das Schauen einer Folge der gleichnamigen TV-Serie ironisch zum Heilmittel gegen die eigene Orientierungslosigkeit stilisiert: »Es gab in meinem Leben immer etwas, das mir half / Wenn ich mal nicht mehr weiterweiß, schau ich 'ne Folge ALF«. Die hier eher als ›spielerisch‹ zu bezeichnende Ironie wird in *Patientenkollektiv* zu einer sarkastischen Gesellschaftskritik, wenn die Antilopen in der Hook alle Hörer*innen dazu aufrufen, sich einer krankenden Welt als Patientenkollektiv mit der Krankheit als »Waffe« entgegenzustellen.

---

3   Rappen über seelische Störungen steht natürlich in Widerspruch zu phallozentristischen Hypermaskulinitätskonzepten; zur Hypermaskulinität im Gangsta-Rap vgl. Losleben (2016: 355); Wolbring (2016: 368f.) sowie die Beiträge von Sina Lautenschläger und Matthias Ott in diesem Band.

4   Drei Lines von Koljah lauten etwa: »Doch das ist nur Oberfläche, denn im Inner'n bleibt er [Alf] leer / Ich kenn' das von Depressiven, die am Ende mit den Nerven sind / Und finde mich auch selbst darin wieder, wenn ich ehrlich bin«.

3. DREI ROLLEN-ICHS UND DREI SEELISCHE STÖRUNGEN

Die Strophen des Songs unterscheiden sich deutlich von der Hook. Sie erzählen persönlicher und konkreter, verzichten aber auf eine direkte Anrede der Hörer*innen. So rappt Danger Dan in der ersten Strophe darüber, dass ihn eine Tätigkeit im Kinderheim seelisch belastet hat. Die Lebens- und Leidensgeschichten der Kinder – er erwähnt pars pro toto Mädchen, die zur Prostitution gezwungen wurden – führen zu innerer Unruhe und zu »Panikattacken«, denen er nur durch Cannabis-Konsum zu begegnen weiß.

In der Line »Und der Wahnsinn, der mich da umgab, färbte auf mich ab« ist besonders die Verwendung des Begriffs »Wahnsinn« interessant. Offenbar sind damit gerade nicht die seelischen Zustände der Kinder bzw. Mädchen, sondern die besorgniserregenden gesellschaftlichen wie persönlichen Verhältnisse gemeint, die dazu führen, dass Kinder und Jugendliche in Heimen aufwachsen; »Wahnsinn« also kein anachronistischer medizinischer Terminus zur Beschreibung des Seelenzustands der Heimkinder, sondern eine Metonymie für gesellschaftliche Missstände. Auf die Beschreibung der Ursachen für die seelische Störung des Rollen-Ichs – in diesem Fall belastende Arbeitsbedingungen und übermäßiges Kiffen – folgen die therapeutischen Maßnahmen: Danger Dan kommt »[i]n die Klapse« und nimmt »ein paar Monate[] Tabletten«.

Der Dysphemismus »Klapse«[5] ist ebenso wie die Selbst-Bezeichnung »Psycho-Wrack« eine umgangssprachliche Formulierung, die zwar durchaus abwertend gemeint ist, den Aufenthalt in einer psychosomatischen Klinik oder einer Psychiatrie als notwendige Maßnahme zur Therapie jedoch nicht infrage stellt. Vermutlich werden abwertende Formulierungen verwendet, um eine selbst-ironische Sprechhaltung zu betonen, aus der heraus das Rollen-Ich mit zeitlichem Abstand auf diese Phase seines Lebens zurückblicken kann. Wenn es in den beiden letzten Lines heißt »Ich bin zwar ein Psycho-Wrack und wirke oft verwirrt / Doch lieber ab und an mal ausgebrannt als völlig resigniert«, sowie an anderer Stelle »Meine Schwachstellen sind gleichzeitig meine größte Stärke«, dann macht dies deutlich, dass das Rollen-Ich seine seelische Konstitution akzeptiert hat, diese sogar nicht als Schwäche, sondern als Stärke verstanden wissen möchte. Die Dys-

---

5   Kurzform von ›Klapsmühle‹, womit abwertend eine Psychiatrie gemeint ist. Leitet sich ab von der Redensart ›Einen Klaps haben‹ im Sinne von ›einen Schlag auf den Kopf erhalten‹. ›Mühle‹ weist wiederum auf die intensive (»mühlenartige«) Behandlung von Patient*innen in Psychiatrien hin (Röhrich 1994: 851).

phemismen haben neben der Selbstironie deshalb möglicherweise auch die Funktion, den Hörer*innen durch die umgangssprachlichen Formulierungen Hemmungen zu nehmen, über eigene seelische Störungen nachzudenken oder gar zu sprechen.

Koljahs Strophe beginnt mit dem gesellschaftskritischen Statement: »In einer Welt, die die Menschen deformiert / Dachte ich mit vierzehn Jahren, es wär' besser, wenn man stirbt«. Die suizidalen Gedanken werden durch übermäßigen Drogenkonsum zu einem »Psychotrip« mit Verfolgungswahn und Selbstüberschätzung. Anders als Danger Dan wählt das Rollen-Ich von Koljah mit »Psychotrip« keine Bezeichnung für eine seelische Störung, die in aktuellen diagnostischen Leitfäden wie etwa dem DSM-5 gelistet ist. So, wie die Störung beschrieben ist, handelt es sich vermutlich um eine drogeninduzierte Psychose.

Im Video zum Song werden übrigens genau in den Passagen, in denen Koljah über seine Psychose rappt, spezifische filmische Mittel gewählt:

Abbildung 1: Filmische Mittel zur Referenz auf seelische Störungen

Quelle: Antilopen Gang (2017: 01:45)

Koljah steht im Vordergrund einer fensterartigen Öffnung, Danger Dan und Panik Panzer im Hintergrund. Der schiefe Winkel sowie die Aufsicht evozieren einen beklemmenden Eindruck, der das Rappen über Verfolgungswahn und Selbstüberschätzung indirekt in ein filmisches Äquivalent überträgt. Das Weiß der Kulisse ruft zudem Assoziationen zu Krankenhäusern und Psychiatrien wach und steht in Kontrast zu den dominierenden Schwarz- und Grautönen des S/W-Videos.

Von einer therapeutischen Selbst- oder Fremdintervention ist in Koljahs Part nicht die Rede. Das Rollen-Ich referiert lediglich auf einen Hinweis seines Vaters, das Kiffen besser sein zu lassen, der sich aus der Retrospektive als richtig erweist. Statt eine konkrete Maßnahme zur Genesung zu nennen, greift das Rollen-Ich auf den Topos der ›heilenden‹ Zeit zurück: »Die Zeit verging und ich rappelte mich auf / Ich griff nicht zu den Waffen, doch kam langsam besser drauf«. Mit »Waffen« wird dabei sowohl auf die Hook – »Wir machen aus der Krankheit eine Waffe« – als auch auf die zu Beginn des Parts beschriebenen suizidalen Gedanken referiert. Wie schon bei Danger Dan verdichtet sich auch der Part von Koljah in den letzten beiden Lines zu einer Art Sentenz und einem persönlichen Fazit im Umgang mit der eigenen seelischen Störung: Auch wenn es sich um eine temporäre Phase seelischer Instabilität gehandelt hat, die aktuell beendet ist, kann sie jederzeit wieder auftreten: »Der Abgrund ist nicht weg, sondern wartet«. Heilung im Sinne einer endgültigen Genesung von der Störung kann es nicht geben, zur Lösung wird jedoch eine Haltung der Akzeptanz zu ihr, ja mehr noch, das Wissen um mögliche Rückfälle wird vom Rollen-Ich positiv bewertet: »Ich ziehe meinen Antrieb aus dem Wissen, dass er [der Abgrund] da ist«.

Ebenjenes Muster von der Beschreibung der seelischen Störung und ihren Konsequenzen hin zu einem persönlichen Weg im Umgang mit ihr ist auch im letzten Part von Panik Panzer erkennbar: Das Rollen-Ich leidet an einer »depressiven Episode«, der Müll türmt sich hyperbolisch »bis zur Decke« und der eigene Bewegungsradius ist stark eingeschränkt und reicht bildhaft nur »vom Bett bis zum Büdchen an der Ecke«. Therapeutische Maßnahmen werden noch vager als bei Koljah angedeutet. Lediglich die Verwendung des Präteritums in der Line »Ich malte alles schwarz, sodass ich jahrelang stagnierte« legt nahe, dass das Rollen-Ich diese Phase der seelischen Instabilität inzwischen hinter sich gelassen hat.

Es ist allerdings von Freunden die Rede, die in ähnlichen Situationen »in die Klapse« eingewiesen wurden. Als Erklärung für die eigene wie die offenbar als schlimmer zu bewertende seelische Störung der Freunde führt Panik Panzer wie Koljah gesellschaftliche Missstände an. Seine Strophe kulminiert in einer Kritik an der Leistungsdiktatur, die den Zwang der Gesellschaft zum »[S]chuften« dafür verantwortlich macht, dass – unpersönlich und damit überindividuell formuliert – »man verrückt wird«. In den letzten beiden Lines der Strophe: »Und wer irgendwann nicht krank wird vor Gedanken / Ist am Ende vielleicht kränker als die angeblichen Kranken« wird die sich selbst als gesund deklarierende Gesellschaft als krankende ›entlarvt‹. Die Aussage hat hier durch das Adverb »vielleicht« jedoch anders als in der Hook noch den Status einer Vermutung. Einen (therapeutischen) Lösungsweg, der über die Pathologisierung der Gesellschaft hinausgeht, liefert Panik Panzer in seinem Part nicht.

4. DIE HEILENDE REVOLUTION FÜR EINE KRANKENDE GESELLSCHAFT

In der Hook sprechen die Antilopen ihre Hörer*innen direkt an, wenn sie dazu aufrufen, ein Patientenkollektiv zu bilden und die Konzerte zur »Gruppentherapie« zu machen. Weiterhin verdichtet sich hier die schon in den einzelnen Parts immer wieder formulierte Gesellschaftskritik, indem die seelischen Störungen der von der Gesellschaft als krank Deklarierten zu einer »Waffe« stilisiert werden, mit der – das deutet sich zumindest indirekt an – die kapitalistische Gesellschaft in einem revolutionären Akt zum Einsturz gebracht werden könnte.

Mit dem titelgebenden und in der Hook zweimal genannten »Patientenkollektiv« spielt die Antilopen Gang auf das historische ›Sozialistische Patientenkollektiv Heidelberg‹, kurz SPK, an, das 1970/71 zu den exponierten Vertretern der radikalen Psychiatriekritik gehörte. Das SPK wurde unter der Leitung des Arztes Wolfgang Huber und einer Gruppe Patienten der Heidelberger Psychiatrischen Poliklinik gegründet. Ziel war die Bildung einer Therapiegemeinschaft, in der das hierarchische Arzt-Patienten-Verhältnis aufgehoben ist und die Patienten zur Eigenaktivität animiert werden (vgl. Brink 2006: 140). Die bisherigen Regeln und Praktiken im Gesundheitswesen wurden dabei als Teil kapitalistischer Ausbeutung betrachtet. In den vom SPK formulierten sogenannten »Ausgangspunkten« heißt es deshalb in feststellendem Duktus:

»Im Arzt-Patient-Verhältnis [...] erfährt der Patient brennpunktartig seine totale Objektrolle und Rechtlosigkeit gegenüber den und innerhalb der gesellschaftlichen Verhältnisse, von denen das Arzt-Patient-Verhältnis nur eines ist. Diese Situation, dieses Verhältnis ist also d e r Ansatzpunkt, die bestehenden gesellschaftlichen Verhältnisse überhaupt, deren Objekt der Patient ist, bedürfnisbezogen bewußt werden zu lassen.« (SPK 1995: 16f.)

Das unter anderem von Jean-Paul Sartre befürwortete SPK verstand seine Arbeit zudem als eine immanent politische und betrachtete die sich zum Kollektiv zusammengeschlossen Patienten als Revolutionäre (vgl. Reisner 2014: 18). In einer der zahlreichen Patienteninformationen wird die Arbeit im SPK nachdrücklich als revolutionäre Tat deklariert:

»Genossen! Es darf keine therapeutische Tat geben, die nicht zuvor klar und eindeutig als revolutionäre Tat ausgewiesen worden ist. [...] Es darf in den befreiten Räumen [gemeint sind die Räume der Zusammenkunft des SPK; C.F.] nur geschehen, wovon wir sicher sind, daß es den kämpfenden Arbeitern nützt! Es lebe der Sieg der Arbeiterklasse! Das System hat uns krank gemacht: Geben wir dem kranken System den Todesstoß!« (Kühnert 1972, zit. nach Anz 1989: 80f.)

Dieser revolutionäre Habitus fand seine Verdichtung im kämpferischen Slogan »Aus der Krankheit eine Waffe machen« und einige der Mitglieder des SPK radikalisierten sich in der Folgezeit in der RAF.

In *Patientenkollektiv* pathologisiert die Antilopen Gang in der Hook unter Referenz auf die Parolen des SPK die Gesellschaft: »Die Welt ist krank und sie macht, dass du leidest / Du giltst als gesund, wenn du nicht daran verzweifelst«. Auch in der Semantisierung von Heilung – »Heilung ist der Feind, wer noch klarkommt, ist abgestumpft« – beziehen sich die Antilopen auf eine der zentralen semantischen Umcodierungen des SPK, gemäß der Heilung als ein »Prozeß der Entfremdung, Enteignung der Krankheit« (SPK 1970: 312) betrachtet wird (vgl. Brink 2006: 142). Wenn die Antilopen in der letzten Line der Hook »aus der Krankheit eine Waffe machen« und der darin anklingende revolutionär kämpferische Duktus musikalisch durch an schnell aufeinanderfolgende Schüsse erinnernde Beats unterstützt wird, dann stellt sich natürlich die Frage, wie ernst sie einerseits die Referenz auf das historische SPK und andererseits den Aufruf zur ›heilsamen‹ Revolution meinen.

5. FAZIT: ›REVOLUTIONÄRES‹ GESPRÄCHSANGEBOT

Die Antilopen Gang sympathisiert mit linksradikalen Gedanken. So äußert die Band Gesellschaftskritik häufig unter Bezug auf das Konzept einer nicht gewaltfrei ablaufenden Revolution. Allerdings wird dieser Gedanke zumeist ironisch gebrochen, etwa im Song *Pizza* (2017), in dem es heißt: »Jeder Revolutionär braucht nur Pizza und Gewehr«, oder in *Das trojanische Pferd* (2017), in dem die Antilopen ihr Image als medienwirksame politische Band nutzen wollen, um das bundesrepublikanische Establishment abzuschaffen und »paramilitärisch« »von innen zu zerstören«.

Auch in *Patientenkollektiv* liebäugeln sie, obschon indirekter, durch die Referenz auf das historische SPK mit radikalen revolutionären Gedanken. Seelische Störungen werden zudem sowohl in der Hook als auch in den einzelnen Parts wiederholt als Reaktion auf eine krankmachende, vom Kapitalismus korrumpierte Gesellschaft beschrieben. Jetzt ließe sich mit erhobenem didaktischen Zeigefinger fragen, warum der Song keine Antwort darauf gibt, wie denn gesellschaftliches Miteinander konkret aussehen könnte, wenn die »Krankheit zur Waffe« geworden und die »kranke« Welt durch eine Revolution zum Einsturz gebracht ist. Letztlich ist aber genau das Fehlen eines solchen Sinnstiftungsangebots auch die Stärke des Songs, der aus einem – man könnte sagen – kalkuliert naiven Gestus heraus zunächst einmal Missstände nur beschreiben möchte.[6] Davon abgesehen ist der Topos vom gesunden Kranken in einer kranken Gesellschaft nichts Neues. Neu ist jedoch, dass die Antilopen Gang diesen nutzt, um in einem deutschsprachigen Rap-Song erstmals ausführlich von seelischen Störungen, deren Konsequenzen sowie über Therapiemaßnahmen zu berichten, was wiederum als ein Gesprächsangebot an die Hörer*innen sowie als ein Beitrag zur Enttabuisierung des Themas der seelischen Gesundheit im deutschsprachigen Rap zu verstehen ist.

LITERATUR

Antilopen Gang (2017): Patientenkollektiv. https://www.youtube.com/watch?v=oS-aUw8Rh6I vom 30.09.2019.

Anz, Thomas (1989): Gesund oder krank? Medizin, Moral und Ästhetik in der deutschen Gegenwartsliteratur, Stuttgart: Metzler.

Brink, Cornelia (2006): »Psychiatrie und Politik: Zum Sozialistischen Patientenkollektiv in Heidelberg«, in: Klaus Weinhauer/Jörg Requate/Heinz-Gerhard Haupt (Hg.), Terrorismus in der Bundesrepublik. Medien, Staat und Subkulturen in den 1970er Jahren, Frankfurt a.M.: Campus, S. 134-153.

Bühling, Kilian/Staiger, Marcus (2019): Wir haben herausgefunden, welcher Rapper am meisten über Drogen spittet. https://www.vice.com/de/article/7xgppd/wir-haben-herausgefunden-welcher-rapper-am-meisten-ueber-drogen-spittet vom 30.09.2019.

Dietrich, Marc/Seeliger, Martin (2013): »Gangsta-Rap als ambivalente Subjektkultur«, in: Psychologie und Gesellschaftskritik 37 (3/4), S. 113-135.

Dillmann, Laurens/Danger Dan (2018): Tourlöcher, Trauer, Rausch: Danger Dan hat mit uns über Depressionen gesprochen. https://www.vice.com/de/article/8xpqmb/danger-dan-antilopen-gang-depressionen-kunst-und-kopfkrieg-interview vom 30.09.2019.

Iqbal, Nosheem (2019): The Rise of Sad Rap: how hip-hop got the blues. https://www.theguardian.com/society/2019/mar/17/rap-music-mental-health-issues vom 30.09.2019.

---

6 Koljah sagt in einem Interview mit der *SZ*, dass Kritik nicht konstruktiv sein müsse. Wenn man sie äußere, dann bedeute dies nicht zugleich, dass man einen Gegenentwurf liefern müsse (vgl. Rietzschel/Antilopen Gang 2017).

Kawelke, Jan (2017): Rap & Depression. Endlich kein Tabuthema mehr. https://ju ice.de/rap-depression-endlich-kein-tabuthema-mehr-feature/ vom 30.09.2019.

Kawelke, Jan/Antilopengang (2017): Antilopen Gang: »In der Juice sind wir Punker, in Wirklichkeit der Mittelpunkt des Weltgeschehens«. https://juice.de/an tilopen-gang-interview/ vom 30.09.2019.

Klein, Gabriele/Friedrich, Malte (2003): Is This Real? Die Kultur des HipHop, Frankfurt a.M.: Suhrkamp.

Kühnert, Hanno (1972): »Dem kranken System den Todesstoß«, in: Süddeutsche Zeitung vom 6. November 1972.

Losleben, Katrin (2016): »Musik«, in: Stefan Horlacher/Bettina Jansen/Wieland Schwangebeck (Hg.), Männlichkeit. Ein interdisziplinäres Handbuch, Stuttgart: Metzler, S. 347-357.

Reisner, Philipp (2014): Das Bewusstsein vom Wahnsinn. Psychopathologische Phänomene in der deutschsprachigen Literatur der 1970er und 80er Jahre, Würzburg: Ergon.

Rietzschel, Antonie/Antilopengang (2017): Neues Album von Antilopen Gang. »Deutschland soll ein riesiger Krater werden«. https://www.sueddeutsche.de/ kultur/neues-album-von-antilopen-gang-deutschland-soll-ein-riesiger-kraterwerden-1.3340084 vom 30.09.2019.

Röhrich, Lutz (1994): Lexikon der sprichwörtlichen Redensarten (Bd. 3), Freiburg: Herder.

SPK (1970): »Zur Dialektik von Krankheit und Revolution«, in: Hans-Peter Gente (Hg.), Marxismus, Psychoanalyse, Sexpol, Bd. 2, Frankfurt a.M.: Fischer, S. 311-341.

SPK (1995): SPK. Aus der Krankheit eine Waffe machen. Eine Agitationsschrift mit Vorwort von Jean-Paul Sartre, Heidelberg: Selbstverlag für Krankheit.

Staiger, Marcus/Antilopengang (2017): »Wer soll die Atombombe auf Deutschland schmeißen?« Antilopen Gang im Interview. https://www.vice.com/de/ar ticle/788vad/wer-soll-die-atombombe-auf-deutschland-schmeissen-antilopen -gang-im-interview vom 30.09.2019.

Wolbring, Fabian (2015): Die Poetik des deutschsprachigen Rap, Göttingen: V&R.

Zwinzscher, Felix (2017): Die neuen Leiden der jungen Rapper. https://www.welt. de/kultur/pop/article171847201/Hip-Hop-und-Depression-Die-neuen-Leiden -der-jungen-Rapper.html vom 30.09.2019.

Kontext | Ästhetik | Reflexion

Rapfieber trotz *Doppel X Chromosom* (2001)?
Über den (gescheiterten?) Versuch der medialen Inszenierung von Weiblichkeit im Hamburger Fun-Rap

Fabian Wolbring

Als Nina[1] im Jahr 2000 gemeinsam mit Deichkind den Deutsch-Rap-Hit *Bon Voyage*[2] landen konnte, galt sie manchem als große Hoffnung, im Hamburger Fun-Rap eine starke weibliche Protagonistin zu etablieren. Während in Frankfurt bereits Sabrina Setlur ungeahnte Mainstreamerfolge feiern konnte[3] und in Heidelberg Cora E. eine anerkannte Szenegröße darstellte, gab es in der Hansestadt bis dahin keine erfolgreiche weibliche Stimme. Doch während sich Deichkind in der Folge als bis heute populärer Act etablierten, muss die Lead-Single *Doppel X Chromosom* (2001) zu Ninas Album *Nikita* vor diesem Hintergrund als kommerzieller Flop gewertet werden, auch wenn der Song sogar für einen Coca-Cola-Werbespot verwendet wurde (vgl. Buschmann 2001). Nina Heitmann war keine länger währende Rap-Karriere beschieden und Kool Savas nahm sie 2005 in seinem berüchtigten Song *Das Urteil* gar in die Liste der ›Toten Rap-Acts‹ auf.[4]

---

1 Bürgerlich Nina Heitmann, geb. Tenge, auch bekannt als Nina MC.
2 Deichkind (mit Nina): *Bon Voyage*, Album: *Bitte ziehen Sie durch*, Showdown/Warner Music 2000.
3 Vgl. vor allem den großen Nummer-eins-Hit von Sabrina Setlur: *Du liebst mich nicht* (Album: *Die neue S-Klasse*, Pelham Power Productions/Epic Records 1997). Sabrina Setlur war Kati Burchart (2009: 8) zufolge noch 2009 der kommerziell erfolgreichste deutschsprachige Solo-Rap-Act überhaupt.
4 Kool Savas: *Das Urteil*, Single, Optik Records 2005. Nina MC wird dort zusammen mit anderen aus der Mode gekommen Rap-Acts wie Cappuccino, der Wolf oder Aleksey aufgeführt.

Im Folgenden zeichne ich nach, wie Weiblichkeit in *Doppel X Chromosom* performativ inszeniert wird, und werde dabei heuristisch die Frage zu beantworten suchen, warum sich gerade im vergleichsweise wenig hypermaskulin besetzten Feld des Hamburger Fun-Raps kein weiblicher Rap-Act etablieren konnte.

1. WEIBLICHE UNTERPRÄSENZ IM RAP

Zunächst ist im deutschsprachigen Rap seit jeher eine deutliche weibliche Unterpräsenz zu beobachten. Weniger als 5 % der Rap-Acts sind weiblich (vgl. Wolbring 2015: 70ff.; Käckenmeister 2008). Dennoch lassen sich wohl in jedem populäreren Subgenre prominente weibliche Rap-Acts ausmachen. Bezeichnenderweise haben sich im hypermaskulinen Straßen-, Battle- und Gangsta-Rap tendenziell sogar mehr Rapperinnen etablieren können als in anderen Bereichen (vgl. Wolbring 2015: 370ff.; Manzke 2007: 168ff.). Auch aktuell erfolgreiche Rapperinnen wie Haiyti, Juju oder Loredana suchen eher die Nähe zu härteren Rap-Kontexten. Das Argument der Abschreckung von jungen Mädchen durch die misogynen bzw. hypermaskulinen Inhalte ist daher kritisch zu betrachten, auch weil gerade der Hamburger Fun-Rap, der sich teils offen gegen Machotum und Misogynie ausspricht,[5] männlich exklusiv bleibt.

2. SZENE-KONTAKT UND STAR-APPEAL

Nina bringt offenbar vieles mit, was einer erfolgreichen Rapkarriere zuträglich gewesen wäre. Hartwig Vens beschreibt sie auf *Spiegel Online* als »die Schillerndste« unter den weiblichen Rapperinnen in Deutschland:

»Mit Nina bekommt der deutsche HipHop eine weibliche Frontfigur, die für Szene wie Charts alles zu bieten hat. Die bildhübsche Tochter eines afghanischen Funk-Club-Betreibers hat sich ihren Bonus an Glaubwürdigkeit in jahrelanger Aktivität mit Hamburger Gruppen wie EinsZwo, Doppelkopf oder Deichkind verdient.« (Vens 2001)

---

5   Vgl. etwa Zeilen wie »Wir kommen mit Endorphinen statt mit Testosteron« von den Beginnern (*Back in Town*, Album: *Blast Action Heroes*, Buback/Universal Music 2003) oder den frühen Themen-Song *Männer* von Fettes Brot (Album: *Auf einem Auge blöd*, YoMama/EMI 1995).

Er resümiert entsprechend: »Die Zeit ist überreif für einen weiblichen Hip-Hop-Star mit Format und Glaubwürdigkeit, und die Dimensionen, die diese Karriere noch annehmen wird, sind noch nicht abzusehen.« (Ebd.)

Der angesprochene Szenekontakt erscheint Ende der Neunziger- und Anfang der Nuller-Jahre als wesentliches Argument für Charterfolge. In Stuttgart, Frankfurt und eben Hamburg setzten sich offensichtlich gerade jene Acts durch, die in Kontakt und Beziehung zu bereits etablierten Acts stehen. Posse-Zugehörigkeiten zur Kolchose, zur Mongo-Clique oder zu 3P haben als ›Gütesiegel‹ in dieser Zeit häufig großen Anteil am Erfolg. Nina konnte dabei durchaus mit einem guten Szene-Support punkten und trat etwa zusammen mit Fünf Sterne Deluxe, den Beginnern, Fettes Brot und Fischmob im Kult-Video zu *Hand aufs Herz* (1999) von Eins Zwo auf. Dabei kannte sie die Protagonisten oftmals schon aus den Zeiten vor dem kommerziellen Durchbruch. Nina Heitmann erinnert sich:

»Die Hamburger Hip Hop Welt war überschaubar, man kannte sich, ist schon zusammen zur Schule gegangen oder später in dieselben Clubs. Zu der Zeit war Hamburger Hip Hop am Aufblühen und jeder hat irgendwie mitgemischt.« (Heitmann im Schriftinterview für diesen Beitrag)

Insbesondere ihr Produzent und DJ Björn Stoffers war als Bubblez mit seiner Band Doppelkopf ein gut vernetztes, angesehenes Mitglied der Hamburger Hip-Hop-Szene, genau wie Super Mario (Mario von Hacht), der auch für Fettes Brot, Fischmob, Der Tobi & das Bo, Fünf Sterne Deluxe und Eins Zwo produzierte.

Zu einem wesentlichen Protagonisten der Hamburger Szene besteht offenbar allerdings kein Kontakt, nämlich zu Samy Deluxe, der sich in dieser Zeit zum vielleicht prominentesten Rapper Deutschlands entwickelt. Dem Anschein nach stehen Nina und Samy Deluxe sogar in einem belasteten Verhältnis, auch wenn Nina Heitmann dies im Interview nicht explizit bestätigt, sondern nur von »ein[em] Kollege[n]« spricht, der »herablassend über ›Frauenrap‹ getextet hat« (ebd.; s.u.). Womöglich hatte auch dieser Konflikt bzw. fehlende Support Anteil daran, dass Nina kein anhaltender Erfolg beschieden war.

Der von Vens bestätigte Star-Appeal war Heitmann zufolge kein ihrerseits bewusst angestrebtes oder kreiertes Image. Vielmehr habe sie Rap und Hip-Hop über Jahre eher spielerisch betrieben. Gleichwohl glaubt auch Heitmann, dass ihr Label mit ihr als charismatischer Rapperin im Mainstream punkten wollte:

»Ich habe jedenfalls zu Beginn keine Strategie verfolgt. […] Vor Bon Voyage, sprich vor den großen Verträgen mit den großen Summen, war das alles auch sehr verspielt und wenig zielgerichtet. […] Ich nehme allerdings an, dass es dem allgemeinen Publikum und vor allem der Industrie gefallen hat, eine junge Frau zu sehen, die sich nicht hinter einer maskulinen Attitude versteckt. Und das Label wollte sicher auch mit meiner Erscheinung punkten.« (Ebd.)

3. WEIBLICHKEIT IM TEXT

Nina legte wie viele Rapperinnen durchaus Wert darauf, nicht auf ihr Geschlecht reduziert, sondern neutral an der Qualität ihrer Arbeit bemessen zu werden. Im Interview mit der *Intro* gab sie an:

»Als ich die HipHop-Szene betrat, um mein Ding zu machen, tat ich das als Nina und nicht als Platzhalter für all die Mädchen, die vielleicht auch davon träumten, mal nicht nur als Anhängsel ihrer Freunde unten in der HipHop-Crowd zu stehen, aber sich nicht mehr zutrauen.« (Buschmann 2001)

Auch wenn der Text von *Doppel X Chromosom* wie die meisten Raptexte wenig themenfixiert ist, d.h., dass nicht ein Thema dezidiert verfolgt wird, sondern innerhalb von üblichen Topoi rund um Hip-Hop, Party und Style springt und changiert (vgl. Wolbring 2015: 351ff.), behandelt er doch offensichtlich zentral die »Möglichkeit von Weiblichkeit« im Rap und steht damit in der Tradition von Cora Es Klassiker *...Und Der MC Ist Weiblich*[6] von 1997. Im ersten Part gibt die Sprecherin etwa an, spezifisch so zu rappen, »wie's nur'n Weib tut«, im zweiten Part referiert sie offensiv eine nicht spezifizierte Gegenstimme, die sagt, »rappen is' für 'ne Frau kein Beruf«, und wehrt sich gegen die Vorstellung, »dass 'ne Frau nicht smooth über'n Bass brenn' kann« und »mit wenig an in Clips gehört«. Im dritten Part wird die weiblich exklusive Art zu rappen betont und zudem eine Solidarität zu »ander'n Doppel-X-Mitstreiter[innen]« im Hip-Hop beschworen.

Deutlich fällt die Themensetzung in der Hook aus, in der das prägnante und titelgebende »Doppel X Chromosom« platziert wird. Insbesondere die Zeile »hat noch irgendjemand was gegen Frauenrap?« markiert den Song als Plädoyer für eine Akzeptanz ebenjenes. Das eingespielte Sample ist dabei ein direkter intertextueller Verweis auf Samy Deluxe, der zuvor in einem seiner ersten größeren Mainstream-Erfolge *Wie jetzt* (2000) die Zeilen rappt »eure Show wirkt vom Ablauf her eher wie'n Soundcheck / und obwohl da'n paar Typen rappen, hört's sich

---

6   Cora E. (mit Curse): *...Und der MC Ist Weiblich*, Album: CORAgE, EMI 1998.

an wie Frauenrap!«[7] Nina Heitmann zufolge stellt ihr Song durchaus eine dezidierte Reaktion darauf dar:

»Nachdem ein Kollege dann aber herablassend über ›Frauenrap‹ getextet hat, was im Doppel xx Refrain ja reingescratcht zu hören ist, hatte ich wohl den Ehrgeiz, das irgendwie zu ›battlen‹, das ist ja in dem Genre so üblich.« (Heitmann im Schriftinterview für diesen Beitrag)

Entsprechend zeigt Nina auch im gesamten Song ein insgesamt raptypisches Sprechverhalten (vgl. Wolbring 2015: 381ff.), vor allem durch das Boasting (vgl. ebd.: 389f.), also die prahlerischen Aussagen über ihre Fähigkeiten als MC, z.B.: »[D]u hast schon viel gehört, aber noch nie so«. Zudem ist der Text gespickt mit positiven Selbstattribuierungen im damaligen Hip-Hop-Jargon wie »smooth«, »tight« oder »Brenner«. Allerdings wirkt Nina dabei durchaus verhaltener als die meisten männlichen Rapper. Relativierend weist sie mehrfach auf die Möglichkeit hin, ihren Style geschmacksbedingt auch abzulehnen (»Lieder für jeden hier, dem der Sound schmeckt« oder »wenn's dich nicht rockt, drück auf Stopp, scheißegal«). Auch bezogen auf die Protagonistinnen im Hip-Hop betont sie, dass diese es »weder besser noch schlechter« machen würden als die Männer (allerdings durchaus dezidiert »anders«). Diese vergleichsweise defensive Sprechverhaltensstrategie schlägt sich auch darin nieder, dass auf Disses, d.h. beleidigende oder aggressive Sprechakte verzichtet wird, wodurch sich das erwähnte Battle-Gefühl nur bedingt einstellt.

Weibliche Rap-Acts scheinen tendenziell etwas gehemmt zu sein, die aggressiven Sprechverhaltensmuster im Rap zu adaptieren, wodurch eine besonders bewährte Strategie der Inszenierung von Coolness und Souveränität im Genre vielfach unausgeschöpft bleibt (vgl. Wolbring 2014: 175ff.). Gerade der Hamburger Rap bot allerdings reichlich alternative Inszenierungsstrategien für eine spezifisch ›hanseatische Coolness‹, die vor allen Dingen auf lustigen Sprüchen, Wortspielen und Vergleichen fußte (s.u.). Stilistisch setzt Nina in *Doppel X Chromosom* dagegen auf eine damals durchaus innovative Inszenierungsstrategie von Coolness.

---

7   Dynamite Deluxe: *Wie jetzt*, Album: *Deluxe Soundsystem*, Eimsbush/Buback/EMI 2000. Die Zeilen brachten Samy Deluxe auch in anderen Kontexten Kritik ein. Dr. Renz von Fettes Brot kommentiert etwa: »Ich fand die Line […] von Samy Deluxe scheiße. Männer, die wie Frauen klingen, sollen schlecht sein. Weiblichkeit wird abgelehnt. Das kann man psychologisch sicherlich erklären, aber es ist halt unangenehm.« (In: Bortot/Wehn 2019: 89)

4. ›WEIBLICHE COOLNESS‹?

Nina fügt den gängigen Coolness-Strategien im Rap (vgl. Wolbring 2015: 434ff.) die der smoothen, beinahe säuselnden Sprechperformance zu, die so im Hamburger Fun-Rap unüblich war und daher als echte Innovation gelten kann. Ihre coole, wenig artikulationsscharfe Sprechweise wird an den vielen phonetischen Assimilation deutlich, d.h. an den Verkürzungen der Endsilben mit schwa [ə] (z.B. »nehm« statt nehme oder »genüg« statt genüge). Ninas »Mellow-Flow« wird auch von Uwe Buschmann (2001) in der *Intro* als besonderes Alleinstellungsmerkmal aufgeführt. Er schreibt: »Nina offenbart die beeindruckende Gabe, allen Herausforderungen der bouncenden Beat-Metrik mit ihrem Flow Frau zu werden.«

Nina thematisiert ihren Flow in *Doppel X Chromosom* explizit, indem sie mehrfach dessen Smothness, den Groove, den Vibe usw. anspricht. Zudem impliziert sie dessen unangestrengte Natürlichkeit über Formulierungen wie »natural«, »intuitive« oder »Rhythmus im Blut«. Die vielen raptypischen Interjektionen wie »ey« und »yo« stärken diesen Eindruck und wirken als Emotionsbelege; auch und gerade, wenn sie in dieser dezidiert zurückgenommenen Art deklamiert werden. Den deutlichsten ›performativen Beleg‹ dieser Unangestrengtheit liefert die Zeile »aber irgendwie so ›oh‹«. Hier scheint es, als sei der Text eben nicht nach den üblichen Reim- und Rhythmusstrukturen und damit mit Abstand und Bedacht konzipiert worden, sondern als Impuls situativ entstanden. Auch wenn Nina im Interview angibt, keine explizite Strategie verfolgt zu haben,[8] setzt sie sich im Text explizit von der Poetik der »achttaktige[n] Punches« ab, also der gerade im Hamburger Fun-Rap stark präsenten technikfixierten Regelpoetik, die großen Wert auf mehrsilbige Reime, innovative Reimpartner und homophone Wortspiele legt. In gewisser Hinsicht entlarvt Nina damit diese Regelpoetik als widersprüchlich in Bezug auf die glaubwürdige Inszenierung von Coolness. Der große konzeptionelle Aufwand belegt implizit eine enorme Kunstanstrengung, die mit dem Ideal unambitionierter Coolness unvereinbar scheint.

Ein anderer Aspekt, der Ninas Rap signifikant von dem anderer Acts des Hamburger Fun-Raps unterscheidet, ist der weitgehende Verzicht auf Komik. Der Einsatz von Punchlines – im Sinne eines prägnanten »Sprücheklopfens« – bleibt aus. Komik findet sich am ehesten im Videoclip, in dem Nina in einem ›Rockschuppen‹ auftritt und dort zunächst als Rap-Act auf Ablehnung trifft, im Laufe des Songs das Publikum allerdings doch überzeugt. Dabei erweist sich das Video als

---

8 »Ich habe jedenfalls zu Beginn keine Strategie verfolgt. Das heißt der Stil, die Texte sind normalerweise eben einfach entstanden.« (Heitmann im Schriftinterview für diesen Beitrag)

deutliche Reminiszenz an eine Szene aus dem Film *The Blues Brothers* (1980), in der die Band um Jake und Elwood in gleicher Weise deplatziert in einer Country & Western-Bar auftritt. Offenbar lässt sich der Clip dabei auch als augenzwinkernde Analogie auf Ninas Position als Frau in der männlich dominierten Rap-Szene verstehen, die sich hier nach und nach ihren Respekt ›errappt‹.

Bemerkenswerterweise scheint die spezifische Poetik des Hamburger Fun-Raps gerade deshalb besonders hohe Hürden für die weibliche Adaption zu produzieren, weil sie stark auf Komik, Reimverliebtheit und Wortspielen basiert. Diese Form der sprachlichen Selbstinszenierung scheint für Rapperinnen bis heute wenig attraktiv zu sein, denn auch in der Folge finden sich kaum weibliche Rapschaffende, die einer entsprechenden Rap-Poetik folgen. Die Rolle des lustigen Sprücheklopfers erweist sich dem Anschein nach als noch weniger adaptionsoffen als die des harten Gangsta- und Straßenrappers.

Ninas spezifischer, melodiöser Rap-Stil, der Anfang der 2000er Jahre recht wenig Anklang fand, erscheint bezeichnenderweise aus heutiger Perspektive zeitgemäß. In Zeiten von Trap und Autotune könnte Ninas ›Mellow-Flow‹ womöglich neue HörerInnenschaften überzeugen. Für die damalige Entwicklung des deutschsprachigen Raps erwies sich Ninas Sound allerdings als wenig anschlussfähig.[9]

5. NEUE HÄRTE UND ›AGGRO-BOOM‹

Es erscheint durchaus plausibel, dass Ninas ausbleibender Erfolg vor allem auf ›unglückliche historische Umstände‹ zurückzuführen ist. Ihre fehlende Härte mag ihr dabei zum Verhängnis geworden sein, wie sie dem Hamburger Fun-Rap insgesamt zum Verhängnis wurde, als Anfang der Nuller Jahre der große Siegeszug des Berliner Gangsta- und Straßen-Raps begann, der vor allem im ›Aggro-Boom‹ und Acts wie Bushido, Sido und Fler manifest wurde. Viele der bis dahin erfolgreichen deutschsprachigen Rap-Acts verloren schlagartig an Relevanz; manche wie etwa Samy Deluxe versuchten auch, sich mit dem rauen Ton zu arrangieren und sich härter als bisher zu inszenieren, was unterschiedlich überzeugend gelang. Auch Nina bemühte sich offenbar um einen entsprechenden Imagewechsel. So

---

9 Bezeichnenderweise etabliert sich mit Kool Savas beinahe zeitgleich ein männlicher Rap-Act, dessen innovative Flow-Varianten ein stärker affektives, asemantisches Hören von Deutschrap offenbar doch ermöglichen (vgl. dazu den Beitrag von Dagobert Höllein in diesem Band).

erschien 2004 das ziemlich prollig und ordinär wirkende Lied *Arschzeit Baby* zusammen mit MC Ronin,[10] das offenbar als angepasste Neuauflage von *Bon Voyage* kalkuliert war. Im selben Jahr wurde sogar ein Feature von Nina mit Bushido im Internet geleakt. In *Wet'n Dirty* beschreiben die beiden recht explizit eine gemeinsame Liebesnacht. Bushido war das Feature dann aber anscheinend doch unangenehm, weshalb er die offizielle Veröffentlichung verhinderte und die Existenz des Liedes bis zu dessen Leak sogar leugnete (vgl. HIPHOP.DE 2004).

Ninas im Endeffekt erfolgloser Versuch eines Imagewandels hing dabei wohl vor allem mit den Vermarktungsstrategien ihrer damaligen Plattenfirma zusammen. Im Interview resümiert sie:

»Die Plattenfirma, sprich die Geldgeber hatten eigene Ideen, und haben Entscheidungen getroffen, die ich so nicht getroffen hätte. Ich war teilweise nicht sehr gut beraten und hatte nicht wirklich treue Wegbegleiter. Als aus dem Spiel Ernst wurde, ist es jedenfalls schwieriger geworden. Wissen Sie, warum etwas so oder so läuft, hat ja immer viele Gründe. Meine eigene persönliche Entwicklung damals, ein Umschwung in der Industrie von einer Zeit der Verschwendung zum Hose-enger-Schnüren, alle hatten Muffensausen, (meine damalige Plattenfirma Motor Music ist aufgelöst worden), dann das Ende der Musiksender und und und.« (Heitmann im Schriftinterview für diesen Beitrag)

In diesem Sinne bleibt die Frage danach, warum der Hamburger Fun-Rap mit Nina keine langfristig erfolgreiche weibliche Protagonistin etablieren konnte, natürlich offen. Womöglich wurde dabei eine historische Chance verpasst, ein tragfähiges andersartiges Rolemodel für Frauen im deutschsprachigen Rap zu etablieren.

LITERATUR

Bortot, Davide/Wehn, Jan (2019): Könnt ihr uns hören? Eine Oral History des deutschen Rap, Berlin: Ullstein.
Burchart, Kati (2009): Deutsche Rapmusik der neunziger Jahre. Kulturtransfers im Mainstream, Hildesheim: Olms.
Buschmann, Uwe (2001): Leichte Zeit?! Nina. https://www.intro.de/popmusik/nina vom 30.09.2019.
HIPHOP.DE (2004): Bushido feat. Nina MC – Wet N Dirty. Userbeitrag. https://hiphop.de/diskussion/bushido-feat-nina-mc-wet-n-dirty-lol vom 30.09.2019.

---

10 MC Ronin (mit Nina): *Arschzeit Baby*, Single, Urban/Universal Music 2004.

Käckenmeister, Anja: Warum so wenig Frauen rappen. Ursachen, Hintergründe, Antworten, Saarbrücken: Müller 2008.

Manzke, Julia (2007): »Wenn Mädchen den ›Arschficksong‹ und ›FickDeineMutterSlang‹ feiern. Deutscher Pornorap und seine Frauen«, in: Anjela Schischmanjan/Michaela Wünsch (Hg.), Female hiphop. Realness, Roots und Rap Models, Mainz: Ventil, S. 167-180.

Vens, Hartwig (2001): Nina. Warmer Regen für die HipHop-Szene. http://www.spiegel.de/kultur/musik/nina-warmer-regen-fuer-die-hiphop-szene-a-155271.html vom 30.09.2019.

Wolbring, Fabian (2015): Die Poetik des deutschsprachigen Rap, Göttingen: V&R.

Wolbring, Fabian (2014): »Hypermaskulinität und ›männliches Sprechen‹ im deutschsprachigen Rap«, in: Thomas Ernst/Corinna Schlicht (Hg.), Körperbilder in Liedtexten des 20. und 21. Jahrhunderts, Essen: Universitätsverlag Rhein-Ruhr, S. 169-185.

Tape-Ästhetik, Retro-Utopie, Horizontverschiebung

Megalohs Remix *Esperanto* (2013)

Annika Mayer

1. EINLEITUNG

Mit der Tape-Serie *Auf ewig Mixtape. Classic Beats – neue Raps* trägt der Moabiter Rapper Megaloh der Nostalgie von den goldenen Zeiten des deutschsprachigen Raps Rechnung. Es sind Remixe deutschsprachiger Rap-Songs zwischen 1990 und 2000 von Curse, Eins Zwo, RAG etc., die er sich mit dem Gestus einer Hommage aneignet. Beat und Hook werden übernommen, neu abgemischt und mit einer neuen Rap-Spur versehen. Megaloh schreibt mit seiner Version von *Esperanto* die Rap-Utopie von der nationen- und klassenübergreifenden Verständigung fort, die das Rap-Trio Freundeskreis 1999 vorlegt. Auch an deren Ideale eines nichtkommerziellen Raps knüpft er an.

Megaloh fällt aus den Rastern. Sein Schaffen lässt sich weder in die Kategorie »hart und stolz« (Loh/Verlan 2015: 88) einordnen noch als Fortschreibung der selbstethnisierenden Rapper_innen der 2000er Jahre betrachten.[1] »Rap-Philosoph Megaloh« (Manemann 2018: 28) verkörpert qua seiner Herkunft eine selbstverständliche Multikulturalität und macht in seinen Songs die Lebensbedingungen und Fluchtwelten des Spätkapitalismus zum Thema (siehe *Loser* sowie *Programmier dich neu*, 2013).

---

1 Loh und Verlan teilen den deutschsprachigen Rap nach dem jeweiligen Selbstverständnis ein in 1985-1991: Globale Identität, 1992-1999: nationale und multikulturelle Identität, 2000-2007: Regionale Identität und Selbstethnisierung, 2008-2015: Nationalchauvinismus, Antisemitismus, Antiislamismus (Loh/Verlan 2015: 88, 95, 98).

Ermittelt wird, inwieweit Megaloh die vor dem Millennium formulierte multikulturelle Rap-Vision von *Esperanto* sprachlich und medienreflexiv in die Gegenwart transponiert.

2. TAPE-ÄSTHETIK ALS RAP-HISTORISCHE MEDIENREFLEXION

Mit *Auf ewig Mixtape. Classic Beats – Neue Raps, Vol. I-III* (produziert von DJ Ghanaian Stallion, 2013) bedient sich Megaloh einer retrograden Medienästhetik. Bereits auf den drei Covern sind jeweils im Retro-Stil einer leicht Umbra getönten Schwarz-Weiß-Fotografie Kassetten abgebildet: eine zentrierte, zwei mit herausgezogenem Band, drei transparente. Die fotografische Inszenierung der Tapes variiert von der zweidimensionalen ikonenhaften über die dreidimensionale materialbetonte zur technoiden Anmutung. Das Magnetband thematisiert das Vor- und Zurückspulen, die handbeschrifteten Leerkassetten selbstgefertigte Mixtapes.

Abbildung 1: Cover Megaloh, Auf ewig Mixtape, Vol. I_III

Quelle: Megaloh (2013-2016)

Es entsteht eine mediale Anachronie mit nostalgischer Wirkung. Medienhistorisch verweisen Leerkassetten auf die 1980er Jahre, für die 1990er steht die selbstgebrannte CD (vgl. Faulstich 2004: 386, 388, 396). Medienästhetisch – im Sinne der »Möglichkeiten und Grenzen der künstlerischen Gestaltung und Wirkung« (Faulstich 2004: 90) – repräsentiert das Tape rapspezifische Verfahren des Aneignens und Zusammenstellens wie das Mixen als Kunst der Übergangsgestaltung via durchgängiger Beats (vgl. Wolbring 2015: 309). Bei zeitgenössischen (Mix-)Tapes handelt es sich in der Regel um digitale Veröffentlichungen. Mit Ungenauigkeit, Störgeräusch und Qualitätsverlust belegt erfährt das Tape eine medienästhetische Aufwertung durch den Charme des Ungeschliffenen und die subkulturelle Wirkkraft: low-budget-Kodex, mediale Selbstreflexion, Authentizitätsversprechen.

Der Remix thematisiert den analogen Tonträger auch mittels sonorer Tape-Effekte. Während *Esperanto* von Freundeskreis durch höhere Frequenzen eine schärfere Soundwirkung erzielt, ist Megalohs Version dem Frequenzbereich eines Tapes angepasst: Die Betonung des Mittenbereichs fingiert einen Kassettensound. Noch deutlicher ist der Tape-Effekt, der das Intro einleitet. Auf das Geräusch vom Drücken einer Taste folgen zwei bis drei Sekunden überdeutliches Tape-Rauschen. Neben der nostalgischen Hervorhebung der Materialität des Bandes werden Abspiel- und Aufnahmeverfahren thematisiert und kombiniert mit einem vierfachen Loop der ersten Bar des Rap-Kollegen Max Herre: »Yeah, ihr wisst wie es war« (Megaloh 2013). Dieser geht einher mit einem überdeutlichen Leiereffekt, wie er beim manuellen Sampeln durch das Retardieren der Platte am Turntable entsteht. Zusätzlich wird in der ersten Loopeinheit gescratcht. Hier wird neben der Materialität das Verfahren des manipulierten Abspielens von Vinyl hervorgehoben. Die Medienkombination legt eine Mixtape-typische Anordnung nahe: Ein DJ scratcht mit einer Platte, erzeugt einen handgemachten Loop zu welchem ein MC rappt; der Output wird auf Band aufgezeichnet. Es handelt sich um einen medienästhetischen Retroeffekt, der vom Standpunkt digitaler Studioproduktion aus das ›Old School‹-Verfahren inszeniert. Dieser mediale Zeitsprung deckt sich mit der oben zitierten retrospektiven Ansprache: Die Platte wird zurückgedreht wie ein Zeitrad. Somit liefert der Loop die mediale Metapher für die Wiederaufnahme und Zeitlosigkeit eines Klassikers. Gleichzeitig gibt sich die digitale Studio-Produktion durch die künstlich übersteigerten Tape-Geräusche, die Arbeit mit getrennten Einzelspuren und den Delay-Effekt (Echo-Wirkung) am Ende deutlich zu erkennen.

Digitale Aufnahme- und Distributionsmedien kommen auch zur Sprache. Megaloh versetzt der Download-Kultur einen ambivalenten Seitenhieb: »Komm den illegalen Sound in dein Ohr laden« (Megaloh 2013). Er weist auf die Grauzonen des digitalen Marktes und die ökonomischen Bedingungen für Rapper_innen hin, was er mit seinen Free-Download-Mixtapes zugleich unterläuft. Nicht ganz ohne Strategie: Sie fungieren als ›Appetizer‹ für sein Album *Endlich unendlich* (Release 08.03.2013), welches sich ex post als Megalohs Durchbruch erweist.

Von einer ähnlich ambivalenten Positionierung gegenüber dem Musikmarkt zeugt bereits *Esperanto* von Freundeskreis:

»Wir schreiben '99 heut' ist Rap universell
A&R's sehen aus wie B-Boys die Kultur zerschellt am Geld
Die mediale Definition von Hip-Hop is' ne Farce
Wir tun was wir immer taten, nur der Kontext ist im Arsch
Ich krieg Kopfschmerzen von zuviel Popkonserven
Doch FK lässt sich nicht in diesen Topf werfen« (Freundeskreis 1999)

FK grenzt sich ab von Pop als Massenindustrie. Mit der Artists & Repertoire-Abteilung wird die kommerzielle Unterwanderung der Subkultur durch größere Plattenlabels thematisiert. Auf der musikalischen Ebene jedoch löst *Esperanto '99* das eigens kritisierte geradezu perfekt ein. Der Song besteht aus zwei Parts à 16 Bars mit einer Struktur aus regelmäßigen End- und Paarreimen sowie einer eingängigen, soulartigen Hook gesungen von Déborah.[2] Diese wird jeweils von einer Bridge eingeleitet und am Ende durch einen Pop-typischen C-Part ergänzt. Das Album *Esperanto* markiert den kommerziellen Durchbruch von Freundeskreis.

3. DAS INTRO ALS ÜBERGABE-ÜBERNAHME VON *ESPERANTO* (1999)

Mit dem Remix *Esperanto* reaktualisiert Megaloh die Utopie einer nationen- und klassenübergreifenden Verständigung, die sich Freundeskreis 1999 bereits aneignet. Das aus sechs Bars bestehende Intro überlässt er dem FK-Lyricisten Herre, der es zu einer posse- und generationenübergreifenden Geste der stimmlichen und ideellen Übergabe ausbaut, womit letzterer über die Bereitstellung der Einzelspuren hinausgeht, die ein Remix qua Format voraussetzt.[3] Er stellt Megaloh, Vertreter der neuen Rap-Generation, das Motto Esperanto ausdrücklich zur Verfügung:

»Yeah, ihr wisst, was es war (x4)
Ich übergeb den Staffelstab
Mega, mach es klar
Whoo
Esperanto für 2-0-13
Für alle, die durchblicken, für alle, die noch weit sehen
Yeah – ah, hör zu« (Megaloh 2013)

Durch die mehrfachkodierte Metapher des Staffelstabes wird Rap zur Sprechathletik erklärt und der Wechsel zum Läufer eines neuen Streckenabschnitts vollzogen. Formanalog zum Mikrophon spielt Herre mit dem Staffelstab auch auf die

---

2   Bereits Wolbring weist darauf hin, dass Rap-Songs mit melodischen Hooks im Verruf der Kommerzialisierung stehen. Eine eingängige Hook verleiht Pop- und Ohrwurmcharakter, insofern Durchsetzungspotenzial im Mainstream (vgl. Wolbring 2015: 312).

3   Bei einem Remix handelt es sich um eine musikalische Neuinterpretation »eines bereits auf Platte veröffentlichten Stücks. Dem Remix-DJ oder Produzenten wird dafür das ursprüngliche Stück als Mehrspuraufnahme zur Verfügung gestellt« (Loh/Verlan 2015: 576).

Freestyle-Praxis der Cypher an. Es handelt sich hier jedoch nicht um ein agonistisches Kräftemessen, sondern um eine reziprok honorierende Übergabe – Übernahme von Mikrophon und Botschaft. Mit der Ansprache an eine »noch« klar- und weitsichtige Hörer_innenschaft stilisiert sich Herre als Überbringer einer Botschaft, deren Entgegennahme er in der Gegenwart nicht mehr garantiert sieht, und fordert Gehör ein für Megaloh. Das Intro steht für den intergenerationellen Overlap, entspricht es doch der Überlappung des Schaffens und Wirkens der beiden Rapper. Nicht nur verwirklicht Herre weiterhin Soloprojekte und Features, auch ist er als Produzent tätig und hat Megaloh seit dem Album *Endlich unendlich* unter Vertrag.[4] Mit dem Namen seines Labels Nesola (Esperanto für ›nicht allein‹) zeigt er sich bis heute der 1999 formulierten Rap-Vision verpflichtet, die auf der Übertragung der linguistischen und sozio-kulturellen Utopie des Esperanto auf den Rap als universelle Sprache beruht.

Sein Songtext *Esperanto* wird als prototypischer und intertextuell fortwirkender Botschafts-Rap gehandelt.[5] Marquardt macht ihn z.B. zum Ausgangspunkt seiner These des Raplightenment, d.h. eines Raps, der sich in anachronistischer Weise auf Aufklärungsideen beziehe (vgl. Marquardt 2015: 12-16). Zwar würdigt Marquardt die »glokale« Dimension des Songs, deutlich erkennbar in der globalen subkulturellen Ausrichtung und dem lokalen Stuttgart-Bezug, verzichtet jedoch auf eine konzeptuelle Einordnung der Verständigungs-Vision Esperanto.

Im ersten Part führt Herre die Hilfssprache für das als »Schmelztiegel« verstandene »Stuttgarter Barrio« ein als »'ne lingua franca für alle Linken und Einwanderer« (Freundeskreis 1999) und definiert sie als »Schnellerlernter lingvo zur Verständigung der Nation'n / Basiert auf Romanisch, Deutsch, Jiddisch, Slawisch / Kein Sprachimperialismus oder Privileg des Bildungsadels« (Freundeskreis 1999). Entsprechend dem zeitdiagnostischen Anspruch des Songs, der sich in der Realismus-Metapher des Spiegels äußert, setzt sich Freundeskreis mit der gegenwärtigen Gesellschaft auseinander.[6] Das Trio bezieht Position angesichts der Spaltung der deutschsprachigen Hip-Hop-Szene in ein multikulturelles, internationales Selbstverständnis einerseits und in das nationalsprachliche Etikett ›Deutschrap‹

---

4   Siehe die Soloalben *Hallo Welt!* (2012, bei Nesola) und *Athen* (2019, bei Universal) und die Features *Rap ist* (2012), *Entschleunigung* (2013) und *Exodus* (2016) mit Megaloh.

5   Marquardt (2015: 13) sieht sogar Bezugnahmen auf Esperanto und Freundeskreis in: *Bis Dato* von Dynamite Deluxe (2000), *Goldene Zeiten* von Curse ft. Max Herre (2003), *Stop it* von Crew 121 (2009). Megalohs Remix erwähnt er nicht.

6   »Wir bring'n euch Hip-Hop Sound in dem sich die Welt spiegelt« (Freundeskreis 1999).

andererseits vor dem Hintergrund rassistischer Gewalt in den 1990er Jahren bzw. der Euphorie der Wiedervereinigung (vgl. Loh/Verlan 2015: 93). Herre greift zwei Ideale auf, die Zamenhof alias Dr. Esperanto 1887 seinen linguistischen Ausarbeitungen einer »Lingvo Internacia« beifügt (Janton 1978: 21): nationenübergreifende Verständigung und Überwindung klassenbedingter Bildungsunterschiede. Die Plansprache Esperanto zielt auf eine einfach erlernbare Sprache, gespeist aus europäischen und außereuropäischen Wortstämmen sowie elementaren Strukturen. Als konstruierte, hybride Zwischensprache bietet sie eine Alternative zu einer lingua franca, d.h. einer vorherrschenden Nationalsprache. Zensuren und Verfolgungen trotzend besteht die Esperanto-Bewegung als »Internationalismus ›von unten‹« bis heute fort (Lins 1988: 295).

Ihre Idealvorstellung einer multikulturellen und niedrigschwelligen Verständigung gleichberechtigter Kollektive gleicht »Projektionen der Gegenwart« und weist im Bruch mit dem Staatsfetischismus, der Auflösung von Grenzen und der Erzeugung des globalen Wir-Bewusstseins deutliche Merkmale sozialer Utopien auf (vgl. Neupert-Doppler 2015: 13, 167, 174, 176). Das Projekt Esperanto verspricht, dass sich verschiedensprachige Nationen und Ethnien klassen- und schichtenübergreifend mittels einer Zusatzsprache verständigen und versöhnen könnten. Der selbstsprechenden Bezeichnung (Esperanto für ›hoffend/erwartend‹) ist ein Zukunftshorizont eingeschrieben, das Verwirklichungspotenzial jedoch nicht voraussetzungslos: »[W]ir befinden uns alle auf einem neutralen Fundament, wir sind alle vollauf gleichberechtigt; wir fühlen uns als Mitglieder einer einzigen Nation, als Glieder einer einzigen Familie.« (Zamenhofs Rede zum Weltkongress in Boulogne-sur-Mer 1905, zit. n. Janton 1978: 26) Das visionäre Moment wird nicht nur in der letzten Zeile der Hook expliziert und als Anfangspunkt einer neuen Ära gerechnet »Et à ce jour l'espoir est né«. Im C-Part legt Herre sogar mit einer direkten Hörer_innen-Ansprache nach, verkündet und versichert den Auftakt zur Verwirklichung:

»Pour tous les gens de tous pays
Pour tous les gens qui sont ici
Esperanto neuf neuf
Le temps vient changer avec ce son neuf
[...]
Tu peux conter là-dessus
Nous on croit en esperanto« (Freundeskreis 1999)

4. *ESPERANTO* 2013 – EINE RETRO-UTOPIE

Die retrograde Ausrichtung von Rap-Songs hat Konjunktur. Bereits IAM huldigt mit *Je danse le Mia* (1994) den Anfängen der (frankophonen) Hip-Hop-Bewegung in Marseille. Auf die datierte Erinnerung »Au début des annés 80 je me souviens des soirées« folgen Zeitmarker der Selbstinszenierung (Marken, Kleidungscodes, Attitüden) und Sprachbilder zu DJing und Breakdance. Ein Funk-Beat unterstützt die Zeitreise »Je te propose un voyage dans le temps« und Sehnsuchtsformeln erweisen sich als Party-Nostalgismen: »C'était la bonne époque [...] on s'amusait beaucoup«. Der Club wird zum subkulturellen Retro-Topos – zum rückersehnten offenen Raum des unvermarkteten Ausprobierens.[7] Derartig schöngefärbte Rückblenden weichen in den 2010er Jahren Ernüchterungen. Der Rückblick in die 1990er Jahre des Rap-Duos Genetikk fällt dystopisch aus. *Wünsch Dir was* (2015) basiert auf einem genreübergreifenden Sample des (bereits ironischen) zukunftsvisionären Kinderchores aus dem populären Punksong *Wünsch DIR was* (1993) von den Toten Hosen. Sprachbilder aus Marken und Konsumgütern der 1990er und das eschatologisch anmutende chorische Wünschen entlarven die verantwortungslose Konsumhaltung aus einer subkulturellen, aber sorglosen Ära.

In Megalohs Remix *Esperanto* hingegen handelt es sich um eine Retro-Utopie. Es wird eine Utopie aus den 1990er Jahren fortgeschrieben, die ihrseits auf eine hundertjährige interlinguistische Vision rekurriert. Macht Herres Text in didaktischer Manier die Übertragung einer Universalsprache auf den Rap verständlich, genügt bei Megaloh das retrograde Zitat der Verständigungsutopie. Im alleinigen Wiederaufrufen von Esperanto wird deutlich, dass die Einlösung der Utopie weiterhin aussteht. Nicht nur zugunsten eines puristischen Stils, sondern als Vertreter einer anderen Generation und eines anderen Milieus verzichtet Megaloh auf den prophetischen C-Part. Er entledigt sich der optimistischen Zuversicht auf kosmopolitischen Fortschritt und verlagert die Hoffnung auf die transzendente Ebene:

»Das (Rap) die Sprache der Hoffenden
Dieser Atem ist Gottes Wind
[...]
Glaub an dich, Freiheitsreligion
Esperanto, das die 2-1 Edition

---

7 Die subkulturelle Retrotopie ist zu unterscheiden von neokonservativen (Pränatalität, Grenzziehung etc.), denen Bauman nachgeht. In Formen ikonographischer Wiederholungen oder Tribalismen lassen sich dennoch (andersgewertete) Überschneidungen feststellen (Bauman 2017: 63, 73).

Geteilte Regionen mit den eigenen Parolen
Unter Gott sind wir eine Nation« (Megaloh 2013)

Rap wird im übertragenden Sinn zur (Ersatz)Religion erklärt und eine außerweltliche Instanz zum Garant der Gleichheit der Menschen. Gegenüber *Esperanto '99* nimmt Megaloh zwei Nuancierungen vor: Anstatt von Nationen spricht er von Regionen und Untergruppierungen, anstatt einer Schmelztiegel-Kultur von Kulturen im Plural.

5. »RAUSKOMMEN« – ENTGRENZUNG UND ERFOLGSHORIZONT

Mit der Übernahme-Übergabe des Esperanto-Topos vollzieht sich ein klassenbewusster Perspektivwechsel. Kulturhistorisch ausgefeilt und mehrsprachig gibt sich Herres Text als Bildungs-Rap zu erkennen, wenn auch mit niedrigschwelligen Zeilen. Es werden eine »eloquente Definition« von *Esperanto* geliefert, Bildungsprivilegien kritisch thematisiert und ermutigt, die Botschaft via die Kanäle Intuition und Gefühl zu empfangen: »Esperanto, kein Manko wenn ihrs nicht gleich versteht / Wichtiger ist, dass ihr zwischen den Zeilen lest / Euch unser style beseelt, fühlt was mein Input ist« (Freundeskreis 1999). Megalohs *Esperanto* hingegen setzt auf Herkunft und Zukunftshorizont des lyrischen Ichs und Hossegor als Gegenraum zum Berliner Stadtteil Moabit:

»Ich bin auf der Reise wie Gulliver
Freu mich an der Sicht, weil ich weiß, wie der Gulli war
Weiß wieviel Scheiße man frisst
Zuviel Leid macht dich weich oder bulliger
Rauskommen, leicht ist es nicht
[...]
So manchem bleibt handeln mit Stein ohne Handelsscheine
Alternative zur perspektivlosen Langeweile
Keine Sonne – wo ich wohn, gibt es billig Schnee
Hart wie Eis, strahlend weiß, nenn es Lilifee
Ewiger Winter, willkommen in M-O
Werf Reime weg bis die Mülltonnen brenn – whoa« (Megaloh 2013)

Zwischen Drogenmetaphern, Kanalisation und brennenden Mülltonen, die auf globale Rap-Topoi des Groß- oder Vorstadtlebens rekurrieren, sticht die lokalspezifische (klimatische) Kälte hervor. Das verkürzte spelling out macht Moabit zur Marke und ruft stadtteilgeschichtlich verankerte Vorstellungsbilder von urbanistischer Vernachlässigung, Widerstand und Migration wach.[8] Einerseits besteht Identifikation mit dem Viertel, andererseits eingeschränkte Sicht und Perspektivlosigkeit in Kombination mit einem Horizont des räumlichen und ökonomischen Rauskommens. Reisen, Rap und Reimen werden kontextuell unter das Postulat der Offenheit gestellt.[9]

Der Vergleich des lyrischen Ichs mit Gulliver untermauert das Plädoyer für Perspektivwechsel und Begegnungen mit fremden Kulturen. In den Beschreibungen fiktiver Nationen des fantastisch-satirischen Romans *Gullivers Travels* (1726) von Jonathan Swift kommen utopische Ideen zum Ausdruck. Einen direkten Bezug zur Verständigungs-Utopie birgt die Passage, die auch Eco seiner Suche nach der vollkommenen Sprache voranstellt (Eco 1994: 14). Darin werden Vision und Vorzüge einer Dingsprache (Verständigung anhand mitgeführter Gegenstände) ausgeführt:

»[It] would serve as an Universal Language to be understood in all civilized Nations […]. And thus Ambassadors would be qualified to treat with foreign Princes or Ministers of State to whose Tongues they were utter Strangers.« (Swift 2002: 158, III, 5)

Damit rekurriert Megaloh auf eine räumlich geartete Utopie, anstelle der »verzeitlichten Utopie« von *Esperanto '99*.[10] Entsprechend setzt er auf ein räumliches Projekt: eine Reise nach Hossegor. Nicht nur der Horizont der interkontinentalen Raumöffnung, auch Vorstellungsbilder von Strandurlaub und Surf-Station werden abgerufen. Durch die Nennung der Reisemedien Roman, Comic, digitale Filmdienste (OTT) und virtuelle Reiseführer (Vox-Tours) hält Megaloh in der Schwebe, ob es sich um eine Reisenotiz oder eine imaginative Versetzung an die französische Atlantikküste handelt. Die Betonung liegt auf der Entgrenzung von Sicht und Sprache:

---

8   Moabit steht historisch für kommunistische und sozialistische Arbeiter_innen-Aufstände (Beusselkiez um 1910), sozialen Wohnungsbau und multiethnische Bewohner_innenstruktur (vgl. Schnur 2003: 144, 157).

9   »Guck, alles da, wenn wir offen sind« (Megaloh 2013).

10 Anhand von Merciers *L'An 2440* unterscheidet Koselleck die verzeitlichte Utopie als »Zukunftsutopie« von der räumlichen Utopie als »räumliche Gegenwelt« (Koselleck 2000: 133f.).

»Das Ott pur, keine Spur Toss an meim Roquefort
Bin auf Vox-Tour, entspann in Hossegor off-shore
Atlantikkomfort, Perspektive Condor
Fly seit dem Ende der Concorde
Zeit für ein Encore – en garde
Steht stramm, Blick empor, wenn der Don naht
Sorbet im Vorgarten, Ladies spielen Torwart« (Megaloh 2013)

Die Vogelperspektive aus dem Flugzeug, die offene, maritime Weite und das Fruchteis bilden einen raumsemantischen Kontrast zu den Topoi der Kälte und der Straße Moabits. Die Urlaubsszenerie wird durch Französismen gestützt, die die französischsprachige Hook imaginär und klangbildlich einbetten, wobei in Kombination mit Anglo-Amerikanismen mehrsprachige Reime entstehen. Während in *Esperanto '99* die konzeptuelle Bemühung um Multi-, Interlingualität und Übersetzung durch Romanismen, den jiddischen Begriff der Mischpoke und das Wort Amikaro (Esperanto für Freundesscharen) deutlich wird, setzt Megaloh französische Marken, Produkte und ein wie beiläufig aufgeschnapptes Reisevokabular ein. Die Ausrufe *encore* (frz. für Zugabe) und *en garde* (frz. für die Eröffnung eines Fecht-Duells zwischen Ehrenmännern) suggerieren Auftritte und Rap-Battles in Frankreich.

Mit der zukunftsperspektivischen Ausrichtung nach vorne-oben »Weiter Weg, meinem Ziel schon näher, Visionär« und »Vorlagen in Form von Formeln, die dich nach vorn tragen« (Megaloh 2013) eröffnet sich ein Erfolgshorizont. Luftraum und Meeresraum stehen im Kontext grenzenloser, unaufhaltsamer Fortbewegung und Rap-Energie: »Tornado, Orkan – ihr seid Chorknaben« (Megaloh 2013). Das angedeutete Entfernen vom Festland durch Offshore-Surfen lässt auf Ergebnisoffenheit und Risikobereitschaft schließen: »Vor der Welt – Zeit – Flow: Orka-Wellen-Glide / Bis mein Vorhang fällt, bleib ich halt« (Megaloh 2013). Die athletische und kosmische Metaphorik des Fluiden birgt eine Metapoetik des Flows[11] und der Freestyle-Anmutung. Diese wird auf der Ebene der Dynamik der Assoziationen und Klangbilder, der unregelmäßigen und dichten Struktur der Triple-, End- und Binnenreime eingelöst. Das Wasser als Element des Ursprungs und des Flows wird hier überkreuzend verbunden mit der Endlichkeit von Erfolg bzw. des irdischen Daseins – ein Vorverweis auf *Endlich Unendlich*.

---

11 Vgl. zu Flowanalysen im engeren und weiteren Sinne die Beiträge von Jannis Androutsopoulos, Johannes Gruber, Dagobert Höllein und Gaetano Blando in diesem Band.

6. SCHLUSS

Indem Megaloh die Tape-Ästhetik mit digitaler Aufnahme- und Verbreitungstechnik konfrontiert, thematisiert er das raptypische medienästhetische Paradox von subkulturellen Codes und Vermarktung. Seine Authentizität baut er auf seinem Moabiter Herkunftshorizont auf. Deutlich impliziert Megalohs Retro-Utopie des Esperanto eine Fortschrittsskepsis. Dabei vollzieht sich eine dreifach geartete Horizontverschiebung: erstens vom gemeingesellschaftlichen zum klassenbewussten Standpunkt, zweitens von der zeitlichen zur räumlichen Erwartungsdimension und drittens von der immanenten zur transzendenten Hoffnungsebene. An Stelle eines internationalen lingvo bringt Megaloh seine Frankophilie zum Ausdruck, geht dabei jedoch über Sprachen-Spiele von FK hinaus: In *Pas de garantie* (2015), einem Feature mit dem französischsprachigen Rapper Fonz, verwirklicht er die interlinguistische Verständigung via Rap.

LITERATUR

Bauman, Zygmunt (2017): Retrotopia, Frankfurt a.M.: Suhrkamp.
Eco, Umberto (1994): Die Suche nach der vollkommenen Sprache, aus d. Ital. von Burkhart Kroeber, München: Beck.
Faulstich, Werner (2004): Grundwissen Medien, München: Fink.
Freundeskreis (1999): »Esperanto«, auf: Esperanto, Stuttgart: Four Music.
Janton, Pierre (1978): Einführung in die Esperantologie, Hildesheim: Olms.
Koselleck, Reinhart (2000): »Die Verzeitlichung der Utopie«, in: Zeitschichten. Studien zur Historik, Frankfurt a.M.: Suhrkamp, S. 31-149.
Lins, Ulrich (1988): Die gefährliche Sprache. Die Verfolgung der Esperantisten unter Hitler und Stalin, Gerlingen: Bleicher.
Loh, Hannes/Verlan, Sascha (2015): 35 Jahre HipHop in Deutschland, Höfen: Hannibal.
Manemann, Jürgen/Brock, Eike (2018): Philosophie des HipHop. Performen, was an der Zeit ist, Bielefeld: transcript.
Marquard, Philipp H. (2015): Raplightenment. Aufklärung und HipHop im Dialog, Bielefeld: transcript.
Megaloh (2013): »Esperanto«, in: Auf ewig Mixtape. Classic Beats – Neue Raps, Berlin: Ghanaian Stallion.
Megaloh (2013-2016): Auf ewig Mixtape I-III. https://genius.com/search?q=Mix tape%20Megaloh vom 30.09.2019.

Neupert-Doppler, Alexander (2015): Utopie. Vom Roman zur Denkfigur, Stuttgart: Schmetterling.

Schnur, Olaf (2003): Lokales Sozialkapital für die ›soziale Stadt‹. Politische Geographien sozialer Quartiersentwicklung am Beispiel Berlin-Moabit, Wiesbaden: Springer.

Swift, Jonathan (2002): Gulliver's Travels, London: Norton & Company.

Wolbring, Fabian (2015): Die Poetik des deutschsprachigen Rap, Göttingen: V&R.

Rap-Register

Jahr	Interpret	Track/Album	Seite/n
9. Jh.	Unbekannt	*Hildebrandslied*	53
1971	Black Sabbath	*After Forever*	214
1982	Grandmaster Flash & the Furious Five	*The Message*	121
1984	Herbert Grönemeyer	*Männer*	15, 174-176
1984	Time Zone feat. John Lydon & Afrika Bambaataa	*World Destruction*	187f., 195
1989	2 Live Crew	*Me so horny*	48
1993	Del the Funky Homosapien feat. Dinosaur Jr.	*Missing Link*	133
1993	Die Toten Hosen	*Wünsch DIR was*	269
1994	IAM	*Je danse le Mia*	269
1994	Notorious B. I. G.	*Suicidal Thoughts*	241
1995	Fettes Brot	*Männer*	254
1996	Motown	*Steelo*	37
1996	Rödelheim Hartreim Projekt	*Zurück nach Rödelheim*[*]	31
1997	Sabrina Setlur	*Du liebst mich nicht*	253
1998	Cora E. feat. Curse	*...Und der MC Ist Weiblich*	256
1999	Eins Zwo	*Hand aufs Herz*	255
1999	Freundeskreis	*Esperanto*	16f., 263-274
1999	Kool Savas	*LMS*	48
2000	Cali Agents	*Real Talk*	129

Jahr	Interpret	Track/Album	Seite/n
2000	Deichkind feat. Nina MC	Bon Voyage	253, 255, 260
2000	Dynamite Deluxe	Bis Dato	267
2000	Dynamite Deluxe	Wie jetzt	256f.
2000	Kool Savas	King of Rap	13, 32, 47-58
2000	Kool Savas	King of Rap (Endstress remix)	47-58
2001	Azad	Leben*	31f.
2001	Brothers Keepers	Adriano (Letzte Warnung)	14, 113, 116f.
2001	Brothers Keepers	Lightkultur*	116
2001	Bushido	Wie ein Engel	178
2001	Kool Savas	Neongelb	55
2001	Nina MC	Doppel X Chromosom	16, 253-261
2002	Moop Mama	Liebe	143
2002	Roey Marquis II.	Herzessenz*	32
2003	Absolute Beginner	Back in Town	254
2003	Bushido feat. Fler	Vom Bordstein bis zur Skyline	239
2003	Curse feat. Max Herre	Goldene Zeiten	267
2004	Bushido	Schmetterling	178
2004	Bushido feat. Nina MC	Wet'n Dirty	260
2004	MC Ronin feat. Nina MC	Arschzeit Baby	260
2004	Pyranja	So Oda So	16, 227-238
2005	Fler	Neue Deutsche Welle*	77
2005	Kool Savas	Das Urteil	253
2006	Lisi feat. She-Raw	Interessiert mich nicht	13, 35-46
2006	Prinz Pi	Wie die Zeit vergeht	128f.

* Bei den mit * markierten Titeln handelt es sich um zitierte Alben.

Jahr	Interpret	Track/Album	Seite/n
2007	Maeckes & Plan B	Boing!	14, 73-85
2007	Maeckes & Plan B	Als waeren wir Freunde	76
2007	Maeckes & Plan B feat. Kaas	Deutsche Welle Polen	77
2007	Maeckes & Plan B feat. Kool Savas	Outtakes	11
2008	Aligatoah	Mein Gott hat den Längsten	15f., 203-212
2008	Curse feat. Silbermond	Bis zum Schluss	141
2008	Curse feat. Silbermond	Vielleicht	141
2008	Imbiss Bronko	Monatsende	127
2009	Absztrakkt	Blüten & Dornen	166
2009	Antilopen Gang	Fick die Uni	132
2009	Crew 121	Stop it	267
2009	Tua	Kyrie Eleison	16, 213-223
2010	Dendemann	Vom Vintage verweht*	127f.
2010	Haftbefehl	Azzlack Stereotyp*	29
2011	Fatoni feat. Juse Ju	Ich habe keine Vorurteile	137-146
2011	Prinz Pi	Bombenwetter	135
2012	Celo & Abdi feat. Haftbefehl	Parallelen	196
2012	Haftbefehl	Chabos wissen wer der Babo ist	13, 23-34
2012	Haftbefehl	Kanackiş*	29
2012	Max Herre	Hallo Welt!*	267
2012	Max Herre feat. Samy Deluxe, MoTrip, Afrob & Megaloh	Rap ist	267
2013	Agent Olivia Orange	Morpheus	15, 161-171
2013	Haftbefehl	Blockplatin*	23, 28f.
2013	Megaloh	Loser	263
2013	Megaloh	Programmier dich neu	263

Jahr	Interpret	Track/Album	Seite/n
2013	Megaloh	*Auf Ewig Mixtape. Classic Beats – neue Raps**	263-274
2013	Megaloh feat. Freundeskreis	*Esperanto*	16f., 263-274
2013	Megaloh feat. Max Herre	*Entschleunigung*	267
2014	Antilopen Gang	*Beate Zschäpe hört U2*	197
2014	Edgar Wasser	*Bad Boy*	15, 149-160
2014	Fatoni	*Dicke Hipster*	99, 102-104
2014	Fatoni feat. Antilopen Gang & Juse Ju	*Vorurteile Pt. II*	137-146
2014	Fettes Brot	*Vorurteile Pt. III*	14, 137-146
2014	Haftbefehl	*Russisch Roulette**	29
2015	Fard & Snaga	*Contraband*	196
2015	Fatoni	*C'mon das geht auch klüger*	14, 99-109
2015	Fonz feat. Megaloh	*Pas de garantie*	273
2015	Genetikk	*Wünsch Dir was*	269
2015	Haftbefehl feat. Olexesh	*Hang the Bankers*	196
2015	Romano	*Metalkutte*	14, 87-98
2016	Karate Andi	*Gott sieht alles*	125-136
2016	Karate Andi	*Eisen*	125-136
2016	Karate Andi	*Gott sieht alles/ Eisen (Split-Video)*	14, 125-136
2016	Karate Andi	*Mofa*	129
2016	Karate Andi	*Eckkneipenhustler*	127
2016	Karate Andi	*Das Kleid deiner Mutter*	133
2016	Karate Andi	*Gebrochener Knieboogie*	127
2016	Karate Andi	*Komm im Bimma*	127
2016	Karate Andi	*Spiegel*	128, 134

Jahr	Interpret	Track/Album	Seite/n
2016	KC Rebell feat. PA Sports, Kianush & Kollegah	*TelVision*	196
2016	Kollegah	*Apokalypse*	15, 187-201
2016	Megaloh feat. Max Herre, Gentleman & ASD	*Exodus*	267
2016	RIN	*Don't like*	64
2017	Antilopen Gang	*Fiasko*	132
2017	Antilopen Gang	*Patientenkollektiv*	16, 239-249
2017	Antilopen Gang	*ALF*	242
2017	Antilopen Gang	*Pizza*	247
2017	Antilopen Gang	*Das trojanische Pferd*	247
2017	Jay-Z	*The Story of O.J.*	188
2017	Kollegah & Farid Bang	*Jung, brutal, gutaussehend 3*[*]	9, 189
2017	Yung Hurn	*Ok, cool*	13, 59-70
2018	Capital Bra	*Roli Glitzer Glitzer*	239
2018	Samy Deluxe feat. Torch, Afrob, Denyo, Xavier Naidoo & Megaloh	*Adriano 2018*	14, 113-124
2019	Dendemann	*Müde*	181
2019	Die Orsons	*Dear Mozart*	10
2019	Juse Ju	*Männer*	15, 173-183
2019	KC Rebell feat. Summer Cem & Capital Bra	*DNA*	133
2019	Max Herre	*Athen*[*]	267
2019	Pöbel MC	*Rammeln*	181

Musikwissenschaft

Rainer Bayreuther
Was sind Sounds?
Eine Ontologie des Klangs

2019, 250 S., kart., 5 SW-Abbildungen
27,99 € (DE), 978-3-8376-4707-5
E-Book: 24,99 € (DE), ISBN 978-3-8394-4707-9

Eva-Maria Houben
Musical Practice as a Form of Life
How Making Music Can be Meaningful and Real

2019, 240 p., pb., ill.
44,99 € (DE), 978-3-8376-4573-6
E-Book: 44,99 € (DE), ISBN 978-3-8394-4573-0

Marianne Steffen-Wittek, Dorothea Weise, Dierk Zaiser (Hg.)
Rhythmik – Musik und Bewegung
Transdisziplinäre Perspektiven

2019, 446 S., kart., 13 Farbabbildungen, 37 SW-Abbildungen
39,99 € (DE), 978-3-8376-4371-8
E-Book: 39,99 € (DE), ISBN 978-3-8394-4371-2

**Leseproben, weitere Informationen und Bestellmöglichkeiten
finden Sie unter www.transcript-verlag.de**

Musikwissenschaft

Johannes Müske, Golo Föllmer, Thomas Hengartner (verst.), Walter Leimgruber (Hg.)
Radio und Identitätspolitiken
Kulturwissenschaftliche Perspektiven

2019, 290 S., kart., 22 SW-Abbildungen
34,99 € (DE), 978-3-8376-4057-1
E-Book: 34,99 € (DE), ISBN 978-3-8394-4057-5

Anna Langenbruch (Hg.)
Klang als Geschichtsmedium
Perspektiven für eine auditive Geschichtsschreibung

2019, 282 S., kart., 19 SW-Abbildungen
34,99 € (DE), 978-3-8376-4498-2
E-Book: 34,99 € (DE), ISBN 978-3-8394-4498-6

Ralf von Appen, André Doehring (Hg.)
Pop weiter denken
Neue Anstöße aus Jazz Studies, Philosophie, Musiktheorie und Geschichte

2018, 268 S., kart., 6 Farbabbildungen
22,99 € (DE), 978-3-8376-4664-1
E-Book: 20,99 € (DE), ISBN 978-3-8394-4664-5

**Leseproben, weitere Informationen und Bestellmöglichkeiten
finden Sie unter www.transcript-verlag.de**